한권으로 끝장내자 사장님의 끝내주는 세금탈세 실무설명서

손원준 지음

돈 버는 사장님은 세금부터 공부한다.
탈세를 넘어 절세로 가기 위한 사장님의 세무학 실무설명서

몰라서 또는 알면서도 안 걸리겠지 생각하며, 행해지는 사장님의 탈세 행위에 대한 팁을 찾는다.
사장님은 절약이라고 생각하지만 실세로는 손해인 사장님 생각의 오류를 바로잡아주는 책

탈세 같은 절세, 절세 같은 탈세를 하는 돈 버는 사장님의 세금 오답 노트

K.G.B
지식만들기

이론과 실무가 만나 새로운 지식을 창조하는 곳

책을 내며

납세의 의무는 국민이 지켜야 할 의무이지만, 적법하게 계산된 세금도 내가 낼 때면 대부분 과다하게 느껴진다. 이때 세금과 관련된 다양한 무용담이 들려온다. 마음먹고 탈세했는데 세금을 내지 않고 무사히 넘어간 이야기를 듣고 있으면 적법하게 세금을 내는 자신이 세금에 대하여 너무 무지한 것이 아닌가 하는 자괴감이 든다.

법을 어기면서 세금을 적게 내는 것은 탈세, 법의 테두리 안에서 세금을 적게 내는 것은 절세이다.

사장님은 탈세를 절세로 잘못 생각하는 경향이 있다. 남들은 나보다 더 탈세하는데, 이까짓 것은 탈세도 아니다. 라고 생각한다.

따라서 사장님들이 일상에서 자주 사용하는 탈세 방법에 대해 알아보고 해당 방법이 탈세인 이유와 이를 합법적으로 처리하는 방법을 가르쳐 줌으로써 사장님들의 주머니를 더욱 두둑하게 해주고자 한다.

또한 본서를 통해 다른 회사는 절세 같은 탈세를 위해 어떤 방식으로 업무처리를 하고 있는지 보여줌으로써 그 속에서 우리 회사가 합법적으로 세금을 절약하는 방법을 생각해 보는 시간을 갖게 해준다.

돈 버는 사장님은 세금부터 공부한다.

몰라서 또는 알면서도 안 걸리겠지 생각하며, 행해지는 사장님의 탈세 행위에 대한 답을 본서에서 찾는다.

사장님은 절세라고 생각하지만 실제로는 탈세인 사장님 생각의 오류를 바로잡아주고자 서술된 책으로 탈세 같은 절세를 하기 바란다.

제1장 세금 때문에 망하지 않는 회사 기본 틀 만들기

회사를 처음 시작할 때, 업무 편의를 위해 반드시 갖추어두어야 할 업무 내용을 담고 있다.

제2장 지금 당장 걸려도 이상하지 않은 사장님의 탈세 수법

모든 사업자가 너무나 당연히 습관적으로 사용하는 탈세의 수법과 문제점에 대해서 알려주고 있다.

제3장 사장님의 문제 없는 인건비 관리

임직원을 고용해 관리하는 과정에서 발생하는 다양한 노무 문제와 임금 문제에 대한 상식과 대처 방법을 가르쳐주는 장이다.

제4장 사장님이 부가가치세로 장난치기

부가가치세 신고 때 매입세액공제를 받는 과정에서 또는 사업자 간 세금계산서를 주고받는 과정에서 탈세이지만 너무 일상적으로 사용하는 방법에 대한 합리적인 해결 방법을 알려준다.

제5장 사장님이 장난치는 지출경비

절세는 어려운 것이 아니다 가장 간단히 증빙 관리에서부터 시작한다. 즉 사장님에게 증빙의 중요성을 알려주는 장이다.

제6장 퇴직금으로 장난치는 사장님

퇴직금은 안 주려고, 적게 주려고 또는 이를 이용해 직원에게 우위를 점하려는 많은 행동들을 사장님들은 한다. 이러한 행동으로 인해 발생하는 문제점을 알려준다.

제7장 회삿돈을 내 돈처럼 쓰다 가지급금에 발목 잡히는 사장님

회사가 내 것인데, 내 돈 내가 가져가는데 무슨 문제가 있어? 라고 생각하는 사장님들이 상당히 많다. 이에 대한 경각심을 가져야 한다.

손원준 올림

CONTENTS

제1장 세금 때문에 망하지 않는 회사 기본 틀 만들기

제2장 지금 당장 걸려도 이상하지 않은 사장님의 탈세 수법

제3장 사장님의 문제 없는 인건비 관리

제4장 사장님이 부가가치세로 장난치기

제5장 사장님이 장난치는 지출경비

책의 순서

제6장 퇴직금으로 장난치는 사장님

세금 때문에 망하지 않는 회사
기본 틀 만들기

각종 세금의 신고 · 납부기한

내용	신고 · 납부 기한		
사업장현황보고	다음 연도 2월 10일		
부가가치세	1기 예정	1분기 거래분	04월 01일~04월 25일
	1기 확정	2분기 거래분	07월 01일~07월 25일
	2기 예정	3분기 거래분	10월 01일~10월 25일
	2기 확정	4분기 거래분	01월 01일~01월 25일
급여신고 정직원, 일용직(알바), 3.3% 인적용역자, 기 타소득자 포함	• 원칙적으로 매월 신고 : 지급 월의 다음 달 10일까지 신고 • 반기별 대상 업체인 경우 1~6월 지급 분을 7월 10일까지 신고		
4대 보험 입사자 신고	입사일로부터 14일 이내		
연말정산(정직원)	2월분 급여 지급 시(매년 2월이 해당) 중도 퇴사 시(퇴사 시점)		
일용직지급명세서 제출	다음 달 말일까지 제출		

내용	신고 · 납부 기한
간이지급명세서 제출	• 사업소득, 인적용역 기타소득 : 매달 말일 • 근로소득 : 1월~6월 ➡ 7월 말일, 7월~12월 ➡ 다음 연도 1월 말일
법인세 신고	사업연도 종료 후 3월 이내 ➡ 12월 말 법인의 경우 3월 말일
소득세 신고	다음 해 5월 1일~5월 31일
양도소득세(주식양도)	• 예정 : 양도일이 속하는 반기의 말일부터 2개월(국외 주식, 파생상품은 예정신고 면제) • 확정 : 양도일이 속하는 연도의 다음연도 5월 1일~5월 31일까지(국외주식, 파생상품 포함)
양도소득세(부동산)	• 예정 : 양도일이 속하는 달의 말일부터 2개월 • 확정 : 양도일이 속하는 연도의 다음연도 5월 1일~5월 31일까지
증여세	증여일이 속하는 달의 말일로부터 3개월 이내
상속세	상속개시일이 속하는 달의 말일로부터 6개월 이내
종합부동산세	매년 12월 1일~12월 15일

지인의 사무실을 빌려 쓰는 경우 사업자등록 절차

친구와 사무실이나 매장을 공유하거나 개인사업자인 사장님이 별도의 법인을 내거나 법인의 대표이사가 다른 법인을 설립하는 등 별도로 사업자등록 후 별개의 회사처럼 운영하는 회사가 상당수이다.

한 사무실에 여러 개의 사업자등록증을 내는 것은 가능하지만 아래의 조건을 갖추어야 한다.

내용	내 용
임대인의 전대동의서 구비	건물주인 임대인이 전대차에 동의한다는 문구가 들어간 문서가 있어야 한다. 보통 부동산 임대차계약서(월세 계약서) 작성 시에 임대인의 동의 없이는 전대차가 불가능하다는 문구를 넣는 경우가 많으므로 건물주인 임대인의 전대동의서가 필요하다. 따라서 하나의 사업장에 여러 개의 사업자등록을 하고자 하는 경우는 꼭 계약 전 여러 개의 사업자등록이 가능한지 여부(즉 전대동의서 작성이 가능한지? 여부)를 건물주와 부동산중개업자를 통해 확인해야 한다.

내용	내 용
전대인(최초 임차인)과 전차인(두 번째 임차인) 간의 전대차 계약서 작성 및 세금계산서 수수	임대인의 전대차 동의서가 있다면 이제 전대인과 전차인 간의 전대차 계약서를 작성한 후, 전대인은 전차인으로부터 월세의 일정액을 받고 이에 대한 세금계산서를 매월 다음 달 10일(10일이 공휴일 등이면 그다음 날)까지 발급하면 된다. 예를 들어 건물주 갑이 세입자 을에게 월세 100만 원을 받고, 세입자 을은 병에게 40만 원에 전대를 준 경우 갑은 을에게 부가가치세 10만 원을 받고 110원에 세금계산서를 발행하고, 을은 병에게 부가가치세 4만 원을 받고 44만 원에 대해 세금계산서를 발행하면 된다.
가벽 또는 파티션 등을 통한 업무 공간의 분리	관할 세무서에서는 업무 공간의 분리 여부를 확인하고자 가벽 또는 파티션 등이 있는지? 여부를 유선 확인 또는 현장 방문을 통한 방법을 취할 수도 있는데, 실제로 다수의 사업행위가 이루어지고 있음을 증명하기 위해 파티션 정도는 세울 필요가 있다고 판단된다.

한 사업장에서 다른 업종을 독립적으로 운영하는 경우

(부가가치세과-2092, 2008.7.18)

사업자가 사업용 건물 내의 분할된 각각의 장소에서, 다른 업종을 구분하여 운영하는 때로서 거래 및 대가의 수수 행위가 별개의 장소에서 독립적으로 이루어지고 있는 경우에는 그 각각의 장소를 별개의 사업장으로 볼 수 있는 것이나, 이에 해당하는지? 여부는 관련 사실을 종합해서 판단할 사항임

① 서로 다른 회사면 동일지번, 같은 공간이라도 각자 회사의 사업자등록을 낼 수 있음. 즉 동일지번에 여러 회사의 사업자등록이 가능(부가-22601-309, 1989. 3. 6)

② 같은 회사라도 동일지번에 업종이 일부씩 다르면 다른 사업자등록을 낼 수 있지만 같은 건물 내라면 분할장소를 권고함(부가 2092-2008. 7. 18)

③ 그러나 같은 회사가 동일지번 동일 건물에 같은 업종인데, 사업부가 다르다 해서 다른 사업자등록을 신청하는 것은 어려움(사업부가 다른 것은 회사 내부 문제로 같은 사업자등록번호를 사용하면서 내부 구분계산이 타당함)

④ 본사 공장이면서 같은 건물 다른 층의 기술연구소 등은 다른 사업자등록번호 신청해도 무방함.

창업 준비과정에서 든 비용의 경비처리

설립 준비과정에서 발생하는 비용도 증빙을 받아두어야 비용인정이 가능하다. 창업 준비과정에서는 사업자등록번호가 없으므로 사업자등록 번호 대신 대표자의 주민등록번호로 세금계산서 등 증빙을 받아두며, 사업자등록 후에는 반드시 사업자등록번호로 세금계산서를 발급받아야 한다.

01 / 법인설립등기 비용의 증빙처리

법인설립 전에 들어간 비용은 원칙적으로 조세포탈의 우려가 없고, 사업과 관련된 것이 객관적으로 인정받을 수 있는 정도의 업무 관련성을 입증할 수 있어야 한다.

그러나 실무상 대표자 명의 세금계산서나 신용카드, 영수증 등으로 증명할 수 있다. 즉, 설립등기를 위해 지출한 설립등기 세액과 공과금, 등기 수수료, 법무사 또는 변호사 수수료 등은 실무상 대부분 비용처리가 가능하다.

02 / 인테리어 비용의 절세방법

사무실의 인테리어비용(설계비 포함)이 크고 중요한 경우 유형자산 항목인 시설장치(업종별 자산) 등의 과목으로 장부처리하고 당해 자산의 내용연수와 임차기간 중 짧은 내용연수를 적용하여 감가상각하면 된다.

부가가치세 신고를 할 때는 고정자산 고정자산매입분으로 신고한다.

예를 들어 인테리어를 하고 5,000만 원의 세금계산서를 받았다면 이 5,000만 원의 인테리어 비용은 5,000만 원 ÷ 5년 = 1,000만 원을 감가상각비로 비용처리할 수 있다.

그런데 무자료일 때는 사업용자산으로 계상하기 곤란하니 반드시 인테리어업자에게 세금계산서를 받아야 한다. 인테리어업자가 조금 깎아 준다고 세금계산서를 안 받는 경우 깎아 준 비용보다 세무상 손해가 더 발생한다.

또한 사업용 자산으로 잡히지 않은 권리금과 인테리어를 위해 대출받은 이자에 대해서 세무상 경비처리할 수 없으니 추가적인 손해까지 입게 된다.

구 분	업무처리
자기 건물의 인테리어 비용	인테리어비용(설계비 포함) 등이 크고 중요한 경우 유형자산 항목인 시설장치(업종별 자산) 등으로 계상하여 내용연수에 걸쳐 감가상각한다. 인테리어비용 등이 100만 원 이하 소액인 경우 "소모품비" 등으로 계상하여 당기에 전액 비용처리하면 된다.

구 분	업무처리
임차 건물의 인테리어 비용	인테리어비용(설계비 포함) 등이 크고 중요한 경우 유형자산 항목인 시설장치(업종별 자산) 등의 과목으로 계상하고 당해 자산의 내용연수와 임차기간 중 짧은 연수를 정해서 감가상각한다. 인테리어비용 등이 100만원 이하 소액인 경우 "소모품비", "임차자산개량비" 등으로 계상하여 당기에 전액 비용처리 하면 된다. 임차계약 종료 등의 사유로 동 자산을 폐기하는 때에는 당해 자산의 장부가액(폐기물 매각대금이 있는 경우는 그 금액을 차감한 금액)을 폐기일이 속하는 사업연도에 유형자산폐기손실로 처리한다.

03 / 창업 시 지출한 비용의 매입세액공제

◉ 매입세액공제가 가능한 사업자등록 기간

공급시기가 속하는 과세기간이 종료한 후 20일이 지나기 전에 사업자등록을 신청해야 해당 기간에 발생한 매입세액공제를 받을 수 있다. 즉, 사업을 개시하고 과세기간이 종료하기 전에 사업자등록을 신청했다면 사업자등록신청일부터 사업개시일 사이의 매입세액은 당연히 공제받을 수 있다.

사업 개시 전 세금계산서는 대표자의 주민등록번호로 발급받고, 사업자등록 이후에는 반드시 사업자등록번호로 발급받아야 한다.

◉ 과세기간 종료 후 20일 안에 사업자등록

사업 개시 후 과세기간이 종료하였더라도 해당 종료일로부터 20일이 지나기 전에 사업자등록을 신청한다면 사업자등록신청일부터 사업개시일까지 매입세액은 공제받을 수 있다.

예를 들어 3월 1일 사업을 개시한 사업자가 사업자등록을 8월 15일에 신청하였다면 과세기간 종료 후 20일이 지났으므로 3월 1일부터 6월 30일 사이의 매입세액은 공제받을 수 없다.

반면 사업자등록증 개업일은 7월 1일, 신청일은 7월 20일, 교부일 (발급받은 날)은 23일인 경우 7월 1일~7월 22일까지는 주민등록번호로 세금계산서를 받아야 공제받을 수 있다.

❯ 매입세액공제를 위한 증빙 관리

매입세액공제를 위한 적격증빙 자료로는 대표자의 주민등록번호로 발급받은 세금계산서, 대표자 명의의 신용카드 매출전표, 현금영수증이 있다.

매입세액을 예정신고 때 하지 못했더라도 사업개시일이 포함된 과세기간 내의 공급은 확정신고 때 하면 공제받을 수 있다.

부가가치세 매입세액공제는 자기의 과세사업과 관련하여 재화나 용역을 공급받고 지출한 비용에 대하여 매입세액공제 가능한 것으로 설립등기를 위해 지출한 설립등기세액과 공과금, 등기 수수료, 법무사 또는 변호사 수수료 등은 실무상 대부분 비용처리가 가능하고 매입세액공제도 가능하다. 다만, 자본거래 및 투자와 관련된 매입세액은 매입세액불공제 된다(부가가치세법 집행기준 17-0-4).

❯ 사업자등록 후 주민등록번호로 세금계산서 수취

주민등록번호로 발급받은 매입 세금계산서의 경우 사업 개시 전 발급받은 것만 매입세액공제가 가능한 것으로, 사업 개시 이후에 발급받은 매입 세금계산서의 매입세액은 불공제된다.

이 경우 사업자등록 이후 세금계산서 발급 시기에 주민등록번호로 발급받은 경우는 과세 관청의 경정 전에 수정세금계산서를 확정신고 기한까지 발급받을 수 있는 것으로 이때는 매입세액공제를 받을 수 있다. 다만, 전자세금계산서로 다음 달 10일이 지나서 수정세금계산 서를 발급할 경우 지연발급 및 지연수취 가산세 적용 대상이 될 수 있으므로 이전에 수정 발급한다.

 이것만은 꼭 알고 있어야할 포인트

첫째. 사업자등록은 사업개시일로부터 20일내에 신청하는 것이 원칙이다.

둘째. 법인사업자의 경우 임대차계약서에 임차인을 법인명으로 한 계약서를 세무서에 제출해야 한다.

셋째. 사업자등록증을 발급받은 이후에는 대표자의 주민등록번호로 발급받은 세금계산 서는 매입세액공제를 받지 못한다.

넷째. 사업자등록증 교부일 이전의 거래 건은 주민등록번호로 세금계산서를 받아야 매 입세액공제가 가능하다.

[예제] 개업일이 8월 7일이고 사업자등록증 교부일이 8월 12일 인 경우

구 분		매입세액공제 여부
세금계산서 작성일 8월 7일	주민등록번호로 발생	가능
	사업자등록번호로 발행	불가능
세금계산서 작성일 8월 12일	주민등록번호로 발생	불가능
	사업자등록번호로 발행	가능

사업자등록증 교부일 이전에는 주민등록번호로 사업자등록증 교부일 이후에는 사업자 등록번호로 세금계산서를 받아야 매입세액공제가 가능하다.

권리금에 대한
세금 신고를 안 하는 사장님

∨

사업을 준비하는 과정에서 권리금을 주고받는 경우가 발생한다.
양도인은 권리금을 신고하면 소득이 증가로 세금 부담이 증가한다는
이유로 신고를 꺼린다. 반면 양수인은 권리금에 대해 무형자산으로
설정한 후 감가상각을 통해서 매년 비용처리가 가능해 세 부담을 덜
어주는 역할을 한다.

따라서 양도인 입장에서 권리금에 대해 세금계산서를 발행하지 않고
세금 신고를 누락한다면 탈세에 해당하며, 나중에 부동산 등을 취득
할 때 자금출처에 대한 소명이 어려워질 수 있다는 점에 유의한다.
반면 양수인은 해당 권리금에 대해 비용으로 인정받기 위해서는 반
드시 세금계산서를 받아야 한다.

구 분	양수인	양도인
세금계산서	세금계산서 수취	세금계산서 발행
	포괄양수도라면 권리금에 대해서 세금계산서를 주고받을 필요가 없다.	

구 분	양수인	양도인
수익과 비용	양수인의 경우 반드시 신고하는 것이 유리하다. 왜냐하면 권리금이라는 무형자산을 설정하고 매년 감가상각을 통해 상당한 절세효과를 누릴 수 있기 때문이다. 예를 들어 권리금이 2억이라고 가정한다면, 매년 4천만 원(2억 ÷ 5년)을 비용처리할 수 있다.	양도인의 경우 권리금에 대해서는 필요경비로 일부 인정해준다. 그래서 소득세 부담이 타 소득에 비해 적다는 특징이 있다. 그런데도 어쨌든 세금을 내야 하므로, 오히려 신고를 안 하는 것이 좋다고 생각한다. 하지만 해당 금액으로 부동산, 주식 등 자산을 구입하게 되면 추후에 자금 출처 소명 조사가 나올 수 있고 가산세 등 더 심한 불이익을 받을 수 있다. 자금 출처를 명확히 밝히는 위해서는 신고를 하는 것이 좋다.
부가가치세	양수자가 일반과세자라면 권리금 매입분에 대한 세금계산서를 받는 경우 부가가치세를 공제받을 수 있다.	권리금이란 점포를 양수도하거나 임대차 기간이 종료되는 과정에서 발생하는 영업권으로 부가가치세법상 재화의 양도에 해당해 부가가치세를 신고 및 납부해야 한다.
소득세	지급급액의 8.8%(지방세 포함)를 원천징수해서 다음 달 10일까지 관할 세무서로 원천징수이행상황신고 및 납부를 해야 한다. 또한 다음 연도 2월 말까지 기타소득 지급명세서도 제출해야 한디.	다음 해 5월 종합소득세 신고기간에 다른 종합소득과 함께 권리금 수령에 대한 소득을 신고해야 한다.

01 / 권리금에 대한 세금 신고 절차

구 분	세금 신고 절차
양도자	① 세금계산서를 발행하고 기타소득 원천징수영수증을 받는다. ② 부가가치세를 신고할 때 신고서 하단 부분 과세표준명세 항목에서 "수입금액 제외"로 하여 신고한다(권리금은 영업권 성격으로 소득세법에서 기타소득으로 분류하고 있다). ③ 종합소득세를 신고할 때 기타소득을 사업소득과 합산하여 신고한다(기타소득금액이 300만 원을 초과하는 경우 종합소득세 신고 시 다른 소득과 합산하여 신고해야 한다).
양수자	① 권리금과 부가가치세를 지급하되 권리금에 대해서는 기타소득 원천징수세액 8.8%를 제외한 금액을 지급한다(기타소득 원천징수영수증을 발급해야 한다). ② 세금계산서를 받아 부가가치세에 대해서는 매입세액으로 공제받고 무형자산으로 계상한 후 5년간 감가상각을 통해 비용 처리한다. ③ 기타소득 원천징수 세액은 징수한 달의 다음 달 10일까지 신고하고 납부한다. ④ 기타소득 지급명세서를 다음연도 2월 말까지 관할세무서에 제출한다.

02 / 세금 신고 절차 불이행에 따른 제재

구 분	세금 신고 절차 불이행에 대한 제재
양도자	① 세금계산서를 미발급한 것으로 인정되어 부가가치세 과소신고가산세가 부과된다. ② 부가가치세를 과소신고한 것으로 해석되어 과소납부한 금액에 대한 납부불성실가산세가 부과된다.

구 분	세금 신고 절차 불이행에 대한 제재
	③ 또한 과소 신고한 기타소득금액이 발생한 것으로 보아 소득세에 대해서 과소신고가산세가 부과된다.
	④ 소득세를 과소 신고하였기에 과소 신고한 납부세액에 대해서 소득세 납부불성실가산세가 부과된다.
양수자	① 권리금에 대한 원천징수 의무를 이행하지 않았으므로 원천징수 납부지연 가산세가 부과된다.
	② 세금계산서를 수취하지 않았기 때문에 매입세액이 공제되지 않는다.
	③ 세금계산서 없이 영업권을 상각할 경우 증빙불비가산세 2%가 부과된다.
	④ 기타소득 지급명세서 미제출 가산세가 발생한다.

세금계산서 발행을 안 해주는 인테리어업자에 대한 대응법

01 / 인테리어비용에서 2가지 세금 관리

인테리어비용에 대한 세금에서는 부가가치세와 세금계산서가 가장 중요하다. 창업비용 중에서는 인테리어비용이 매우 큰 비중을 차지하고 있기 때문이다.

임차보증금은 비용에 들어가진 않지만, 학원 인테리어는 전액 비용으로 처리되기 때문에 세금에 있어서 정말 중요한 요소다.

특히 적격증빙(세금계산서, 신용카드 영수증, 현금영수증)을 받지 않으면 비용 자체를 인정받지 못할 수 있다.

큰 금액의 세금 환급을 받지 못한다는 뜻이다.

따라서 인테리어 계약을 할 땐 부가가치세 문제를 확실히 하고, 적격증빙을 받아둬야 가산세 등 불이익을 사전에 방지할 수 있다.

02 / 인테리어비용 지출 시 적격증빙

세법에서 인정하는 적격증빙은 세금계산서, 신용카드 영수증, 현금영수증이다.

그렇다면 적격증빙을 못 받으면 비용을 아예 인정 못 받을까?

그렇지는 않다.

인테리어 공사업체에서는 더 많은 이득을 챙기기 위해서 부가가치세 공제나 환급을 못 받는 점을 어필하면서 할인유도를 통해 부가가치세 없이 진행하자고 하는 경우가 있다.

사실 인테리어 공사의 경우엔 10%의 부가가치세를 내는 것 자체가 창업을 준비 중인 사업주는 부담되는 금액일 수 있다.

하지만 만약 세금계산서를 받지 못하면 원칙적으로 비용인정을 받지 못한다.

무조건 부가가치세를 별도로 부담하는 것이 나중에 세금 측면에서 훨씬 많은 이득이 된다.

이 점을 참고하고 세금계산서를 반드시 받아놓아야 한다.

만약 세금계산서를 수취하지 못하는 경우엔?

계약서 등 증거가 될 수 있는 서류를 반드시 보관하고, 계약금 잔금 등은 금융기관을 통해 이체한 지급 근거를 확실하게 해둔다면 비용 인정을 받을 수 있다.

하지만 세금계산서를 받지 않았다는 것에 대한 제재로 인테리어 공사비의 2%를 가산세로 내야 한다.

03 / 인테리어비용에 대한 경비처리

임차사업장의 인테리어비용의 경우 장부상 시설 장치로 장부에 기록한 후 감가상각을 통해 경비 처리한다.

초보 사장님이 창업 전 알아야 할 21가지 세금 상식

01 / 사업용 계좌 사용

복식부기 의무자와 전문직 개인사업자는 사업용 계좌를 홈택스에 등록하고 사용해야 한다.

사업용 계좌는 기존 금융기관(은행) 및 증권회사에서 개설할 수 있(기존 계좌 사용 가능)으며, 사업장별로 복수의 사업용 계좌를 허용하고, 동일 사업용 계좌를 복수의 사업장에서 개설·신고가 가능하다.

인건비와 임차료 및 금융기관을 통한 모든 입출금 거래는 모두 사업용 계좌를 사용해야 하며, 사용하지 않으면 미사용금액의 0.2%를 가산세가 내야 한다.

금융기관에서 사업용 계좌를 신규로 개설한 사업자는 사업용 계좌 개설(추가·변경) 신고서를 작성하여 법정 신고기한 내에 사업장 관할 세무서장에게 제출해야 한다.

≫ 계속 사업자 : 과세기간 개시일부터 6월 이내

≫ 신규 사업자 : 사업자등록증 교부일부터 6월 이내

사업용 계좌 개설신고서는 본인 또는 대리인(가족, 직원 등), 세무대리인을 통한 제출이 가능하다.

그리고 사업용 계좌를 변경하거나 추가로 개설하는 경우는 사업용 계좌 개설(추가·변경) 신고서를 작성하여 법정 신고기한 내에 사업장 관할 세무서장에게 제출한다.

» 면세사업자 : 사업장현황신고 기한 이내
» 과세사업자 : 부가가치세 신고기한 이내
» 종합소득세 : 종합소득세 확정신고기한 전까지 신고
» 성실신고확인대상자가 성실신고 확인서를 제출할 때 : 6월 30일

홈택스 〉 국세증명 · 사업자등록 · 세금관련 신청/신고 〉 세금관련 신청 · 신고 공통 분야 〉 사업용 · 공익법인 계좌 개설/조회 〉 사업용 · 공익법인 계좌 개설/해지

사업용 계좌를 반드시 이용해야 하는 거래

다음의 거래는 반드시 사업용 계좌를 이용해야 한다.

⊙ 거래 대금을 금융기관을 통해 결제하거나 결제받을 때
⊙ 송금 및 계좌 간 자금 이체
⊙ 수표, 어음 등으로 거래 대금 지급 및 수취
⊙ 신용카드 등을 통해 이루어진 거래 대금 지급 및 수취
⊙ 인건비 및 임차료 지급 등

02 / 개인은 사업용 신용카드, 법인은 법인카드 사용

개인사업자가 사업 관련 경비의 지출 용도로만 사용하는 사업용 신

용카드를 홈택스에 등록해 사용한다.

홈택스 〉 전자(세금)계산서 · 현금영수증 · 신용카드 〉 신용카드 매입 〉 사업용 신용
카드 등록 및 조회

사업용 신용카드 사용은 세금계산서와 같이 사업용 비용지출로 인정
되며, 부가가치세 매입세액공제를 받을 수 있다.

등록한 개인사업자는 사업용 신용카드 사용 내역을 홈택스 홈페이지
에서 조회할 수 있고, 부가가치세 신고시 "신용카드매출전표 등 수취
명세서"에 거래처별 합계자료가 아닌 등록한 신용카드로 매입한 합계
금액만 기재하면 매입세액공제를 받을 수 있다. 단, 공휴일, 주말,
홈쇼핑, 자택 근처 등에서 사용하면 업무 관련성을 입증해야 하며,
가사용 비용을 사업용 카드로 사용하면 세무조사를 받을 수 있다.

홈택스 〉 전자(세금)계산서 · 현금영수증 · 신용카드 〉 신용카드 매입 〉 사업용 신용
카드 사용내역 〉 사업용 신용카드 매입내역 누계 조회
홈택스 〉 전자(세금)계산서 · 현금영수증 · 신용카드 〉 신용카드 매입 〉 사업용 신용
카드 사용내역 〉 사업용 신용카드 매입세액 공제금액 조회

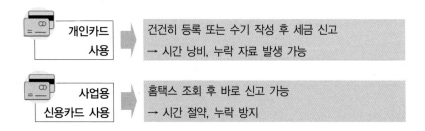

개인카드
사용
→ 건건히 등록 또는 수기 작성 후 세금 신고
→ 시간 낭비, 누락 자료 발생 가능

사업용
신용카드 사용
→ 홈택스 조회 후 바로 신고 가능
→ 시간 절약, 누락 방지

법인 명의로 발급받은 신용카드는 사업용 신용카드에 해당하므로 별도로 등록할 필요가 없다.

사업용 카드와 법인카드 사용 내역은 국세청에 자동 통보되므로 증빙관리 및 세금 신고 시간을 줄일 수 있다.

법인은 개인과 달리 회사가 대표이사 개인 것이 아니라 대표이사도 법인의 직원이다.

법인 자체는 법적으로 인격을 부여받은 것일 뿐 인간이 아니라 일을 할 수 없으므로 대표이사가 법인을 대신해 사장행세를 하는 것으로 봐야 한다. 따라서 대표이사가 회사의 돈을 임의로 사용하면 회삿돈을 훔쳐 가는 것으로 횡령이 되는 것이다.

이 점에 근거해서 법인의 대표이사가 법인카드를 개인적 목적으로 사용하면 해당 지출에 대해 세무상 불이익이 발생한다는 점에 유의해야 한다. 즉 법인카드도 개인과 동일하게 공휴일 골프비용, 주말 마트 사용, 자택 근처나 전혀 연고가 없는 지역 등에서 사용하면 업무 관련성을 입증해야 하며, 가사용 비용을 법인카드로 사용하면 세무조사를 받을 수 있다.

부가가치세 신고기간 신용카드 매입내역 수정사항

국세청에서 해당 신고 기간 분에 대한 신용카드 사용 내역을 조회하면 공제받을 금액의 합계액이 표시된다. 물론 부가가치세 매입세액공제와 불공제 여부는 본인이 직접 선택 결정해서 신고하게 되어있어 불성실 신고에 대한 모든 책임은 본인이 져야 한다. 즉 국세청 홈택스에 사업용 신용카드를 등록해서 쓰지만, 홈택스에 사업용 신용카드를 등록했다고 해서 무조건 알아서 공제되는 것은 아니다(참고자료일 뿐이다). 애매한 지출항목에 대해서는 선택 불공제로 구분되며, 사업용으로 지출한 비용일 경우는 공제로 변경해서 부가가치세 공제를 받을 수 있다. 이에 대해 잘 모르는 사업자가 많아 당연히 받아야 하는 공제를 놓치거나 받지 말아야 할 공제를 받는 경우가 발생한다.

> 홈택스 〉 전자(세금)계산서 현금영수증·신용카드 〉 신용카드 매입 〉 사업용 신용카드 사용내역 〉 사업용 신용카드 매입세액 공제 확인/변경에서 변경할 수 있다.

당연 불공제는 상대 사업자가 연 매출 4,800만 원 미만 간이과세자, 면세사업자 등의 이유로 애초에 부가가치세 공제를 못 받는 경우이며, 선택 불공제는 부가가치세 공제를 받을 수 있을지, 없을지 명확하게 파악할 수 없는 경우다. 선택 불공제로 표시된 결제 내역에서 사업용 지출이 맞으면, 공제로 변경하면 된다. 여기서 공제로 변경하면 부가가치세 신고 시 해당 금액을 공제받거나 환급받을 수 있다. 다만 변경 및 변경을 안 해서 세금 문제가 발생하는 때의 책임은 본인이 져야 한다. 즉 불공제를 공제로 변경하는 것도 중요하지만, 공제를 불공제로 변경하는 것이 더 중요하다. 불공제 대상이 공제로 되어있는 경우 이를 변경해야만 추후 과소납부로 인한 가산세를 사전에 방지할 수 있기 때문이다.

> 국세청에서 제공하는 자료를 절대적으로 신뢰해 무조건 국세청 자료에 맞추어 신고해야 할 것으로 오해하면 안 된다. 국세청 자료는 단지 참고자료일 뿐이므로 정확할 수도 있고, 정확하지 않을 수도 있다. 신고의 모든 책임은 국세청이 아닌 본인이 진다.

구 분	공급자 업종 및 사업자 구분	매입세액공제 여부 결정
공제	일반과세자 및 간이과세자(세금계산서 발급사업자) 거래분 중 [선택 불공제] 대상에 해당하지 않는 경우로 부가가치세 세액공제 및 종합소득세(법인세) 신고 때 필요경비 인정이 된다.	
	부가가치세 일반과세자로서 선택 또는 당연히 불공제에 해당하지 않는 거래	매입세액공제가 가능하며, 매입세액공제 대상이 아닌 경우 불공제로 수정 가능

구 분	공급자 업종 및 사업자 구분	매입세액공제 여부 결정
선택불공제	일반과세자 및 간이과세자(세금계산서 발급사업자) 거래분 중 거래처업종이 음식점, 숙박, 마트, 항공운송, 승차권, 주유소 등 자동차 관련 업종, 과세유흥업소, 자동차 구입비, 기타(식당, 사우나, 골프연습장, 온천, 공연·영화입장료, 운전학원, 과세 진료비, 기타 식료품 소매업 등)인 경우로, 부가가치세 매입세액공제 대상에 해당하는 경우 [공제]로 수정이 가능하다.	
	사업 무관, 기업업무추진비 관련, 개인 가사 지출, 비영업용 자동차 등은 불공제 대상 [예] 음식, 숙박, 항공운송, 승차권, 주유소, 차량 유지, 과세유흥업소, 자동차 구입, 골프연습장, 목욕, 이발 등	불공제 대상으로 분류되었으나 사업 용도로 이용한 건은 공제로 수정 항공운송, 승차권, 성형수술, 목욕, 이발 등의 지출은 매입세액불공제 대상임
당연불공제	거래처가 간이·면세사업자인 거래분으로, 부가가치세 세액공제는 어려우나 종합소득세(법인세) 신고 때 필요경비 인정이 된다.	
	간이과세자 및 면세사업자와 거래	매입세액공제 불가

03 / 적법한 전자 세금계산서 주고받기

가장 적법한 증빙은 세금계산서이다. 수취한 세금계산서로 부가가치세 신고 시 매입세액공제를 받을 수 있다.

사업 무관, 기업업무추진비 관련, 개인 가사 지출, 비영업용 자동차 등은 불공제 대상이다. 다만, 홈택스 조회 결과 매입세액불공제로 분류되었어도 사업 용도로 이용한 건은 공제로 수정해서 매입세액공제를 받으면 된다.

그리고 음식, 숙박, 항공운송, 승차권, 주유소, 비업무용 소형승용차 취득 및 유지비용, 과세유흥업소, 골프연습장, 목욕, 이발 등에 지출한 비용은 매입세액불공제 대상이다.

연 매출 4,800만 원 미만 간이과세자 및 면세사업자와 거래하는 경우 매입세액불공제 대상이다.

매입세액불공제 대상이나 공제 대상으로 잘못 적용하여 신고하는 경우 추후 잘못 공제받은 매입세액을 추징당할 수 있으므로 앞서 설명한 바와 같이 신고 시 유의해서 분류·신고해야 한다.

1인 회사 또는 영세한 회사의 경우 프로그램을 사용하지 않는 회사가 많다. 이 경우 (전자)세금계산서를 발행하고 사업용 계좌와 신용카드를 활용하는 경우 복식 장부는 안 되지만 세금 부분에서는 자체 기장하는 효과를 낼 수 있다. 여기에 세무 기장을 맡기는 경우 복식 장부까지 완벽하게 된다. 창업단계에서 자금 사정상 기장 대행을 맡기지 못하거나 경리직원을 쓰지 못하는 경우 (전자)세금계산서를 발행하고 사업용 계좌와 신용카드만 활용한다면 시간을 절약하면서 상당수의 세금 업무도 해결할 수 있다.

04 / 지출 규모별 증빙 요건

최고의 절세는 증빙 관리에 있다. 증빙이 없으면 비용인정이 안 되고 그러면 세금을 많이 내게 된다.

사업을 하면서 관행적으로 이루어지는 행위 중 가장 주의해야 할 점은 거래처와 세금계산서 발행날짜를 맞추는 행위와 부가가치세 자료가 부족하다는 이유로 실제 거래 없이 세금계산서를 주고받는 행위다.

또한 두 회사의 대표이사가 같다는 이유로 물품은 갑회사에 납품하고, 대금은 을 회사에서 받는 행위이다.

기업을 경영하면서 세금에 대해 고민이 많을 것인데, 세금을 손쉽게 줄이는 방법으로 매입을 부풀려 비용을 많이 계상하는 식으로 회계장부를 조작하는 유혹에 빠지기 쉽다.

반대로 대출을 손쉽게 받기 위해 매출을 실제보다 과다하게 장부에 적는 예도 있다. 이 같은 행위는 결국 탈세를 발생시켜 회사를 생각지도 않은 위험에 빠트릴 수 있다.

⊙ 건당 3만 원 이상의 경우 법정지출증빙에 해당하는 것 : 세금계산서, 계산서, 신용카드 매출전표(선불·직불·체크카드 포함), 지출증빙용 현금영수증 → 매입세액공제 가능

⊙ 기업업무추진비(= 접대비)는 건당 3만 원 초과 : 법정지출증빙을 받아야 비용인정(법인은 반드시 법인카드 사용)

⊙ 경조사비 : 건당 20만 원까지 청첩장이 증빙, 20만 원 초과 금액은 세금계산서 등 법정지출증빙을 받아야 비용인정

법정지출증빙이 없는 경우에는

⊙ 매입세액공제 불가능

⊙ 세무상 비용인정이 안 돼 법인세(소득세) 부담이 증가한다.

05 / 금융거래를 통한 온라인 입출금

세금계산서 등을 못 받았다면 은행거래를 통해 송금(성명, 주민등록번호, 주소, 상호 등 기재)하고 송금명세서를 관리한다.

→ 향후 누락된 매출액 추가 시 비용으로 인정 가능성이 크다.

사업자등록이 안 되어있는 농어민으로부터 명절선물을 사거나. 회사 앞 포장마차에서 떡볶이 등 간식을 살 때 계좌이체를 하고 송금명세서를 보관한다. 즉 피치 못할 사정으로 세금계산서도 받지 못하고 카드 결제도 안 되는 경우는 최소한 계좌이체 방식을 활용해야 한다.

06 / 거래처 상대방 의심

상대방과 처음 거래할 때는 국세청 홈택스 등에서 사업자등록상태를 확인한다.

사업자등록 확인 결과 상대방이 과세 사업자라고 무조건 세금계산서를 발행해야 하는 사업자이고, 면세사업자라고 무조건 계산서 발행 대상 사업자가 되는 것은 아니다. 증빙의 발행 종류를 결정하는 것은 사업자등록 내용이 아닌 거래하는 물품에 따라 결정된다. 예를 들어 판매자가 과세 사업자라도 판매하는 물품이 면세 물품이면 세금계산서가 아닌 계산서를 발행한다.

07 / 허위, 위탁사업자(자료상) 거래

부가가치세 등 세금을 절약하기 위해서 자료 상을 통해 허위증빙을 사면 안 된다. 국세청 빅데이터 분석으로 대부분 적발된다.
그 결과 부가가치세, 법인세, 소득세 등 추징 + 관련 가산세 추가 등으로 거래액의 100% 넘는 세금이 부과된다.

위장 세금계산서는 실제 재화 또는 용역을 공급받은 사실은 있으나 실제 공급자가 아니라, 제3자로부터 주고받은 세금계산서를 말한다.

예를 들어 갑에게 물품을 구입했는데, 세금계산서는 을 명의의 세금계산서를 받는 경우를 말한다.

반면, 가공 세금계산서란 실제 재화 또는 용역을 공급받은 사실 없이 주고받은 세금계산서를 말한다.

예를 들어 부가가치세 신고철에 지인의 부탁으로 실제로는 거래가 없었는데, 일정액의 부가가치세를 받고 가짜로 발행해주는 세금계산서를 말한다.

가공매입과 위장 매입은 국세청 세무조사 시 반드시 점검하는 부분이다.

과거와는 다르게 기업체가 전산화가 빠르게 진행되고 국세청 전산시스템도 고도로 발달(특히 전자세금계산서)해 가공 또는 위장 매입은 많이 사라졌지만, 중소기업의 경우 아직 관행적으로 이루어지고 있다.

가공매입(사실과 다른 거래)은 실제로 없던 거래이므로 부가가치세는 매입세액이 불공제되고, 소득세 또는 법인세 신고 시 비용인정이 안 되어 세금이 증가한다. 또한 공급대가 전체를 대표자의 급여로 봐 대표자는 소득세를 추가로 납부해야 한다.

위장매입은 거래 자체는 있었지만, 타인의 세금계산서를 받은 경우이므로 부가가치세 매입세액은 불공제되나, 소득세 또는 법인세 신고 시 비용으로 인정받는 대신 증빙불비가산세를 납부해야 한다.

관행적으로 실제 거래 날짜가 아닌 상호합의하에 세금계산서 발행일을 조정하는 때는 세금계산서 미발급 또는 지연발급에 따른 가산세와 부가가치세 과소 납부에 따른 가산세를 부담할 수 있으니 주의해야 한다.

구 분	가공 세금계산서	위장 세금계산서
부가가치세	매입세액불공제	매입세액불공제
	세금계산서불성실가산세	세금계산서불성실가산세
	신고납부불성실가산세	신고납부불성실가산세
소득세	소득세	없음(비용인정 됨)
	신고납부불성실가산세	증빙불비가산세
법인세	법인세	없음(비용인정 됨)
	신고납부불성실가산세	증빙불비가산세
범칙 처분	검찰 고발	벌과금 또는 형벌

[주] 위장 매입 세금계산서 수취분은 소득세 또는 법인세 계산 시 비용으로 인정된다. 왜냐하면 실제로 재화 등을 공급받은 사실은 변함이 없기 때문이다.

[주] 공급가액은 부가가치세액을 포함하지 않은 순수한 재화 또는 용역의 교환가치(또는 매출액)다. 공급대가는 공급가액에 부가가치세액을 포함한 금액이다.

(08 / 업무용승용차 운행기록부 작성)

법인과 복식부기 의무자인 개인사업자는 업무 전용 자동차보험에 가입하고 차량별로 관련 비용이 연간 1,500만 원(감가상각비 포함)을 넘는 경우는 반드시 일자별로 운행기록부를 작성해야 한다.

차량의 사적 사용분에 대해서는 손금 부인되고, 상여로 처분되어 소득세를 추가 부담해야 한다.

그리고 개인사업자라도 2대부터는 업무 전용 자동차보험에 가입해야 한다. 참고로 사업자등록 별로 2대이므로 공동사업자라도 개인별로 2대가 아닌 공동사업자 차량 전체를 합산해서 2대 기준이다.

구 분	업무처리
업무용 사용 거리	업장 방문, 거래처대리점 방문, 회의 참석, 판촉 활동, 출퇴근 등
승용차 관련 비용	감가상각비(5년 정액법 강제 적용, 2017년 1월 1일 이전 취득이나, 간편장부 대상자가 복식부기 의무자로 변경 때는 종전 감가상각방법을 그대로 적용한다.), 리스료, 렌트비, 유류비, 보험료, 수선비, 자동차세, 통행료 등

업무용 차량 경비처리기준

차량의 종류가 경차(1,000cc 이하 차량), 화물차, 9인 이상의 승합차 이거나 업종이 운수업, 자동차 판매업, 자동차 임대업, 운전학원업 등 영업에 직접 차량을 사용하는 업종을 제외하고 업무비용을 인정받으려면 아래 내용을 반드시 준비해야 한다.

1. 자동차보험에 '임직원만 운전할 수 있다'는 내용의 특약이 있어야만 비용처리가 가능하다(업무전용자동차 보험 가입).

체결된 계약서에는 보험 사항 중 임직원 전용 자동차보험에서 보상하는 임직원의 범위는 법인 소속의 이사와 감사, 법인 소속의 직원(계약직 포함), 법인의 업무를 위하여 피보험자동차를 운행하는 자로서 법인과 계약관계에 있는 업체에 소속된 자로 한 함으로 기재되어 있는 보험을 말한다. 따라서 단순히 업무용 보험으로 이같이 보상범위를 정하지 않은 누구나 운전 가능 보험은 임직원 전용 자동차보험에 해당하지 않는다.

- 법인 소속 이사 및 감사, 정규직
- 계약직(단, 피보험자와 체결한 근로계약 기간에 한정)
- 기명피보험자(법인 대표)의 업무를 위하여 해당 법인차량을 운행할 경우 계약관계에 있는 업체에 소속된 사람

2. 운행일지 작성

연 1,500만 원(감가상각비 포함) 이상의 비용을 인정받으려면, 운행일지 작성이 필수다. 업무용 사용비율(업무사용비율 = 업무용주행거리/총주행거리) 만큼만 비용처리가 되기 때문이다. 감가상각비(무조건 5년 정액법 상각)는 최대 연 800만 원까지 인정된다. 초과분은 이월된다.

3. 비용 불인정 금액 상여 처분된다.

임직원 전용 자동차보험 미가입시 전액, 운행기록부 미작성 시 1,500만 원 초과 금액, 운행기록부 작성 시 업무외사용비율 금액은 해당 차량 사용자(불분명한 경우에는 대표자)에 대한 상여로 보아 급여에 합산되어 근로소득세를 신고납부해야 한다.

유류비 계산 방법

연료비 = ① 여행거리(km) × ② 유가(리터당 가격) ÷ ③ 연비로 계산한다.

① 거리는 출발지와 도착지 간의 거리로 계산하며, 경유지가 있는 경우에는 경유지를 포함해서 거리를 계산한다.

거리 계산은 도로공사나 민간 제공(네이버, 다음 지도)을 활용할 수 있다.

② 유가는 출장 시작일 유가를 적용한다. 한국석유공사(오피넷)에 고시된 평균 판매가격을 참고하면 된다.

> 유류비의 리터당 가격은 오피넷에서 해당 일자 조회
> https://www.opinet.co.kr/user/main/mainView.do

③ 연비는 유종에 따라 달리 적용한다. 연비 기준은 인사혁신처 공무원 보수 등의 업무지침에 규정되어 있다.

휘발유 : 11.97km/L, 경유 : 12.52km/L, LPG : 8.83km/L,

하이브리드 : 15.37km/L, 플러그인하이브리드 : 10.61km/L, 전비 2.84km/kwh

전기차 : 5.22km/kwh(전비)

수소차 - 94.9km/kg

예를 들어 서울~세종 간 150km를 휘발유 차량으로 왕복으로 출장 다녀왔을 때 자가용 여비를 계산해보면 다음과 같다(유가는 1,800원으로 가정).

150km × 1,800원 ÷ 11.97 × 2(왕복) = 약 45,200원

09 / 개인사업자 노란우산공제에 가입

소상공인의 폐업·재기·퇴직금 지급 등의 자금 마련을 위한 공제, 보험 제도인 노란우산공제 불입금 중 연 200~500만 원을 종합소득세 신고를 할 때 소득공제를 받을 수 있어 세금 절감 효과가 있다.

⊙ 압류 불가 : 은행 등에서 가입하는 저축·보험은 사업에 실패했을 때 압류될 가능성이 크다. 하지만 노란우산공제 공제금은 압류당하지 못하도록 법(중소기업협동조합법 제119조)으로 보호하고 있다. 공제금을 양도하거나 담보하는 것도 금지된다.

⊙ 무료 상해보험 : 노란우산공제 가입자는 상해보험에 자동으로 가입이 되는데, 보험료는 2년간 중소기업중앙회에서 부담한다. 2년이 지나면 상해보험 가입 혜택은 끝난다.

⊙ 대출 가능 : 목돈이 필요할 때 노란우산공제를 해지하지 않고 대출을 받는 방법도 있다. 부금의 90% 이내에서 저리 조건으로 대출이 가능하다.

⊙ 노란우산 복지플러스 : 노란우산공제에선 '복지플러스'란 홈페이지를 운영하고 있다. 이곳에선 매장을 운영하면서 생기는 노무·세무·법무 등 다양한 고민을 무료로 상담받을 수 있다. 뿐만 아니라 건강검진 비용 할인, 숙박시설 할인 등 기업에서 직장인에게 주는 복지혜택을 사장님도 누릴 수 있다.

10 / 공과금 고지서는 사업자등록 번호로 받는다.

각종 공과금, 공공시설 부담금의 자동이체를 신청하고, 사업자 번호 등록 후 세금계산서를 발급받는다.

이 경우 전기요금, 도시가스 요금, 전화, 인터넷, 통신비 등에 대해서 매입세액을 공제받을 수 있다. 즉 개인 명의로 청구서를 받으면 매입세액공제가 힘들지만, 사업자등록 번호로 받으면 해당 지로용지가 세금계산서 역할을 하므로 매입세액공제가 가능하다.

11 / 업무용 승용, 운반, 화물차 구입, 유지 시 매입세액공제

구 분	매입세액공제 여부
가능한 경우	9인승 이상의 승합차 등(운반용), 트럭, 1,000cc 이하의 경차 등
불가능한 경우	일반 소형·중형·대형 승용차

위의 비업무용 소형승용차는 부가가치세 매입세액공제는 받지 못해도 소득세 신고 때 비용으로 인정받을 수 있으므로, 증빙은 잘 챙겨 두어야 한다.

12 / 사업과 관련 없는 지출은 비용처리 하지 않는다

간혹 질문에 사장님이 주시는 개인적 지출영수증은 어떻게 해야 하나요? 라는 질문이 올라온다. 개인적 지출은 비용처리 안 되고 사업으로 발생한 지출에 대해서만 비용처리해야 한다. 절세를 위해 개인적인 지출을 가짜 서류를 만들어 편법으로 신고하는 경우가 있다. 이는 당장은 세금을 적게 낼 수 있지만 국세청의 감시 대상이 되거나 오히려 더 많은 세금을 국세청에 납부하게 되는 등 문제가 생길 수 있다.

또한 회사 규모가 적다는 이유로 소명자료 요청이나 세무조사가 없겠지? 라는 생각으로 편법 처리를 하는 사업자가 많은데 최근에는 규모가 작다고 봐주지 않는다.

13 / 세금 신고할 때 영수증을 전부 제출해야 하는 것은 아니다.

세금 신고를 할 때 그동안 사용한 모든 지출영수증을 제출해야 한다고 알고 있는 실무자들이 있는데, 모든 영수증을 제출할 필요 없이 5년 동안 잘 보관하고 있다가 이 영수증을 근거로 신고만 잘하면 된다. 물론 제출 안 한다고 해서 편법으로 비용처리를 하면 안 된다. 세무조사는 안 받아도 언제 세무서로부터 소명자료 요청을 받을지 모른다. 저희 회사는 매출이 얼마 안 되는데, 세무서에서 소명자료 요청이 왔어요. 라고 하는 실무자를 심심치 않게 볼 수 있다.

14 / 부가세 10%를 절대 아끼지 마세요

신용카드 결제를 하거나 세금계산서를 요구할 시 10% 부가가치세를 낸다. 이 부가가치세가 아까워서 세금계산서 안 받고 현금결제를 하는 사업자분들이 있으나 이는 피하는 것이 좋다.

세금계산서는 증빙이 되기 때문에 부가가치세는 다 돌려받을 수 있을 뿐 아니라 종합소득세(법인세)까지 줄여주기 때문이다. 현금으로 결제하는 것보다 부가가치세를 주고 세금계산서를 받는 것이 훨씬 유리하다.

예를 들어 110만 원을 주고 물품을 구입하는 경우 100만 원은 종합소득세(법인세) 신고시 비용으로 인정받고 10만 원은 부가가치세 신고 때 매입세액공제를 받으면 된다. 즉 세금계산서를 받기 위해 더 낸 부가가치세 10만 원은 결국은 세금납부 시 돌려받는 효과를 낸다. 그런데 부가가치세 10만 원을 안 내는 조건으로 100만 원을 지불하는 경우 지금 당장은 이익이지만 100만 원을 종합소득세(법인세) 신고시 비용으로 인정받지 못해 세금을 더 내는 사태가 발생한다.

15 / 인건비는 반드시 본인 계좌로 지급하세요

일반적으로 개인사업자 비용 중 가장 큰 비중을 차지하는 항목은 인건비이다. 인건비는 반드시 임직원 본인 명의 통장으로 지급해야 나중에 분쟁이 발생해도 소명자료로 활용할 수 있다. 또한 급여는 그 근거를 기록한 급여명세서를 반드시 근로자에게 발급해 줘야 한다. 특히 일용근로자의 경우 인건비 지급시 관리에 유의해야 한다.

간혹 퇴사한 일용근로자의 개인정보를 이용해 세금을 줄이고자 지급하지도 않은 임금을 지급한 것으로 신고하는 사업주가 있는데, 해당 근로자가 같은 날 다른 사업장에서 근로한 내역이 있으면 탈세가 적발되기도 한다. 또한 해당 근로자가 연말정산 시 본인이 받지도 않은 급여가 신고된 것을 발견하고 국세청에 신고하는 경우도 있으므로 사업주는 가짜로 남의 개인정보를 이용해 급여 신고를 하면 안된다.

16 / 회사 카드로 개인적 지출 시 유의 사항

가끔 모르고 회사 카드로 개인적 지출을 하는 경우가 있다. 이 경우는 해당 지출이 특정 개인에게 귀속되지 않는다는 증거자료로 개인 통장에서 회사통장으로 해당 지출을 입금시켜야 한다. 만일 해당 금액을 현금으로 채우는 경우 증거자료가 없어 개인에 대한 상여로 보아 근로소득세를 추가로 부담하는 사태가 발생할 수 있다.

반대로 대표이사가 법인카드로 개인적 지출을 한 경우에도 해당 금액은 대표이사 명의 통장에서 법인통장으로 이체시켜야 업무무관가지급금으로 회사는 법인세를 내고, 상여로 처분되어 대표이사는 근로소득세를 추가로 납부하는 일이 생기지 않는다.

17 / 휴대폰은 꼭 사업자 명의로

개인사업자로 자기 사업을 하는 사장님들이라면 꼭 통신 요금 청구를 개인 명의가 아닌 사업자 명의로 변경하여 부가가치세 신고 시 매입세액공제를 받아야 한다.

대부분 사업자가 놓치는 부분이 휴대전화 요금과 관련된 것인데, 일반적으로 개인사업자는 본인 명의 휴대전화를 사업자 명의로 등록하고 세금계산서를 발급받을 수 있다. 따라서 반드시 확인하고 통신사에 요청해야 한다.

18 / 개인사업자 대출받아 부동산 취득 시 대출이자

개인사업자가 사업을 하면서 고정자산을 구입하는 등 목돈이 들어갈 때면 대출을 받는 경우가 있을 텐데요. 이때 대출이자에 대해서는 필요경비가 인정된다.

주의할 점은 부동산과 무관한 사업인데 갑자기 큰 부동산을 구매했다든가 하면 필요경비 인정을 받지 못하게 된다. 또 사업과 관련이 있다고 하더라도 구입한 자산보다 대출, 즉 부채가 훨씬 많다면 해당 부채비율만큼은 비용으로 인정이 안 된다. 빌려서 사업이 아닌 다른 곳에 썼다고 판단한다는 것이다. 대출금 이자 경비처리의 경우 자산과 부채비율을 꼭 고려해야 한다.

 이것만은 꼭 알고 있어야할 포인트

개인사업자는 사업용 목적으로 차입한 자금으로 부동산을 취득하면 안 된다
(초과인출금에 대한 지급이자 필요경비불산입, 가산 관련 경비로 처리)

초과인출금을 산정하여 차입금 지급이자를 필요경비 불산입 시 초과인출금 산정은 인별로 계산하는 것이다.

개인사업자의 경우 사업용 재산과 가사용 재산이 명확하게 구분되지 아니하여 법인사업자와 달리 사업용 재산에서 자금을 자유롭게 인출할 수 있고, 사업 명목으로 자금을 과다하게 차입한 후 실제로는 그 차입금을 사업용이 아닌 가사용이나 사업과 무관한 비용으로 사용하였음에도 불구하고, 그러한 차입금에 대한 지급이자를 부당하게 사업 관련 필요경비로 처리하는 경우가 있다. 이를 방지하기 위하여 초과인출금(= 부채 합계액 − 사업용자산 합계액)에 대한 지급이자를 '가사 관련 경비'로 보아 사업소득금액 계산 시 필요경비에서 제외하도록 규정하고 있다.

초과인출금 계산 시 일반적인 장기성 정기예금. 적금은 사업용자산으로 보지 않으나 대출금과 관련하여 당해 차입금을 사업용 부채로 계상하고 대출금 중 그와 연계해 예치한 예금, 적금은 사업용 자산에 해당한다.

자산 가액 계산 시 감가상각누계액을 제외하고, 자산재평가 한 금액도 제외되어야 한다. 부채 가액 계산 시 퇴직급여충당금 및 각종 준비금은 제외되어야 한다.

19 / 차량을 중고로 팔 때도 주의사항

개인사업자는 사업 개시 전 취득한 차량을 업무용으로 이용 시 감가상각을 통해 회사경비 처리가 가능하다. 다만, 차량을 사업 용도로 사용하고 세무상 비용처리를 한 경우엔 추후 해당 차량을 판매할 때 차량 판매에 따른 부가가치세를 부담해야 한다.

일반 가사용 차량이 아닌 사업용 차량이기 때문에 매매가격의 10%에 해당하는 부가가치세를 납부해야 한다.

그렇지만 차량 유지비용의 경비처리를 통한 절세액을 고려하면 매각 시 부가가치세를 부담하더라도 일반적으로 경비처리를 하는 것이 유리하다.

참고로 매각 시에는 중고차 가격이므로 그 금액은 크지 않다.

특수관계자 간 매각 시 차량의 가액은 중고차 시장에서의 중고차 시세를 참고해서 정하는 것이 좋다. 그렇지 않으면 부당행위계산부인 문제가 발생한다.

이것만은 꼭 알고 있어야할 포인트

특수관계자에게 차량을 무상 또는 저가로 파는 경우 부가가치세와 법인세

특수관계자에게 법인 차량을 매각하는 경우 잔존가액이 아닌 시가로 계산해야 부당행위계산부인규정 등 세무상 문제가 발생되지 않는다.

특수관계인에게 자산을 무상 또는 시가보다 낮은 가액으로 양도하는 경우 '시가와 거래가액의 차액이 3억 원이상'이거나 '시가의 5%에 상당하는 금액 이상'인 경우에는 '부당행위계산의 부인 규정'이 적용되는 것으로, 이 경우 시가상당액을 익금에 산입한다.

시가는 제3자간에 거래되는 거래가액이므로 중고차 시장 등에서 거래되는 가액을 기준으로 판단하면 된다.

부가가치세 과세사업을 영위하는 사업자가 자기의 과세사업에 사용하던 사업용자산인 소형승용자동차를 매각하는 경우 당해 자동차의 취득시 매입세액공제 여부 및 공급받는 자의 매입세액공제여부와 관계없이 재화의 공급에 해당되어 부가가치세가 과세되는 것으로 세금계산서를 그 공급받는 자에게 교부해야 한다. 이때 세금계산서는 개인의 주민등록번호로 발행한다.

20 / 자영업자 본인 급여와 가족 급여

가족 급여는 국세청의 중점 관리 대상이다.

실제로 소득세 부담을 줄이려고 일하지 않는 가족에게 급여를 지급하는 예가 있기 때문이다.

가족 인건비도 비용으로 인정받기 위해서는 실제 지출 내역이 입증돼야 한다. 4대 보험 가입뿐만 아니라, 소득세를 원천징수하고 신고해야 한다. 지급명세서도 국세청에 제출해야 한다.

개인사업자 본인의 급여는 비용처리가 불가능하지만, 사회보험료는 필요경비 또는 소득공제가 가능하다. 신고 때 가끔 누락하는 경우가 있으니 주의해야 한다.

이것만은 꼭 알고 있어야할 포인트

① 국민연금과 건강보험은 가족 여부와 무관하게 반드시 가입한다.

② 고용·산재보험은 사장님과의 동거 여부가 기준이 된다. 배우자는 동거 여부와 무관하게 가입 대상이 아니다.

③ 직원의 4대 보험 가입 신청은 사장님이 직접 한다.

④ 원천세와 지급명세서를 기한에 맞춰 제출해야 한다.

⑤ 가족 월급도 타 직원들과 기준을 맞춘다.

⑥ 세금을 덜 내기 위해 '유령직원'을 등록하면 세금폭탄을 맞게 되니 조심한다.

국세청에 따르면 유명 연예인 A씨는 가족 명의로 자신의 기획사를 운영, 탈세를 일삼았다. A씨는 해당 기획사를 통해 활동 수입을 과도하게 배분하고 경비를 부풀리는 방식으로 수입을 축소 신고한 것으로 확인됐다. …또 실제로는 근무를 하지 않는 친인척을 직원으로 등록해 인건비까지 챙겼다. 결국 A씨는 국세청의 조사로 수십억 원의 종합소득세와 법인세를 추징당했다.

21 / 갑자기 건강보험료가 오르는 경우가 있다.

자영업자의 건강보험은 5월에 종합소득세 신고를 하고 나면 그 금액을 기준으로 부과할 건강보험료를 책정하게 된다.

따라서 매년 종합소득세 신고가 끝난 후 6월이 되면 이미 낸 보험료를 정산하는 절차를 거쳐 앞서 적게 낸 보험료를 몰아서 한 번에 부과받게 된다. 6월에 정산한 보험료는 7월이나 8월에 부과된다. 이때 사업자들이 보험료 폭탄을 맞게 되는 것이다.

물론 건강보험료는 10개월 분할납부도 가능하지만, 종합소득세를 신고할 때부터 전년도 대비 소득증가분에 따른 건강보험료 정산에 대해서도 자금관리를 통해 대비해두는 것이 좋다. 법인의 대표이사는 일반 직원과 동일한 방법으로 건강보험료를 낸다.

경조사비 1,000만 원 문제없이 인정받나?

1년은 52주 매주 경조사비를 20만 원씩 내면 1천 40만 원이 된다.

매주 경조사 참석? 매회 20만 원 경조사비를 낸다?

한번 객관적으로 생각해 보면 정상? 비정상?

연 매출 4,800만 원에 경조사비만 2,400만 원 소규모라 걸리겠어! 하고 신고한 사업자도 봤음. 결국 세무서에서 소명요구 요청해 옴.

정상인데 왜 소명 요구하지? 비정상인가?

4,800만원 버는데, 2,400만원 경조사비 내는 미친××가 정상일까?

여기서 핵심은 2가지이다.

매주 경조사가 있다는 것은 거래처가 수십 개이고, 해당 거래처의 사장 이하 모든 직원의 경조사에 다 참석한다는 의미다. 그런 사람이 있을까?

이 경우는 분명 개인의 경조사뿐만 아니라 자료상으로부터 청첩장까지 산 것으로 의심받을 만하다. 철저한 소명 준비가 필요한 사례다.

그리고 매출에 비해서 경조사비 지출이 과다한 예다. 이 경우 위 경우와 마찬가지로 개인의 경조사뿐만 아니라 자료상으로부터 청첩장까지 산 것으로 의심받을 만하다.

그래서 세무서에서 소명요구를 받은 것이다.

경조사비는 대한민국 정서상 손쉽게 경비로 인정해주겠지! 또는 매출이 적은 나까지 문제 삼겠어! 라는 안일한 생각은 금물이다.

경조사비를 지나치게 자주 또는 큰 금액으로 지급하고 경비처리하는 경우는 지급한 경조사비를 대상자의 소득으로 하여 과세하거나 경비 인정이 불가능하다.

사업자가 사업과 관련하여 지출한 경조사비를 경비로 인정받기 위해서는 꼭 부고장, 청첩장 등의 증빙자료를 받고 지급한 경조사비 내역에 대하여 지급 대장 등을 작성하여 관리해야 한다. 경조사비 지급 대장 작성 시 지급 대상자와 사유, 지급 일시, 금액 등의 내용을 자세하게 작성해두어야 한다. 소명요구시 부고문자, 돌잔치 초대장, 청첩장 캡처본, 원본 등 증빙자료를 반드시 제출해야 한다.

개인회사 사장님 절세를 위한 기본상식

절세방법이라고 대단한 것이 있는 것이 아니다. 원칙에 충실해 세무상 불이익을 당하지 않는 것이 가장 효율적인 절세다.

- 무조건 증빙(세금계산서, 계산서, 현금영수증, 신용카드매출전표)을 꼭 챙긴다.
- 업무시간을 줄이기 위해 개인사업자는 사업용 신용카드와 사업용 계좌는 반드시 홈택스에 등록한다. 물론 법인은 별도로 등록할 필요가 없다.
- 노란우산공제에 가입한다.
- 개인사업자는 기장을 충실히 해 기장세액공제를 받는다.
- 사업자가 세금을 가장 효과적으로 줄이는 방법은 경비를 최대로 인정받는 것이다. 사업 전에 구입한 차량이나 PC, 냉난방 설비 등을 사업과 관련하여 사용하고 있다면 이를 사업체의 유형자산으로 등록하고 감가상각을 통하여 경비처리를 한다.
- 사업자금을 대출받은 경우는 이자를 경비로 처리해 세 부담을 줄일 수 있다.
- 공과금 고지서를 회사 명의로 발급받아 매입세액공제 및 경비처리를 한다.
- 사업에 이용하는 트럭이나 오토바이의 구입 및 유지비용은 매입세액공제 및 경비처리가 가능하다. 다만 일반 승용차는 유종과 관계없이 매입세액공제가 안 된다는 점에 유의한다.
- 출근하지 않는 가족의 인건비는 주유 세무조사 대상이므로 유의해서 처리한다.
- 건강보험료를 아끼기 위해서는 1인의 직원이 필요하다.

» 홈택스에 사업용 신용카드 등록하기
» 비용지출에 대해서는 반드시 전자세금계산서 받기
» 배우자 명의 카드도 사업용으로 썼다면 사업 비용으로 인정받을 수 있다.
» 현금영수증은 반드시 지출 증빙용으로 발행받는다.
» 사업용 차량 구매 시 부가가치세 매입세액공제가 가능한 차량 구매하기(트럭, 경차 등)
» 의제매입세액 공제(주로 음식점) 등 특혜를 활용하기

사업자의 가사비용은 근로소득자인 배우자 신용카드 사용

개인사업자는 근로소득자와 달리 종합소득세 신고 시 소득공제 및 세액공제에 제한받는다.

예를 들어 사업소득자인 아내는 신용카드 공제가 안 되므로 아내가 남편 카드를 사용하면 남편이 공제받을 수 있고, 사업과 관련되지 않은 지출액은 필요경비공제도 받을 수 없으므로 가계 관련 지출액은 남편 카드를 사용하는 것이 유리하다.

보장성보험은 근로자인 배우자만 공제되므로 부양가족의 보장성보험은 근로자인 배우자를 계약자로 하여 가입(남편이 근로자, 아내가 사업자의 경우에 자동차보험은 남편 명의로 가입)한다.

공동사업자가 세금에서 유리한 점

공동사업자가 유리한 이유는 누진세 체계인 종합소득세 계산에 있어서 공동사업자의 소득은 1/n이 되고, 과세표준이 낮게 잡히면 그만큼 낮은 세율을 적용받을 수 있기 때문이다.

사업장의 총수입금액이 2억이고 필요경비가 1억인 2인 공동사업자의 소득분배비율이 각각 50%라면 남편의 소득이 5천만 원(1억(수입금액) - 5천만 원(필요경비))이고, 부인의 소득이 5천만 원으로 분배되어 각각 다른 소득과 합산하여 종합소득세 신고를 한다. 이렇게 되면 소득세의 세율이 초과누진세율이므로 혼자서 1억 원(2억 원(수입금액) - 1억 원(필요경비))의 소득이 발생한 경우보다 각각 5천만 원씩 소득이 발생한 것이 세금 부담에 훨씬 유리하게 된다.

하지만 각종 소득공제는 이중으로 되는 것이 아니므로 부부간 공동사업을 하는 경우는 자녀, 부모님에 대한 각종 소득공제 영향도 판단해서 공동사업 여부를 결정한다. 또한 부부 공동사업의 경우 부부 중 1인이 단독으로 사업을 하고 배우자를 종업원으로 고용하는 경우는 1인은 사업소득이 발생하고 다른 1인은 근로소득이 발생하게 된다. 이렇게 되면 근로소득자는 근로소득공제를 받게 되어 소득세 신고 시 유리하게 되고 다른 소득이 없다면 연말정산으로 종합소득세 신고를 갈음하게 되어 납세 비용도 절약하게 된다.

부부가 아닌 제3자와 공동사업을 하는 경우는 부부 공동사업과 달리 각종 공제를 나누어 받지 않아도 된다.

01 / 공동사업자가 세금에서 유리한 점

개인회사를 공동으로 운영하는 경우 소득은 각 지분비율에 따라 분배되고, 각종 공제도 각자의 환경에 따라 공제된다. 따라서 공동사업을 하는 경우 소득은 분산되고 공제는 이중으로 받는 혜택을 누릴 수 있다. 반면 한사람이 세금을 안 내면 연대해서 책임진다. 즉 다른 공동사업자가 대신 세금을 부담해야 한다.

사업자의 공동사업 수행 시 유의 사항

☑ **동업계약서 체결 : 출자금액, 손익 분배 비율 · 방법 · 정리 시점 등을 명시**

☑ **사업자등록 : 공동사업장을 하나의 사업장으로 등록 : 대표 공동사업자 신고, 동업계약서 첨부**

☑ **연대납세의무 : 소득은 손익비율대로 분배되지만, 세금은 연대납세의무로 규정되어 있음.**

☑ **공동사업의 안분 과세**

합산 손익계산을 각 손익 분배 비율로 안분하여 과세소득 계산

각자 손익 · 결손금 · 이월결손금을 따로 계산하며, 다른 단독소득과 합산함.

공동사업장과 단독사업장을 가지고 있는 공동사업자는 공동사업소득과 단독 사업소득을 합산해서 종합소득세 신고 · 납부를 해야 한다.

☑ **합산 과세하는 경우**

① 자녀, 배우자 등 특수관계자 간의 경우 : 손익 분배 비율이 가장 큰 동업자로 합산

② 공동사업자 간의 손익 분배 비율이 불합리하거나 조세회피 의도가 있는 경우 등 단일합산

☑ **개인과 법인이 공동사업 수행 시 : 손익비율 구분소득에 대해 개인소득은 소득세법, 법인소득은 법인세법을 적용한다.**

02 / 공동사업을 위해 대출받은 이자비용 경비인정

공동사업에 출자하기 위하여 대출받은 차입금의 이자비용은 공동사업장의 경비로 인정되지 않는다. 즉 해당 금액은 회사의 부채가 아닌 개인적인 채무에 해당한다.

반면 회사를 설립한 후 자금이 모자라 운영에 필요한 자금을 빌리는 경우 여기서 발생하는 이자는 경비처리가 가능하다.

03 / 공동사업 변경 시 사업자등록증 정정신고

사업자등록을 한 공동사업자 중 일부가 변경되거나 탈퇴 또는 새로운 공동사업자가 추가되는 경우는 사업자등록 정정신고서에 사업자등록증, 동업 변경(해지)계약서를 첨부해서 공동사업의 변경에 대한 사업자등록 정정 신고를 하면 된다.

04 / 공동사업계약이 해지 된 경우 세금 신고

공동사업을 영위하는 갑과 을이 공동사업을 해지하는 경우는 해지일까지의 공동사업장에서 발생한 수입금액에 대해서 결산을 하여 손익 분배 비율(지분율)에 따라 소득금액을 분배해야 한다.

갑과 을 각각은 공동사업장에서 발생한 소득과 타 소득을 합산해서 다음 연도 5월에 주소지 관할세무서에 소득세를 확정신고·납부를 해야 한다.

회사를 양도 · 양수하는 경우 업무처리

회사 또는 매장을 양수도 하면서 발생하는 권리금의 신고를 누락하는 경우가 자주 발생한다.

그러나 권리금은 기타소득세 원천징수 대상이므로 반드시 정상적으로 신고 · 납부해야 세무상 불이익이 발생하지 않는다.

01 / 양도한 개인사업자의 세무 처리 절차

» 사업장 폐업 신고 : 즉시(인수자가 사업자 등록하기 전에 진행)

» 사업장현황신고 : 면세사업자의 경우 다음 해 2월 10일까지 사업장현황신고 진행

» 폐업 부가가치세 신고 : 일반과세자의 경우 폐업일이 속한 다음 달 25일까지 부가가치세 신고

» 4대 보험 상실 신고 : 폐업 사유 발생일로부터 14일 이내(국민연금은 사유 발생이 속하는 달의 다음 달 15일까지) 사업장탈퇴신고 및 직장가입자 자격 상실신고서를 제출

» 원천징수이행상황신고서 : 폐업일이 속한 날의 다음 달 10일까지 제출

» 지급명세서 제출 : 폐업일이 속한 날의 다음다음 달 말일까지 제출(일용직의 경우 폐업일이 속한 날의 다음 달 10일까지)

» 종합소득세 신고 : 폐업일이 속하는 날의 다음 해 5월 31일까지 신고

02 / 양수한 개인사업자의 세무 처리 절차

» 권리금에 대한 원천징수

권리금을 지급한 경우 권리금은 양도자의 기타소득에 해당한다.

기타소득세를 원천징수 해서 다음 달 10일까지 신고납부한다.

» 영업권 감가상각

권리금을 신고하는 경우 권리금은 영업권이라는 자산으로 회계장부에 계상한다.

그리고 5년간 감가상각을 통해서 비용처리 한다.

» 중고자산 감가상각

세법상 사업용 고정자산의 종류에 따라 감가상각 내용연수가 정해져 있다.

그러나 중고자산의 경우 내용연수를 단축할 수 있도록 허용하고 있으므로, 사업 첫해 비용을 많이 처리하고 싶으면 이를 활용할 수도 있다.

≫ 재고자산의 가액

사업포괄양수도에 따라 해당 재고자산을 취득하는 양수 법인의 취득 가액은 양수도 당시 시가이며, 양수 법인이 양수 자산의 시가를 초과하여 지급하는 양수 대가는 감가상각 대상 영업권에 해당한다.

특정 매장으로부터 반품받는 상품은 양도법인의 재고자산에 해당한다.

건물임대주가 간이과세자라고
세금계산서 발행을 안 해주는 경우

세 들어있는 사무실이나 매장의 임대인이 간이과세자일 때는 세금계산서 수취 문제가 발생한다. 또한 입주 당시에는 일반과세자였으나 중간에 간이과세자로 변경된 경우도 문제가 발생할 수 있다.

간이과세자도 2종류로 나뉜다.

최초 간이과세자였던 연 매출 4,800만 원 미만 간이과세자와 연간 매출액이 4,800만 원 이상 1억 400만원 미만 간이과세자이다.

연 매출 4,800만 원 미만 간이과세자는 세금계산서를 발행할 수 없지만 연간 매출액이 4,800만 원 이상 간이과세자는 세금계산서 발급 가능 간이과세자이다. 따라서 임대인이 간이과세자라도 세금계산서 발급 가능 간이과세자라면 세입자가 세금계산서를 발급받을 수 있어서 문제가 없다. 다만 임대인이 연 매출 4,800만 원 미만 간이과세자인 경우는 증빙 특례 규정에 따라 임차료를 금융기관을 통해 계좌이체하고 송금명세서를 작성·제출하면 적격증빙을 받은 것으로 봐 세무상 불이익이 없다.

구 분	세금계산서 발급
연 매출 4,800만 원 미만 간이과세자	세금계산서 발급 불가능
연 매출 4,800만 원 이상 간이과세자	세금계산서 발급 가능 사업자

임대인이 세금계산서 발행을 꺼려 세금계산서 발급이 불가능한 간이과세자라고 속일 수 있으니 임차인은 임대인의 사업자등록증을 받아 홈택스 홈페이지에 접속 후 조회하면 세금계산서 발급 가능 간이과세자는 "부가가치세 간이과세자(세금계산서 발급사업자) 입니다"라고 나와 있다. 이 경우 임대인은 간이과세자지만 "매출 세금계산서"를 발급할 수 있는 사업자이므로 세금계산서 발급을 요청한다.

연 매출 4,800만 원 미만 간이과세자는 원칙적으로 세금계산서 발급이 안 되므로 임차료와 함께 준 부가가치세는 나중에 종합소득세(법인세) 신고 때 필요경비로 처리하면 된다.

참고로 일반적으로 매입세액공제를 받은 부가가치세는 종합소득세 신고 때 필요경비로 인정을 못 받는, 반면 간이과세자와 거래로 인해 매입세액공제를 받지 못한 부가가치세는 필요경비 처리가 가능하다. 따라서 간이과세자와 거래로 인해 매입세액을 공제받지 못하는 불이익은 있지만, 종합소득세(법인세) 신고 때 해당 금액만큼 필요경비(손금)로 처리할 수 있는 이익은 존재한다.

구 분	종합소득세 신고
납부한 부가가치세	필요경비(손금) 처리(세금과공과)
추징된 부가가치세	부가가치세는 필요경비(손금) 처리(세금과공과) 가산세(잡손실)는 필요경비(손금)불산입

사업 시작 전 취득 차량
고정자산 등록 후 사용하는 것이 유리

사업 개시 전에 산 차량이 비용처리가 안 된다는 것은 잘못된 상식
이다. 세법은 기본적으로 형식이 아닌 실질을 우선하고 있다.

형식적으로 언제 구매했느냐 보단 그 자산을(차량을) 사업에 쓰고
있느냐가 중요하다. 따라서 사업 개시 전에 산 차량이라도 사업에
쓰는 것이 분명하다면 자산의 취득가액은 취득 당시의 최초 구입가
액에 취득·등록세와 부대비용을 가산한 금액으로 감가상각자산의
기초가액(장부상 자산)으로 반영하면 된다. 서류는 차량취득 시 작
성한 자동차매입계약서만 있으면 된다. 다만, 관련 증빙에 의하여
해당 구입 차량에 대한 실제 취득가액을 확인할 수 없는 경우에는
취득 시 기준시가에 지방세법에 의한 취득세·등록세 상당액을 가산
한 금액으로 할 수 있다.

해당 차량은 감가상각을 통해 감가상각비를 비용처리하고, 주유비,
수선비, 보험료 등 관련 유지비용을 경비 처리할 수 있다. 이 경우
감가상각 적용 시 사업에 사용한 시점 일을 취득일로 보아 적용하면
되는 것으로 잔존내용연수 상관없이 5년간 정액법을 적용하면 된다.

물론 사업 개시 후 구입한 차량에 비해 일정기간동안 가사용으로 사용한 차량이기 때문에 운행일지 작성 등 추후 소명 자료를 더욱 철저히 할 필요는 있다. 다만, 한가지 유의할 사항이 있다.

차량을 사업 용도로 사용하고 세무상 비용처리를 한 경우엔 추후 해당 차량을 판매할 때 차량 판매에 따른 부가가치세를 부담해야 한다.

일반 가사용 차량이 아닌 사업용 차량이기 때문에 매매가격의 10%에 해당하는 부가가치세를 납부해야 한다.

그렇지만 차량 유지비용의 비용처리를 통한 절세액을 고려하면 매각 시 부가가치세를 부담하더라도 일반적으로 경비처리를 하는 것이 유리하다.

참고로 매각 시에는 중고차 가격이므로 그 금액은 많지 않다.

특수관계자간 매각 시 차량의 가액은 중고차 시세를 참고해서 정하는 것이 좋다. 그렇지 않으면 부당행위계산부인 문제가 발생한다.

01 / 부가세 10% 내고 세금계산서 발행

차량구입 시 매입 세금계산서를 받아 사업상 고정자산으로 등록 후 감가상각비를 반영하고, 차량 보험료, 유류비, 수리비 등을 비용처리한 경우 차량을 처분할 때 원칙적으로 세금계산서를 발행하고 부가가치세를 납부해야 한다.

02 / 비사업용 차량 사실 확인서를 작성하는 경우

사업상 고정자산으로 등록하지 않았고 감가상각비를 반영하지 않은 차량으로 보험료, 유류비, 수리비 등을 경비 처리하지 않은 경우 비사업용 차량 사실 확인서를 중고차 매매상이나 딜러로부터 요청받을 수 있다.

이 경우에는 세금계산서를 발행하지도 않고, 부가가치세도 납부하지 않는다.

비사업용 차량 사실 확인서는 법으로 정해진 서식이 아니며, 필요한 정보만 포함돼 있으면 된다.

중고차 매매상 및 딜러가 제공하는 경우도 있고, 직접 서식을 만들어 쓰기도 한다. 즉 다음의 내용이 들어간 자유로운 양식이면 된다.

① 매각하려는 차량과 소유자에 대한 기본 정보

② 사업용 차량이 아니었음을 확인하는 내용

고정자산 미등록, 감가상각비 및 차량 관련 비용 미반영 등 종합소득세(법인세) 필요경비(손금)에 반영하지 않았다는 내용

03 / 고정자산 등록 안 한 차량의 경비인정

차량유지비로 비용처리 하려는 차량이 당연히 유형자산으로 회계처리가 되어있어야 해당 차량의 감가상각비나 유류비의 비용처리가 가능하다. 물론, 법인 명의로 렌트나 리스를 한 경우도 경비처리는 가능하다. 반면, 회사 업무에 사용되는 차량이 아니면, 고정자산으로 등록하거나 차량유지비 및 감가상각비를 계상하는 일을 할 필요가 없다.

비사업용 차량 사실 확인서

차종	
차량등록번호	

1. 본인은 위 차량 소유자로서 해당 차량을 본인의 과세사업에 사용하지 않고 개인적인 용도로만 사용하였음을 확인합니다.

2. 본인은 해당 차량 취득 당시 매입세금계산서를 수취하거나 사업용 고정자산으로 등록한 사실이 없고, 감가상각비를 반영한 사실도 없음을 확인합니다.

해당 차량은 부가가치세법에 의한 세금계산서 교부 대상이 아니므로 세금계산서를 발행하지 않습니다.

위 내용은 사실과 틀림없음을 확인합니다.

년   월   일

성명 :   (인)   세무사 :
주민등록번호 :   세무사 연락처 :
주소 :

첨부 : 인감증명서 사본 1부, 사업자등록증 사본 1부

만약 회사 업무에 직접 사용한다면, 회사의 자금으로 취득하여 고정자산으로 잡아놓고, 차량유지비 및 감가상각을 하면 된다. 사장님이

개인 돈으로 산 것이라면 회사에 차량운반구를 출자하는 것으로 처리한 후 감가상각비 및 차량유지비를 계상한다.

법인의 경우에는 회사 업무에 사용되는 차량의 경우 차량취득 시 대표자 명의가 아니라 회사 명의로 차량등록 원부를 받고, 회사의 고정자산으로 등록하면 된다.

개인 승용차의 경우 회사 업무에 사용되는지, 단순히 가사사용 목적으로(출퇴근용 등) 사용되는지 분명하지 않은 경우가 많다. 따라서 회사자산으로 등록해 놓고 차량유지비를 필요경비로 처리한 경우라도 추징되는 사례가 많다. 즉, 당해 승용차를 가지고 제품을 운반하는 것과 같이 회사의 업무에 직접적으로 사용되지 않으면 회사자산으로 잡아놓고 차량유지비를 필요경비로 잡아놓았다 하더라도 법인세(소득세) 세무조정 시 가사 사용경비로 보아 손금불산입(필요경비 불산입)으로 세무조정 해야 하며 조정하지 않을 시는 추징된다.

결국 개인 명의 차량은 업무용으로 사용했다는 사실을 적극적으로 소명할 수 있어야 하며, 이를 위해서는 차량운행일지를 자세히 작성 후 증빙을 반드시 첨부해두어야 한다.

참고로 자산등록의 의미는 특별한 신고 절차가 있는 것이 아니라 장부기장을 하는 것을 의미한다.

장부기장을 통해 재무제표상에 해당 차량을 기록하면 해당 차량에 대한 주유비 등을 비용으로 인정받을 수 있다.

개인사업자의 경우 소득세 신고 시 단순경비율 또는 기준경비율로 신고 시는 해당 차량에 대한 비용을 인정받을 수 없고, 국세청에서 정해 놓은 경비율만 인정받을 수 있다.

[문서번호] : 서면 1팀 -664 [생산일자] : 2004.05.17

[제목]

부동산임대소득 계산 시 부동산임대업자가 사용하는 승용차 관련 유지 및 관리비의 필요경비산입 여부는 해당 부동산임대업의 규모와 형태 등에 따라 종합적으로 사실판단 할 사항임

[질의]

서울, 부천, 과천, 고양 등 여러 곳에 임대용 부동산을 소유하고 부동산임대업을 영위하는 사업자가 당해 부동산을 관리하기 위하여 승용차를 취득한 경우

(질의 1) 부동산임대사업자의 승용차가 업무용 자산에 해당하는지 여부

(질의 3) 부동산임대사업자의 승용차와 직원의 승용차를 함께 사용하는 경우 각 승용차의 유지 등에 지출되는 제비용이 필요경비로 인정되는지 여부

[회신]

부동신임대업자가 당해 부동산임대소득을 얻기 위하여 직접 사용하는 사업용 고정자산의 유지·관리비 등은 필요경비에 산입할 수 있는 것이나, 당해 자산이 사업과 가사에 공통으로 사용되는 경우 부동산임대업과 관련된 필요경비의 계산은 소득세법 기본통칙 33-3의 규정에 의하는 것이며, 당해 부동산임대업자가 사용하는 승용차의 유지 및 관리비 등을 당해 부동산임대 소득금액을 계산함에 있어 필요경비에 산입할 수 있는지 여부는 당해 사업자의 부동산임대업의 규모와 형태 등에 비추어 종합적으로 사실판단 할 사항임

33-61…1 【사업과 가사에 공통으로 관련되는 비용의 필요경비계산】 사업과 가사에 공통으로 관련되어 지급하는 금액에 대하여 사업과 관련된 필요경비의 계산은 다음 각호와 같이 한다.

1. 지급금액이 주로 부동산임대소득 또는 사업소득을 얻는데, 있어서 업무 수행상 통상 필요로 하는 것이고, 그 필요로 하는 부분이 명확히 구분될 때는 그 구분되는 금액에 한하여 필요경비로 산입한다.

2. 사업에 관련되는 것이 명백하지 아니하거나 주로 가사에 관련되는 것으로 인정되는 때에는 필요경비로 산입하지 아니한다.

환급신청을 통해 세금을 돌려받을 수 있는 사례(세금 환급 컨설팅)

01 / 세금 환급 컨설팅의 진실

최근에 가장 세무 이슈가 환급 컨설팅이다. 즉 사업주에게 접근해 세금 환급을 미끼로 일정액의 수수료를 받는다거나 보험영업을 하는 경우가 일반화되어있다.

사업주는 세금을 공짜로 돌려받을 수 있다는 기대감에 수수료를 아까워하지 않고 환급 컨설팅을 받는 경우가 많다.

그럼 이를 뒤돌아서 생각해 보자!

세금 환급의 원칙은 내가 세금을 잘못 계산해서 냈으니 이를 돌려달라는 의미이다. 그리고 국세청은 납세자가 경정청구를 하면 검토 후 타당한 경우 환급을 해준다.

그런데 경정청구의 시작은 세금을 잘못 계산해서 낸 것이 원인이 되는 것이다. 애초에 잘못 계산하지 않았거나 낸 세금이 없다면 환급 자체도 발생하지 않는 것이다. 이는 세금의 신고가 자진 신고납부제도를 채택하고 있기 때문이다. 즉 납세자가 직접 신고를 하거나 세무대리인을 통해 신고를 의뢰해 국세청에 신고하면 특별한 이상이 없는 한 이를 인정하는 제도가 자진 신고납부제도이다.

결론은 잘못 신고하든, 탈세의 방법으로 신고하든 모든 책임은 납세자가 지라는 것이다. 다만 국세청은 탈세의 방법으로 신고한 것에 대해서는 5년 이내에 찾아내 세금을 추징한다. 반면 잘못 신고해서 더 낸 세금에 대해서는 납세자가 스스로 찾아서 경정청구를 하지 않는 이상 국세청이 찾아주지 않는다. 결국 더 낸 세금은 납세자가 스스로 찾아내서 수정하고, 덜 낸 세금은 국세청이 찾아내서 가산세를 붙여 추징하는 구조다.

그리고 최근에 유행하는 환급 컨설팅은 세금 지식이 부족해 더 낸 세금에 대해서 세금 지식이 있는 전문가가 찾아서 돌려받을 수 있도록 해줄 테니 그 대가를 지급하라는 컨설팅이다.

위 내용을 종합해 결론은 내면 잘못 신고해서 더 낸 세금이 없다면 환급받을 돈도 없다는 의미이고, 환급이 나온다면 최초 신고 때 본인이든 세무 대리인이든 누군가가 잘못 신고해서 안 내도 될 세금을 더 냈다는 의미이다.

또한 본인은 안 내도 될 세금을 더 낸 후 환급 컨설팅 수수료를 내면서 돌려받는 것이다.

물론 몰라서 낸 세금을 모르고 지나갈 수도 있는데, 돌려받는 것은 좋지만 반대로 세무대리인에게 기장과 신고를 의뢰하고 있다면 해당 업체가 안 내도 될 세금을 더 낸 실수를 했다는 의미가 되기도 한다.

참고로 환급신청 과정에서 탈세가 적발될 가능성도 있다. 왜냐 평소 신고 때는 수많은 신고자료를 세무공무원이 일일이 볼 수 없어 그냥 넘어가다가 경정청구로 인해 돈을 돌려주는 상황이 발생하면 해당 환급이 타당한지 세무공무원이 해당 납세자의 자료를 세세히 살펴볼 가능성이 크기 때문이다.

02 / 환급신청을 통해 세금을 돌려받는 사례

세금을 실제 내야 할 세금보다 많이 낸 경우 경정청구를 통해 납부한 세금을 돌려(환급)받을 수 있다.

그리고 요즘 환급 컨설팅을 하는 경우도 납세자가 과실(실수)로 인해서 실제보다 많이 납부한 세금을 경정청구를 통해서 되돌려 받아주는 컨설팅이다.

한마디로 직접 신고한 경우 회사가, 세무대리를 맡긴 경우 해당 세무대리인의 과실로 인해 실제 납부하지 않아야 할 세금을 납부한 경우 되돌려 받는 것이다.

대표적으로 세금을 신고할 때 내가 소득 공제를 받을 수 있었던 항목을 몰라서, 세액 감면 혜택 자체를 몰라서, 알고는 있었지만 내가 해당하지 않는다고 잘못 판단해서 자주 겪게 되는 상황이다. 이런 상황은 세무대리인을 두고 있더라도 충분히 발생할 수 있다.

직장인뿐 아니라 개인사업자, 기업 구분 없이 모두에게 발생한다.

이를 파고든 영업이 환급 컨설팅이다.

그리고 그 절차가 경정청구다.

⊙ 연말정산에서 실수한 직장인

대표적인 연말정산 실수는 바로 연말정산 간소화 서비스를 이용한 직장인들에게 쉽게 발생할 수 있다. 연말정산 간소화 서비스는 신용카드 내역, 의료비, 교육비 등 각종 지출 내역이 자동으로 기입되어 손쉽게 연말정산을 할 수 있도록 돕는다. 일 때문에 바쁘다는 이유로 연말정산 간소화 서비스만 믿었다가는 받을 수 있는 세금 환급액이 줄어들 수도 있다. 간소화 서비스에 올라가지 않은 항목을 놓치기 쉽기 때문이다. 이는 국세청 자료를 절대적으로 신뢰해서 발생하는 문제이다. 즉 국세청 자료는 참고용 자료임에 불과하고 이것이 무조건 100% 맞는다고 신뢰하는 데서 발생한다. 국세청 자료는 참고용일 뿐 모든 자료에 대한 책임은 본인이 지는 것이다.

뒤늦게 추가로 공제받을 수 있는 항목을 발견했는데, 이미 소득세액 신고서가 회사로 가버린 상태에서 회사에 수정요청이 불편하거나 극히 개인적인 정보를 제출하기 곤란한 내용은 5월에 종합소득세 신고를 통해 본인이 직접 신고하면 된다.

그리고 5월에 종합소득세 신고 후 오류가 발견되었다면 경정청구를 통해 수정한다.

지출증빙을 빼 먹고 세무대리인에게 제출한 경우

자영업자는 바쁘다는 핑계로, 세무사 사무실에서 다 알아서 해주겠지 하는 믿음으로 대충 증빙을 챙겨주는 일이 많다.

세무사에게 세금 신고를 맡기더라도, 세금계산서 일부를 빼먹고 전달할 수도 있고 공제를 받을 수 있는 사항을 세심히 공유하지 못해 모르고 넘어가기 쉽다. 누락 사실을 인지했다면 그나마 다행이다.

그리고 시간이 지나도 자신이 세금을 더 냈는지조차 모르는 경우도 많다.

기업 실무자들도 본인 회사가 받을 수 있는 세액공제나 감면을 놓치고 수천만 원의 세금을 과오납하는 경우가 많다. 이는 매년 공제나 감면 규정이 바뀌고 상대적으로 세법해석이 어려운 실무자들이 실수하기 쉬운 부분이다.

사업자와 기업마다 혜택의 요건들이 상이해 놓치는 경우가 많아 환급 컨설팅을 통해 경정청구를 진행한 후 환급을 받아주고 일정액의 수수료를 챙긴다.

● 채용을 늘렸을 때

기업의 상시 근로자가 늘어나면 정부에서는 각종 세제 혜택을 부여한다. 고용노동부에서 지급하는 고용지원금 외에도 세금 감면으로 인센티브를 받을 수 있다.

가장 대표적이고 경정청구가 많이 발생하는 것이 고용증대세액공제다.

중소기업에서 고용 인원을 늘렸다면 고용증대세액공제와 중소기업 사회보험료 세액공제를 받을 수 있다.

1명을 더 고용한 경우 일정액의 세제 혜택을 받을 수 있는데 이를 몰라 신청하지 않는 경우가 생각보다 많다. 하지만 채용을 늘렸는데도 이 사실을 몰라 공제를 받지 않은 경우, 경정청구를 통해 세금 환급을 받을 수 있다. 단 근로계약서 등의 서류로 이를 명확히 증명할 수 있어야 한다.

그런데 여기서 주의할 사항이 있다. 고용증대 후 나중에 고용이 감소하면 일정액을 다시 납부해야 한다. 환급 컨설팅을 받으면서 고용증대세액공제와 관련해서 환급받고 고액의 컨설팅 수수료까지 지급한 상황에서 나중에 고용감소로 추징을 당한다면 오히려 손해를 볼 수 있으므로 유의해야 한다.

● 사업용 자산을 구매했을 때

투자와 관련한 세액공제를 누락하거나 잘못 적용한 경우 역시 통상적으로 발생하는 경정청구 사례다.

통합투자세액공제란 기업이 기계장치 등 설비자산을 구입할 경우 투자 금액의 일부를 법인세나 소득세에서 공제해 주는 제도이며, 소비성 서비스업과 부동산임대 및 공급업을 제외한 모든 업종에 공통적으로 적용되는 조세 혜택이다.

유형자산은 기계장치 등 사업용 유형자산과 연구·시험, 직업훈련, 에너지 절약, 환경보전 또는 근로자 복지 증진 등의 목적으로 사용되는 사업용 자산과 운수업 경영자가 사업에 직접 사용하는 차량 및 운반구가 공제 대상이다.

무형자산은 중소기업이 해당 업종의 사업에 직접 사용하는 소프트웨어나 중소·중견기업이 최초 설정 등록받은 특허권, 실용신안권, 디자인권이 공제 대상이 된다.

단, 특수 관계인으로부터 취득한 자산의 경우 공제 대상에서 제외되며 내국인이 자체적으로 연구·개발하여 최초 설정등록을 받은 경우에만 공제받을 수 있으니 꼼꼼히 확인한다.

또한 수도권 과밀억제권역 내에서 사업장의 연면적 또는 사업장 내 고정자산을 증가시키는 증설 투자를 할 경우 통합투자세액공제에서 제외된다는 점도 유의한다.

통합투자세액공제 지원 제외 대상으로는 토지, 건축물, 차량 및 운반구, 공구, 기구 및 비품, 선박 및 항공기 등이 있고 지원 제외 업종으로는 호텔 및 여관업, 주점업, 그 밖의 오락·유흥을 목적으로 하는 사업인 소비성 서비스업과 부동산임대 및 공급업을 영위하는 기업이 있으며 이를 제외한 모든 업종은 개인, 법인 관계없이 통합투자세액공제가 가능하니 꼭 확인해 본다.

통합투자세액공제를 적용한 고정자산은 취득일로부터 2년 동안 해당 사업목적으로 사용해야 하며 다른 목적으로 전용 혹은 중고로 판매하는 경우 공제 세액에 이자 상당액을 가산해 세금을 납부해야 하니 주의한다(조세특례제한법 제24조(통합투자세액공제)).

⊙ 창업한 스타트업일 때 창업중소기업 세액 감면

정부는 창업한 지 얼마 되지 않은 중소기업 및 벤처기업에 통 큰 세제 지원을 하고 있다.

최초 소득이 발생한 연도를 포함한 5년 동안 업종, 사업장 소재지, 창업자 나이와 창업 경력 등에 따라 각종 세금을 일정률 감면해주고 있다. 조건도 다양하고 세금 종류도 다양해 기업들이 자신이 해당하는지 모르고 넘어가는 세제 혜택이다. 이 경우도 기업들이 뒤늦게 파악하고 경정청구를 진행하는 대표적인 사례이다(조세특례제한법 제6조(창업중소기업 등에 대한 세액감면)).

> 내 기장료만 왜 이리 비싸지?
> 기장료 바가지가 의심되는 사장님
>
> ∨

자체 기장이란 장부를 세무사 사무실에 맡기지 않고 회사에서 직접 기장하는 것을 말한다. 반면에 세무사 사무실에 일정한 기장료를 내고 맡기는 것은 외부 기장이라고 한다. 외부 기장을 맡기는 경우 기장료에 대해서 일정한 금액이 정해지지 않아 많은 사업자가 궁금해한다. 하지만 기장료는 회사 규모나 일의 범위에 따라 달라질 수 있으며, 여러 곳에 문의해 결정한다.

01 / 기장료가 얼마인가요?

기장이란 장부에 기록하는 것을 말하며, 회사의 매출/매입 내용을 장부에 정리한 후 이를 관리하는 것을 말한다.

기장 대행을 맡기는 경우 세무 대리인은 매월 장부기장 및 증빙 관리, 인건비(원천세) 신고, 각종 민원 서류발급, 가결산, 4대 보험 신고, 세무 상담 등의 업무를 대행해준다. 이때 관리비용을 기장료라고 한다.

기장료에는 인건비 신고와 부가가치세 신고는 보통 포함되어 있다고 보면 된다. 반면, 1년에 한 번 있는 종합소득세 신고 또는 법인세 신고는 조정료라고 해서 별도의 신고 수수료를 받는다.

기장료는 지역별, 업종별, 수입금액별, 인건비 신고 여부에 따라서 조금씩 달라질 수 있다.

아래의 표는 일반적인 기장료로 상황에 따라 달라질 수 있으므로 참고만 할 뿐 절대적인 것이 아니라는 것이다.

예를 들어 가맹점은 특정 세무사 사무실에서 많은 업체를 일괄 관리하므로 기장료를 적게 받는 예도 있다. 소규모 사업자의 경우 국세청 홈택스에서 직접 신고가 가능하도록 계속해서 업데이트되고 있으니 한번 직접 해보고 기장을 결정하는 것도 괜찮은 방법이다.

업종		월 보수기준	
		개인	법인
~1억 원 미만		100,000원	120,000원
1억 원 이상	3억 원 미만	120,000원	150,000원
3억 원 이상	5억 원 미만	130,000원	170,000원
5억 원 이상	10억 원 미만	150,000원	200,000원
10억 원 이상	20억 원 미만	200,000원	300,000원
20억 원 이상	30억 원 미만	250,000원	350,000원
30억 원 이상	40억 원 미만	300,000원	400,000원
40억 원 이상	50억 원 미만	400,000원	500,000원
50억 원 이상		500,000원	600,000원

개인사업자는 종합소득세 신고 때 종합소득세 신고 수수료를, 법인

세 신고 때 법인세 신고 수수료를 기장료와 별도로 신고 대행 수수료(조정료)를 내야 한다.

개인보다 법인이 기본보수에 10만 원 정도 추가되며, 기장관리업체가 아닌 신고 때마다 조정 수수료를 주고 신고만 맡기는 신고대리업체는 수수료가 조금 다를 수 있다.

표를 보면 수입금액에 따른 구간별 금액이 설정된 것을 알 수 있다. 기본금액을 삭제하고 표가 작성되어 있는데, 최소 기본보수에 따라서 모든 금액이 연동되게 되어있다. 최근 신고에 따른 금액이 어느 정도 되는지 보고 판단하면 되며, 보통 수수료 청구 때 해당 산출 내역을 첨부하도록 하고 있다.

업종		보수기준
~5천만 원 미만		–
5천만 원 이상	1억 원 미만	0원 + (5천만 원 초과액 × 20/10,000)
1억 원 이상	3억 원 미만	0원 + (1억 초과액 × 15/10,000)
3억 원 이상	5억 원 미만	0원 + (3억 초과액 × 12/10,000)
5억 원 이상	10억 원 미만	0원 + (5억 초과액 × 10/10,000)
10억 원 이상	20억 원 미만	0원 + (10억 초과액 × 6/10,000)
20억 원 이상	50억 원 미만	0원 + (20억 초과액 × 3.5/10,000)
50억 원 이상	300억 원 미만	0원 + (50억 초과액 × 3/10,000)
300억 원 이상 ~		0원 + (300억 초과액 × 2.5/10,000)

원가계산 개인의 경우, 산출된 보수의 10%를 가산함

결산과 세무조정을 동시에 할 때 산출된 보수의 20%를 가산함

02 / 기장을 맡길 때는 일의 범위를 명확히 한다.

경영자가 경리체계를 잘 알고 있어서 스스로 모든 경리업무를 처리할 수 있다면 문제가 없겠지만, 그렇지 않을 경우는 회계사나 세무사에게 일을 의뢰하는 것이 무난하다.

경리업무에 대해 잘 알고 있다 하더라도 결산이나 세무신고는 복잡하므로 이것만을 회계사나 세무사에게 신고 대행을 맡기거나, 법인설립, 법인전환 등 업무의 발생 빈도가 적은 경우는 이를 회계사나 세무사에게 맡기는 경우가 많다.

➡ 일반적으로 세무 대리인이 해주는 일의 범위

세무 대리인은 부가가치세·원천세·소득세·법인세 등의 세금 계산과 신고, 급여 계산 및 급여대장의 작성, 회계 기장업무 대행·지원, 4대 보험 취득 및 상실 등 기업경영과 관련된 제반 세금 업무를 말한다. 간혹 노무 업무나 등기업무 요구 등 회사 업무 전반에 대해서 과다한 업무를 요구하는 예도 있는데, 이는 원칙적으로 세무대행의 업무가 아니다.

① 부가가치세 신고서 작성 및 제출(연 2회)
② 종합소득세(법인세) 신고서 작성 및 제출(연 1회)
③ 원천징수이행상황신고서 작성 및 제출(매월. 다만, 반기 신고 신청한 경우는 연 2회)
④ 근로소득자 연말정산(연 1회)
⑤ 근로, 퇴직, 사업, 기타소득 지급명세서 작성 및 제출(연 1회)
⑥ 일용근로소득 간이지급명세서 작성 및 제출(매월)

⑦ 사업소득, 근로소득, 인적용역 기타소득 간이지급명세서 작성 및 제출(매월)

⑧ 4대 보험 입·퇴사 신고(수시) : 필수가 아닌 보조업무

⑨ 4대 보험 보수 총액 신고(연 1회) : 필수가 아닌 보조업무

⑩ 일용근로자 근로내용확인신고서 작성 및 제출(매월) : 필수가 아닌 보조업무

⑪ 급여대장 작성(매월) : 필수가 아닌 보조업무

⑫ 급여명세서 발송(매월) : 필수가 아닌 보조업무

그리고 다음의 경우는 월 기장료와 별도로 과금 되는 업무이다.

» 법인세 또는 종합소득세 신고(매년 1회: 법인세 3월/ 종합소득세 5월)

» 주식 양도소득세 및 증여세 신고

» 양도소득세/증여세 신고 및 상담

» 가결산(재무제표 작성 포함)

» 법인 대표자의 종합소득세 신고

» 수정신고 및 기한후신고

» 급여 계산과 4대 보험 업무를 안 해주는 곳도, 별도의 요금을 받고 해주는 곳도, 서비스 차원에서 해주는 곳도 있으니 기장 계약 시 확인해야 한다.

● 기장 계약할 때 일의 범위를 명확히 해두는 것이 좋다.

기장을 맡기면 나는 아무것도 안 해도 되는지 생각하고, 다해준다는 말만 100%로 믿고 계약을 했는데, 원하는 만큼 안 해준다고 생각해 불만만 쌓이는 경우가 많다.

따라서 남에게 맡길 경우는 기본적으로 어느 단계에서 어느 단계까지의 일을 맡길 것인가를 확실히 정해둘 필요가 있다.

예를 들어 회사의 경리업무는 거의 다음 여섯 가지 일로 구분할 수 있는데, 그중에서 ❷번 항목부터는 세무사에게 의뢰할 수 있고 ❺번과 ❻번 항목만을 의뢰할 수도 있다. 그러나 대다수의 기장 대행은 ❷번부터 신고 대행은 ❺번부터 맡기는 것이 일반적이다.

❶ 전표의 발행과 수령

❷ 전표 및 계정의 분류

❸ 보조장부의 정리

❹ 법정지출증빙의 정리

❺ 결산과 결산서의 작성

❻ 신고서류의 작성

그러나 위에서 말한 바와 같이 일을 남에게 맡기면 그만이지만 그 일을 자신이 아는 것이 매우 중요한 일이다.

⊙ 세무사 사무실에 맡겨도 직접 해야 하는 업무

외부 기장 대행이라도 이것만은 직접 해야 한다.

» 회사 임직원의 변동사항이 있을 때마다 연락하여 원천세 신고에 반영되도록 한다. 임원의 변동사항은 등기사항이므로 직접 신고하거나 법무사를 통해 신고하면 된다.

» 부가가치세 신고 기간마다 매출 관련 장부를 세무사 사무실에 보내서 회사의 실제 매출과 동일한지? 확인한다. 특히나 온라인매출 비중이 클수록 확인을 해보아야 한다. 일반적인 세금계산서, 카드 매출은 국세청에 전산으로 입력되어 세무사 사무실도 알 수 있지

만, 온라인매출은 국세청 전산에 등록되지 않아 세무사 사무실에서는 매출금액을 알 수가 없다. 따라서 반드시 직접 매출을 확인하여 정확히 전달해야만 한다.

» 결산 시에는 회사 관리(회계)직원이 지난 1년 동안 입력된 내용에 대한 장부(입력된 내용)를 받아보고는 실제와 맞는지 확인하는 작업을 해야 한다. 간혹 결산이 끝나고 나면 세무조정계산서만 주고 끝내는 세무사 사무실이 있는데 이럴 경우 장부를 달라고 하는 게 좋다.

» 세무사 사무실에 급여 계산까지 요구하는 경우가 있는데, 이는 세무사 사무실의 고유업무가 아니며, 서비스 차원에서 세무사 사무실에서 대행을 해줘도, 반드시 회사 담당자는 오류 여부를 확인해야 한다.

사업하면서 알아두면 유익한 사이트

☑ 회사관리 정보 : https://cafe.naver.com/aclove
☑ 고용노동부 지원정보 : https://www.ei.go.kr/ei/html/ems/
☑ 두루누리 사업지원 : http://www.insurancesupport.or.kr/home/start.php
☑ 실업급여 정보 :
https://www.ei.go.kr/ei/eih/eg/pb/pbPersonBnef/retrievePb0202Info.do
☑ 육아지원정보 : http://worklife.kr/website/index/
☑ 재택근무종합안내 : http://xn—6i0bp5cn9n4okm3cjrbe57afsi.kr/question/faq/
☑ 출산휴가 육아휴직 및 육아 관련 :
https://www.ei.go.kr/ei/eih/eg/pb/pbPersonBnef/retrievePb0301Info.do
☑ 임금체불 : https://minwon.moel.go.kr/minwon2008/info/info_faq_typeA.do
☑ 중소기업정책자금 지원 : http://www.sbac.co.kr/
☑ 소상공인지원센터 : https://semas.or.kr/index_main.html

- 금융상품을 활용한 사업소득 절세전략으로는 종업원을 위한 퇴직연금 가입을 들 수 있다. 종업원의 퇴직금 상당액을 퇴직연금으로 금융기관에 예치하면 가입 시점에 사업소득의 필요경비로 인정돼 절세효과를 얻을 수 있다.
- 노란우산공제가 있다. 중소기업협동조합법에 따른 소기업 · 소상인 공제에 가입해 납입하는 경우 연간 일정 한도로 사업소득공제가 가능하다.
- 가산세는 줄이고, 공제는 늘린다. 가산세를 줄이려면 언제 어떤 세금을 신고 · 납부 해야 하는지 개인사업자 스스로 알고 있어야 한다.
- 부가가치세법상 "과세 재화 · 용역 = 세금계산서", "면세 재화 · 용역 = 계산서" 라는 것을 기억해 두고 항상 증빙을 챙기는 습관을 지녀야 한다.
- 문구점이나 마트에서 소모품이나 음료를 구입할 때는 신용카드로 계산하고, 현금으로 구입할 경우는 지출증빙용 현금영수증으로 발급받는다.
- 사업장의 전기요금, 도시가스 요금, 건물관리비, 전화요금, 핸드폰 요금, 인터넷 사용요금 등 공과금을 납부할 때는 사업자등록번호가 기재된 지로 영수증을 발급받아 매입세액공제를 받도록 한다.
- 종업원에 대한 식대 지출액도 사업자 명의 신용카드를 사용한 경우 복리후생비로 매입세액공제가 가능하다.
- 사업에 사용할 차량을 경차나 트럭 등을 구입해서 사용하는 경우 매입세액공제가 가능하다.

세무 대리를 맡겨도 사장님이 스스로 챙기지 않으면 손해 보는 자료

01 / 세무 기장 대행 서비스 이용시 필요한 서류

세무 기장업무를 진행하기 위해서는 먼저 수임 회사에 대한 기초정보 등록이 필요하다. 이를 위해 고객사에서는 세무신고를 위해 아래 자료를 전달해주어야 한다.

» (공통사항) 사업자등록증과 대표자의 신분증, 사업장 임대차계약서
» (법인의 경우) 법인등기부등본, 주주명부, 법인정관, 법인통장, 법인 차량등록증
» 홈택스 가입 시 생성한 회사 계정의 아이디와 비밀번호

세무 기장 및 기장료의 납부, 4대 보험 신고 대행 업무 등을 위해서는 아래의 동의서 등이 필요한데, 먼저 세무 대리인이 위 전달받은 정보를 토대로 서류를 작성하여 보내준다.

» 세무 대리계약서, CMS 자동이체 동의서,
» 건강보험 EDI 업무 대행 위임장, 고용보험 사무 대행 위탁서

02 / 국세청 홈택스 수임동의

홈택스 수임동의란 세무대리인이 수임 회사의 세무신고를 진행할 수 있도록 관련 정보제공을 동의하는 절차이다. 수임 회사로부터 전달받은 서류를 확인 후 세무대리인이 먼저 홈택스 수임동의 요청을 하며, 수임회사는 이를 확인 후 수락해주면 된다.

» 세무대리·납세 관리를 클릭하여 다음 화면으로 이동
» 나의 세무대리 관리 → 나의 세무대리 수임 동의를 클릭
» 세무대리인 상호와 사업자번호를 확인한 후 동의 버튼을 클릭

03 / 부가가치세 신고자료 준비

구 분	내 용
수기 세금계산서/계 산서	• 홈택스를 통해 전자로 발급되지 않고, 수기로 작성하거나 프린트하여 발행되는 세금계산서 • 전자(세금)계산서는 일괄 수집한다.
국외 매출 내역	수출, 애플리케이션 매출, 광고 매출 등의 국외에서 발생한 매출 내역을 신고한다(페이팔, 이베이, 아마존, 구글, 애플) 등 해외쇼핑몰 매출 내역 • 선적을 통한 물품 수출 : 수출신고필증 • 애플리케이션 매출 : 구글, 애플 앱스토어 정산서 : 구글 애플 앱스토어 매출 조회 • 광고 매출 등 기타 인보이스 발행을 통한 서비스매출 : 외화 매입증명서(부기기치세 신고용) : 입금된 은행 창구에서 발급받을 수 있다.

구 분	내 용
전자상거래 카드전표(지출증빙용 현금영수증)	전자상거래 구매 시 판매자 정보가 유플러스, 이니시스, 네이버 등으로 결제 대행사 상호만 적용된다. 따라서 해당 비용이 어떤 것인지 식별이 곤란하다. 따라서 해당 전표를 출력해 일자별로 모아서 세무사 사무실에 전달한다.
오픈마켓/ 소셜커머스 매출내역	오픈마켓 및 소셜커머스(쿠팡, 인터파크, 지마켓, 옥션, 티몬, 위메프, 11번가, 네이버 스토어팜, 카카오 등)를 통해 발생하는 매출 내역이다. : 각 오픈마켓, 소셜커머스 홈페이지 내 판매자 관리페이지에서 조회할 수 있다.
현금매출 내역	세금계산서, 계산서, 현금영수증을 발급하지 않고 법인계좌(개인사업자의 경우 사업용 계좌)로 입금되는 현금매출 내역을 현금매출이 입금되는 계좌의 금융기관 홈페이지에서 해당 부가가치세 기간의 거래내역을 조회 후 다운로드한 엑셀 파일에서 현금매출 입금 분만 정리한다.
개인신용카드 사용분	• 사업 관련 비용을 임직원의 개인카드로 대금을 지급한 경우 매입세액공제가 가능하다. • 매출처의 사업자번호가 반드시 기재되어 있어야 부가가치세 공제가 가능하다. (Excel 파일 다운로드 시 카드사 사이트상에서 사업자번호가 기재되지 않은 파일만 다운로드 가능하다면, 해당 카드사에 직접 요청할 수 있다.)
기타매출 승인내역	• 결제 대행 : 배달의민족, 요기요 등 • 배달 대행 결제 내역
홈택스 미등록 카드내역	(개인사업자 대상) 사업용으로 사용한 카드에 대해 카드사에 세금 신고용으로 자료 조회 후 전달

구 분	내 용
사업자등록 전 매입세액	신설법인의 경우, 법인설립 전 사용한 비용에 대해 적격증빙을 구비한 경우 매입세액공제가 가능하다. 개인의 경우 주민등록번호로 발급받는다.

04 / 종합소득세 신고자료 준비

구 분	내 용
사업자등록증, 주민등록등본	기장대행 시 제출한 경우 제외. 인적공제를 등록하려는 경우 부양가족 확인 가능한 주민등록등본 또는 가족관계확인서
월별 신용카드사용 명세서, 지출증빙용 현금영수증	매월 카드사에서 발송하는 신용카드 사용대금 명세서와 지출증빙용 현금영수증 수취분. 단 부가가치세 신고 시 제출한 자료에 대해서는 별도 제출 불필요
각종 간이영수증	식대, 운반비, 문구류, 배송료, 주차비, 통행료 등 건별 3만 원 이하 간이영수증
각종 공과금	(사업과 관련된) 수도세, 전기세, 가스비, 통신비 등
경조사 증빙	청첩장, 부고장, 문자 내역, 통장이체 내역 등 경조사 증빙 서류
기부금 영수증	기부금 공제 대상 단체에서 발급받은 영수증
지자체(지방세)	자동차세, 사업자 등록면허세 등 지방세 영수증
정부자금 지원기관	고용장려금, 시설보조금, 창업지원금, 연구지원금 등 지원금 내역
노란우산공제, 연금저축	홈택스에서 조회가 가능한 경우 제출 불필요

구 분	내 용
재고가 있는 업종의 경우	재고자산별 연말 재고 잔액
대출금 내역서 및 잔액 확인서	사업과 관련된 대출금이 있는 경우 관련 확인서
통장 사본	대출이나 금융기관 등 대외기관에 재무제표를 제출할 필요가 있는 경우에 한함

05 / 법인세 신고자료 준비

법인세 신고 대행을 의뢰하는 경우 다음의 서류를 제출해야 한다.
무실적 법인도 반드시 신고는 해야 한다는 점을 잊어서는 안 된다.

구 분	내 용
기본서류	법인등기부등본, 주주명부, 사업자등록증 사본, 정관, 사업장 임대차계약서
금융기관 요청 서류	• 법인계좌 내역(인터넷 뱅킹에서 다운받은 엑셀 양식) 또는 인터넷 뱅킹 간편조회 서비스 가입 후 ID / PW 제출 금융기관에서 제공하는 간편조회(빠른 조회, 스피드 조회) 서비스에 가입하고 그 정보를 주면 세무대리인이 자동으로 조회해서 신고할 수 있다. • 대출 잔액증명원 • 예금이자 원천징수영수증(이자를 지급받을 때 금융기관으로부터 원천징수 된 내역)

구분	내 용
	• 대출이자 납입증명서 • 어음내역 : 받을 어음장, 지급 어음장, 어음 입금내역, 할인 내역 • 보험계약서(증권) : 법인 차량 보험, 사업장 화재보험, 직원 상해보험, 퇴직연금 • 리스상환스케줄표
기타 서류	• 정부지원금 / 보조금 내역 : 고용장려금, 시설보조금, 창업지원금 등 • 수입신고필증 / 수입물류비용명세서 관련 서류 • 벤처인증 / 연구인력전담부서 관련 서류 • 주주변동내역(당사에서 주식양도 신고를 대행한 경우 제출할 필요 없음) • 기타 각종 증빙 영수증 : 간이영수증, 주차증, 고속도로 통행료 영수증, 청첩장, 지출결의서, 직원명의 카드영수증
참고 서류	• 재고 현황(12월 말 기준) • 거래처별 미수, 미지급 내역(12월 말 기준) • 고정자산 변동내역 : 기계, 건물, 비품 등 • 유형자산명세서(건물, 차량)(신고 대행만 하는 경우) • 부가가치세 신고서류(신고 대행만 하는 경우) • 전년도 법인 세무조정계산서(신고 대행만 하는 경우)

06 / 추가 제출서류

◑ 부동산임대업 소득이 있는 경우 추가 준비서류

≫ 건물 취득(분양) 계약서, 건축물관리대장, 토지등기부등본(기제출자는 제외)

≫ 재산세, 환경개선부담금, 간이과세자의 경우 부가가치세 납부영수증

» 은행 대출이 있는 경우 이자내역서와 대출금 내역

» 건물 보수나 수리를 한 경우 관련 증빙

» 건축물을 리모델링 하거나 증축한 경우 관련 증빙

» 화재보험료 등 내역서

» 부동산 임대차계약서

» 건물 관리인 또는 청소용역이 있는 경우 지급내역

» 공인중개사 사무실 수수료 영수증

» 부가가치세 신고를 해당 사무실에서 진행하지 않은 경우 부가가
치세 신고서 사본

» 주택임대업의 경우 지자체(렌트홈) 임대사업자등록증(임대사업 등
록을 한 경우에 한함)

» (면세)사업장현황신고서와 그 부속서류

❷ 성실신고사업자 추가 준비 서류

» 외상매출금, 받을어음, 외상매입금, 미지급금 내역서

» 사업용 계좌 통장(입출금 내역을 엑셀로 제출)

» 의료비, 교육비 납입명세서

지금 당장 걸려도 이상하지 않은 사장님의 탈세 수법

탈세해도 한 번도 문제 된 적 없어요
마음 놓고 탈세하기

∨

현금으로 사면 5천 원, 카드 결제 6천 원 등 현금결제와 카드 결제를 차별해 현금 결제를 유도하거나 일반인에게 현금으로 판매 시 세금 신고를 누락하는 방법으로 세금을 탈세하는 경우가 아직도 많다.

국세청은 탈세를 방지하기 위해 구입자가 증빙을 챙겨서 신고하는 경우 사업자일 때는 매입세액공제 및 경비인정, 직장인의 경우는 소득공제나 세액공제 혜택을 줘 적극적인 증빙 수취와 신고를 유도하고 있다. 또한 포상금제도를 운용해 탈세 제보 시 일정액의 포상금을 지급하고 있다.

정기조사를 받은 후 얼마 지나지 않아 세무조사를 다시 받는 경우는 탈세 제보로 인한 세무조사일 가능성이 크므로 세무 전문가에게 자문받는 것을 권한다.

01 / 카드 안 받아요. 현금결제 시 10% 할인

현실에서 발생하는 가장 일반적인 탈세유형은 현금매출 누락과 비용 과다계상이다.

탈세를 방지하고자 세금계산서, 신용카드 등 각종 증빙 제도를 두고 있지만, 판매자는 현금결제를 하면 10% 할인이라는 당근으로 소비자를 유혹한 후, 해당 거래를 세금 신고에서 누락하는 방법을 사용한다.

사업자는 매출을 누락하면 부가가치세 10%와 종합소득세 6~45%를 탈루하게 된다. 신용카드 수수료도 사업자의 이익이다.

이러한 매출 누락에 의한 세금탈루는 시장, 인테리어, 옷가게 등 업종을 불문하고 주변에서 흔하게 찾아볼 수 있다.

그리고 국세청은 현금매출 누락을 막기 위한 여러 가지 노력의 결과가 소비자의 카드사용 혜택 및 현금영수증 의무발행 업종 지정 등이다.

카드로 결제하면 카드사를 통해 국세청이 자료를 넘겨받아 그 내용을 확인할 수 있어 매출 누락이 불가능하다.

그리고 소비자에게는 카드 사용에 따른 소득공제 혜택을 주어 현금보다는 카드사용을 권장하고 있다.

탈세를 통해 일정 소득을 얻었는데 걸릴 확률이 낮고, 걸렸을 때 처벌이 낮다면 납세자는 탈세를 선택할 확률이 높아진다.

몇 번 해봤는데, 안 걸렸거나 주변에서 걸리지 않는 사례를 목격한 경우 적극적으로 탈세를 하려고 노력하고 이를 무용담처럼 자랑한다. 본인과 비슷하게 돈을 버는 친구보다 더 많은 세금을 내는 것은 불공평하다고 생각한다. 따라서 탈세라도 해당 친구나 사업자의 행동을 따라 하는 경향이 있다.

반면 어떤 사업자는 세금을 더 내더라도 문제가 없게 원칙적으로 처리한다. 세무조사를 받아 많은 세금을 추징당한 경험이나 주변에서 추징당하는 경우를 경험한 경우이다.

물론 국세청에서는 국세통합시스템(Tax Integrated System)을 통해 사업자의 거래내용과 신고상황을 전산화하여 분석한다. 자료 분석을 통해 신고성실도를 분석하게 되고, 불성실하다고 판단되는 사업자에 대하여 개별적으로 관리해 소명자료를 요구하거나 세무조사를 실시한다.

국세통합시스템을 통해 탈세 행위가 포착되지 않았다고 하더라도 신고된 소득과 재산분석 및 소비지출액을 분석한 PCI시스템(Property, Consumption and Income Analysis)에 의해 적발될 수 있다.

예를 들어 유명연예인이나, 유튜버, 웹툰 작가 등이 고급음식도 사 먹고, 외제 차도 굴리고, 고과 물품도 사면서 소비지출을 하는데, 세금 신고를 상대적으로 적게 하는 경우 적발돼, 세무조사를 받을 확률이 높다. 따라서 탈세를 하는 경우 어디 가서 돈 자랑하면 세무조사의 대상이 될 확률이 높다.

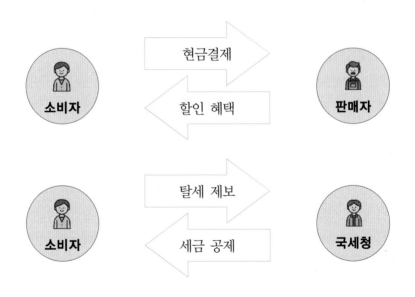

02 / 탈세해도 현실에서는 잘 걸리지 않는다.

불법적인 비용처리는 여러 비용 과목에서 가능한데 이를 국세청이 모두 밝혀내기란 불가능에 가깝다. 특히 회사에서도 사용 가능한 품목의 경우 해당 지출이 업무용인지? 가사용인지? 일일이 조사하기에는 인력과 예산 등이 터무니없이 모자란다.

따라서 상당수를 탈세 제보에 의존하고 있다.

법인카드를 개인적인 용도로 사용하더라도 마찬가지다.

집에서 사용하는 컴퓨터나 냉장고 등 가전제품을 법인카드로 결제한 뒤 법인 비용으로 처리해도 잡아내기 어렵다.

과세당국이 세무조사를 하더라도 회삿돈으로 가사용으로 산 컴퓨터나 지출한 비용을 제도적으로 잡아내는 데는 현실적으로 한계가 크다.

이로 인해 기업업무추진비 등 일부 비용에 대해서는 인정 한도에 제한을 두고 있으며, 업무용 차량 관련 지출 비용에 대해서도 일정한 비용인정 요건을 두고 있다.

하지만 특정한 비용만 제한을 둘 뿐 대부분 지출과목에 이를 적용하기에는 부작용이 많아서 일일이 잡아내는 데는 한계가 있다. 업종이나 기업이 처한 개별 환경이 각기 다른데 특정 비용을 얼마만큼 쓰는 것이 적절한지를 제도로 정해두면 경영활동을 침해할 소지가 크기 때문이다. 따라서 불법 비용처리에 대해 걸릴지 안 걸릴지 모르는 상황에서 전문가도 안 걸린다 걸린다는 확답을 하기 곤란하며, 만약 걸리게 되면 막대한 가산세를 부담해야 하므로 세법 원칙에 따른 처리를 권장할 수밖에 없다. 결국 결정은 회사 자체적으로 하고 자체적으로 책임져야 한다.

세금에서 소명은 중요하다 핵심은 탈세 여부잖아요. 억울한 부분이 있다면 명확한 자료로 '입증' 할 수 있어야 한다. 무엇보다 평소 국세청에서 의심을 하지 않도록 성실신고, 장부기장 등을 제대로 하고, 각종 자료와 대장, 법인카드 내역, 세금계산서, 인건비 처리 내역 등에서 미비한 부분이 없도록 수시로 잘 챙겨야 한다. 물론 체납도 하지 않아야 한다.

세금을 추징할 수 있는 기간도 일반세금탈루조사는 5년이지만, 범죄 혐의가 인정된 조세범칙행위의 경우 10년 전 내역까지 세금 추징이 가능하다. 그 기간만큼 가산세도 내야 한다. 보통 장부 허위 기장, 조세포탈, 세금계산서 허위 발행 등의 유형이 있다. 세무조사는 준비 없을 때 쳐들어오는 비정기 특별 세무조사가 문제다.

이는 탈세나 불법행위 등 세금을 안 내려는 징후가 국세청에 포착됐단 뜻이다. 매출이 얼마 없는데 갑자기 법인 재산이 말도 안 되게 늘었다거나 출처가 불명확한 자산이 확인되는 경우 및 탈세 제보 등이 대표적이다. 증빙이 힘든 자산이 갑자기 튀어나온 그 자체가 국세청에 세무조사를 하러 어서 오라는 신호를 보내는 것과 다름없다.

정당성을 입증하지 못하면 대표의 근로소득으로 처리돼, 해당 금액만큼 소득세와 4대 보험료를 내게 된다. 세무조사를 사전에 방지하기 위해서는 최소한

- 매출 누락을 하지 말자
- 현금영수증 의무발행을 철저히 지킨다.
- 세금계산서 등 법정지출증빙을 철저히 수취 보관한다.
- 성실신고 사업자가 되자

조사 대상 선정은 일률적으로 정해진 것은 아니며, 그때의 상황에 따라 변한다. 예전에는 소득이나 신장률이 업종별 평균율에 미달하는 업체를 주로 대상에 선정하였으나 근래에는 소득에 비해 자산취득이나 소비가 많은 음성 불로 소득자와 탈세를 조장하는 자료상 혐의자, 상대적으로 세무 관리가 취약한 업종, 자산소득이나 현금 수입업종 등 타 업종과 비교하면 상대적으로 실소득대비 신고 소득율이 저조한 업종에 중점을 두는 경향이 있다.

국세청 자료의 매출이 회사보다 적어요.
국세청 자료로 신고해도 문제없겠지요?

국세청에서 참고용으로 제공하는 국세청 자료를 보고 회사자료와 국세청 자료가 차이 나는 경우 어떤 자료를 기준으로 세금 신고를 해야 할지? 고민하는 경우가 많다.

정답은 회사가 책임질 수 있는 자료를 기준으로 해야 한다는 점이다. 즉 국세청에서 제공하는 자료는 단지 참고자료로써의 역할만 할 뿐 모든 세금 신고의 책임은 회사의 사장이 지게 되어있다. 국세청 자료를 참고해서 신고했으므로 책임이 없다고 주장해도 책임을 면하는 것은 아니며, 국세청 자료는 말 그대로 참고용이라는 점을 명심해야 한다.

홈택스에서는 모든 납세자에게 수입금액 자료, 소득 공제 항목 등 신고에 필요한 자료와 과거 신고상황 분석자료(3년간 신고현황, 업종별 유의 사항, 매출액 대비 판매관리비 비율)를 제공한다.

따라서 납세자는 신고할 때 유의할 사항을 신고 전에 꼭 열람하여 신고에 반영한다.

그러나 이 자료는 단지 개개인이 자료를 모으기 힘들므로 이를 모아 참고용으로 제공하는 자료일 뿐 절대적인 자료가 아니다. 즉 도움 자료, 참고자료일 뿐이지 100% 일치하는 자료는 아니다.

따라서 신고·납부를 잘못한 후 국세청 도움 자료로 했다고 우겨봤자 이것은 법적 보호를 받는 것이 아니다. 특히 초보분들의 경우 이 자료를 맹신하거나 이 자료를 어기면 안 되는 것으로 오해해서 국세청 자료와 회사자료가 다른데 어떤 것으로 신고해야 하는지? 고민하는 경우가 많은데 이는 잘못된 생각이다.

무조건 신고·납부의 책임은 본인에게 있으므로 본인이 판단하고 결정해서 보다 정확한 자료로 신고·납부를 해야 한다는 점을 명심한다.

종합소득세를 예로 들어 국세청에서 종합소득세 신고 시 제공하는 정보를 살펴보면 아래 표와 같다.

구 분	제공내용
기본사항	• 소득세 신고 안내 유형 • 기장의무 구분(복식부기/간편장부) • 추계신고 시 적용할 경비율(기준경비율/단순경비율)
신고시 유의할 사항	• 사업자 개별 분석자료 • 업종별 공통 유의 사항
신고 시 참고자료	• 사업장별 수입금액 현황 • 이자 · 배당 · 근로 · 연금 · 기타 소득 유무 • 중간예납 금액 • 소득공제 항목(국민연금 보험료 등) • 가산세 항목(추계신고 시 무기장 가산세 해당 여부 등)
신고상황 종합분석	• 최근 3년간 종합소득세 신고 상황(실효세율 포함) • 최근 3년간 신고소득률 • 사업용 신용카드 사용현황 분석 • 매출액 대비 주요 판매관리비 현황(당해 업체 및 업종평균)

주말 골프비용도 자녀 학원비도 무조건 법인카드를 사용하는 사장님

법인카드를 개인용도로 사용하는 것은 모든 기업이 사용하는 방법이다.

법인 대표이사뿐만 아니라 임원, 그리고 대표자의 배우자, 아들, 딸 등 가족 모두가 개인 골프비용, 가사경비, 하물며 아들, 딸 학원비까지 개인 비용을 법인카드로 결제하고 회사의 경비로 처리하는 수법이다.

이는 실제보다 과다하게 비용을 인정받음으로 인해서 세금을 적게 내는 탈세가 발생한다. 이 방법은 너무 일반화되어있어 대다수 사업주는 탈세라고 생각하지도 않지만, 이는 세무조사 때 조사관의 1순위 체크 사항이다.

법인카드를 개인카드처럼 사용하는 것이다. 심하면 법인카드는 모든 지출이 무조건 인정되는지 알고, 대표이사 본인 및 가족이 법인카드를 들고 다니면서 개인 지출까지도 법인카드로 결제하는 경우다.

업무담당자는 회사업무용 지출과 개인 지출을 구분해서 비용처리 여부를 결정하는 것이 원칙이지만, 업무량 과다와 대표이사의 강압으로 어쩔 수 없이 업무 무관 지출까지도 비용 처리하는 것이 중소기업의 현실이다. 특히 초보 중소기업 담당자는 법인인 회사와 내표이사를 동일시 생각하는 경향이 있어 대표이사 지출을 모두 업무용 지출로 처리하는데, 대표이사도 본인과 똑같은 법인에 고용된 직원으로 봐 세무 처리를 해야 한다.

국세청은 이미 오래전부터 법인카드 사적 지출을 파악하고 있어 세무조사 시 법인카드 사용내역을 점검하는 것이 필수코스처럼 되어 있다.

간혹 우리 회사는 세무조사 때 법인카드 점검을 안 했다고 하는 내용이 인터넷에 올라오기도 하는데, 이는 이미 조사를 나오기 전에 문제 될 것을 확인하고 나온 것이라고 생각하면 된다.

또한 국세청에서는 탈세 제보 포상금제도를 운영하고 있으므로 세무조사를 받지 않아도 언제든 세금 문제가 발생할 수 있다.

기장을 맡기고 있으니 문제가 생기면 담당 세무사나 회계사가 다 책임진다고 생각하면 오산이다.

담당 세무사나 회계사는 사업주가 제공한 자료를 바탕으로 성실히 기장하고, 세금 신고를 할 의무만 있을 뿐 모든 법적책임은 사업주에게 있다는 점을 잊어서는 안 된다.

카드는 경비지출의 투명성을 높이기 위해 사용되는 만큼 법인카드 사용 규정은 엄격하다.

법인카드 사용 시 업무와 직접적인 관련이 없어 보이는 지출에 대해서 경비인정을 받기 위해서는 회사가 업무와 관련이 있음을 증명해야 하는 경우가 수시로 발생할 수 있다.

법인카드를 사용해도 소명이 필요한 경우

☑ **근무일이 아닌 공휴일 또는 주말 사용 시**

- ☑ 평소 업무장소에서 멀리 벗어난 곳이거나 업무장소 외에서 사용 시
- ☑ 정상적인 업무시간 외, 심야 혹은 새벽에 사용 시
- ☑ 특정 장소에서 여러 차례 걸쳐서 집중적으로 사용된 경우
- ☑ 본인이 아닌 친인척이 사용하거나 친인척을 동반한 출장, 기타 장소에서 사용한 경우
- ☑ 현금화하기 쉬운 품목 또는 사치성 물품 구입 시(상품권, 금, 골프용품, 고가의 주류 등)
- ☑ 병원, 미용실 등 업무 관련성이 현저히 떨어지는 장소에서 사용
- ☑ 업무 관련성이 현저히 떨어지는 물품 구입
- ☑ 한 거래처에서 분할 결제한 경우(카드깡 의심)
- ☑ 국내 면세점을 비롯한 해외사용
- ☑ 피부과, 성형외과 등 미용과 관련된 병원비 지출액
- ☑ 상품권을 대량 구입하고 사용처가 불분명한 경우 : 백화점에서 명절선물이나 상품권을 구입할 경우 구입한 상품권을 어느 거래처에 전달하였는지까지 연계해서 관리한다.
- ☑ 마트의 경우 가사경비로 분류될 가능성이 크므로 직원 간식비용 및 사무용품 관련 비용을 비용으로 인정받으려면 구입내역이 나와 있는 영수증을 같이 보관하는 것도 하나의 방법이다.
- ☑ 고급 술집과 골프장 비용의 경우 기업업무추진비로 처리할 수 있으나, 사용 빈도와 금액이 과하게 많을 경우 문제가 될 수 있다. 또한 골프장은 임직원 체력단련비로는 복리후생비 처리가 어려운 것이 현실이다.

법인카드는 반드시 지출 내역이 업무와 관련이 있음을 입증할 수 있어야 한다. 업무와 무관하다고 판단되는 항목의 경우 법인세법상 비용으로 인정이 안 된다.

☑ 룸싸롱, 단란주점, 가라오케 등 유흥주점
☑ 나이트클럽, 카페, 스텐드바 등 무도 유흥주점
☑ 피부미용실, 사우나, 안마시술소 등 위생업종
☑ 실내외 골프장, 노래방, 노래연습장 등 레저업종
☑ 카지노, 복권방, 오락실 등 사행업종
☑ 성인용품점 등 기타업종
☑ 대포집, 선술집, 와인바, 포장마차 등 기타주점

비용으로 인정되지 않는 경우 부가가치세 신고 시 매입세액공제가 되지 않아 부가가치세가 증가하는 것은 물론 입증자료가 없어 경비가 인정되지 않으므로 납부해야 하는 법인세(종합소득세)가 늘어나거나 가산세가 발생하게 된다.

법인카드를 개인이 사적으로 사용한 경우는 **개인통장에서 법인통장으로 사적 사용액을 입금해주어야 한다.** 또한, 사적인 사용액에 대해서는 법인경비로 처리할 수 없다.

❶ 법인사업자의 대표이사나 등기이사의 경우 기업업무추진비를 제외하고는 법인카드를 굳이 사용하지 않아도 업무와 관련된 지출에 한해서 본인의 개인카드를 사용한 후 회사경비로 처리할 수 있다.

❷ 개인카드 사용 시 개인 종합소득세 공제보다, 사업자 부가가치세 그리고 법인세 공제로 활용하는 것이 더 많은 세금 공제 혜택을 받을 수 있다.

❸ 회사 지출로 비용처리 한 사용 내역의 경우 개인 세금에 포함되지 않기 때문에 연말정산 시 공제자료로 제출하면 안 된다.

- ☑ 금, 은, 보석 등 귀금속류
- ☑ 양주 등 고가의 주류
- ☑ 골프채, 골프가방, 골프화, 골프공 등 골프용품
- ☑ 영양제, 비타민제 등 건강보조식품
- ☑ 향수, 선글라스 등 고급 화장품이나 액세서리류

위 사례의 경우 왜 국세청은 지출내역을 의심하게 되고, 해당 의심에 대해 소명을 어떻게 해야 하는지, 그 방법에 대해 아래 표에 자세히 설명해 두었으므로 참고해서 소명자료를 철저히 준비해 둘 필요가 있다.

구 분	문제가 되는 이유와 소명자료 준비
정상적인 업무시간 외, 심야 혹은 새벽에 사용 시	퇴근 시간 이후에도 야근이나 회식, 접대 등을 할 수 있으므로 법인카드를 사용할 수 있는 것이나 과세관청 입장에서는 밤 12시 이후에 법인카드를 사용한 것에 대해서는 업무 목적 이외에 법인카드를 사용한 것으로 의심하므로 업무용 지출 시에는 소명에 대비해 소명자료를 챙겨 두어야 한다.
본인이 아닌 친인척이 사용하거나 친인척을 동반한 출장, 기타 장소에서 사용한 경우	업무상 출장을 가는 경우 일반적으로는 회사 직원을 동반하는데, 피치 못 할 사정으로 가족이나 친인척을 동반할 수 있다. 그 사유에 대해 소명자료를 만들어 둬야 하나 이것이 어려운 경우 원천징수 후 세금을 납부하는 것도 한 방법이 될 수 있다. 예를 들어 장애인의 경우 가족을 동반할 수 있다.

구 분	문제가 되는 이유와 소명자료 준비
특정 장소에서 여러 차례 걸쳐서 집중적으로 사용된 경우	동일 일자 동일 거래처에서 반복 사용(분할 결제)했다면 카드깡을 의심할 수 있다.
현금화하기 쉬운 품목 또는 사치성 물품 구입 시(상품권, 금, 골프용품, 고가의 주류 등)	법인카드로 상품권을 구입한 사실은 전산으로 확인할 수 있으며, 또한 상품권은 일련번호가 있어서 사용처 등 추적이 가능하다. 상품권을 통화 대용 수단으로 악용될 소지가 크고 비자금 목적에 사용될 수 있으므로 국세청에서는 상품권을 접대목적으로 사용하는 경우는 접대상대 방까지는 밝힐 필요가 없다고 하더라도 별도의 기업업무추진비지출내역서에 접대일자 · 금액 · 접대 장소 · 접대자 성명 · 접대목적을 기재해 보관한다.
병원, 미용실 등 업무와 관련성이 없어 보이는 곳에서 사용한 경우	미용실, 사우나 등 업무와 관련 없는 장소에서 사용하는 것을 조심해야 한다. 또한 평일 오후 시간이나 주말 등에 집 근처에서 사용하는 경우 사적 사용으로 오해받을 가능성이 크다. 따라서 사무실용 소모품이나 커피, 음료수 등 복리후생 목적의 지출은 품목이 나와 있는 영수증 등 관련 소명자료를 반드시 챙겨두어야 한다. 그리고 혹시 가사 관련 비용이 혼합되어 결제된 경우는 이를 구분해서 처리해야 한다.
국내 면세점을 비롯한 해외사용	면세점에서 업무에 필요한 복사지 등 사무용품을 구입할 수는 없다. 주로 가방, 화장품, 시계, 잡화 등은 접대목적으로 구입하는 경우가 많다. 해당 물품이 사회통념상 업무와 관련이 있다고 인정되기 어려우므로 기업업무추진비를 돌려서 다른 비용으로 처리하지 말고 정상적인 처리를 해야 한다.

사장님 개인 골프비용을 법인카드를 사용해 업무용 경비처리

원칙적으로 개인적 목적으로 지출된 비용은 비용으로 인정받을 수 없으나, 거래처, 고객 등 접대목적으로 지출한 비용은 기업업무추진비(= 접대비)처리가 가능하다. 사업과 관련해 부득이한 골프 약속 등은 기업업무추진비로 처리하면 기업업무추진비 한도 내에서 비용처리가 가능하다.

일반적으로 기업업무추진비 한도를 초과하는 경우는 광고비, 지급수수료 등 기업업무추진비 외 다른 계정으로 편법 처리하기도 한다.

그러나 이는 위법이다. 당장은 걸리지 않겠지만 걸리면 가산세까지 부담해야 하는 더 큰 손해가 있다.

개인적 목적 또는 임원들 간의 단합대회 명목으로 지불하는 골프비용은 건전한 사회 통념과 상관행에 비추어 정상적인 법인의 지출로 인정받을 수 없고 업무와 관련된 비용으로 인정받을 수 없으므로 해당 임원의 상여로 처리 후 근로소득세를 신고·납부 하는 것이 가장 깔끔한 처리다. 또한 골프장 게디에게 주는 비용은 대부분 현금으로 지급되고 있어 적격증빙을 수취하는 것이 불가능하므로 기업업무추진비로 처리할 수 없다.

골프 회원권을 법인 명의로 할 수 없어 개인 명의로 한 후 업무용으로 사용한다면 이를 회사의 자산으로 등록하고 관리하면 된다. 이런 경우 자연스럽게 골프 회원권 관련 비용은 모두 법인의 비용으로 인정받는다. 즉, 골프 회원권의 명의는 개인이지만, 세법상으로는 법인의 자산으로 보고 세무 관리가 이루어지게 된다.

그러나 이렇게 개인 명의 회원권을 법인의 자산으로 관리하는데, 막상 그 회원권을 개인적인 용도로 사용하였다면 골프 회원권 취득금액을 대표가 회사로부터 빌린 것으로 본다. 즉, 업무와 관련 없이 지급한 가지급금으로 본다.

이 경우 회원권 사용은 법인의 비용으로 처리할 수 없다. 또한 가지급금에 해당할 경우 세법에서는 적정한 이자를 받도록 하고 있어 대표는 법인에 그 가지급금에 대한 이자도 내야 한다. 만일 이자를 내지 않으면 상여로 받아 간 것이 된다.

01 / 골프 회원권 등록

회원권은 투자자산으로 처리하는 것이고, 취득원가 외 중개수수료, 취득세 등은 모두 취득원가에 가산해서 자산 등록한다.

회원권을 접대목적으로 구입 시나 개인적인 목적으로 구입 시에는 매입세액공제가 안 되고, 복리후생 목적으로 구입 시에는 매입세액공제가 가능하다.

만약 복리후생 목적으로 공제받는다고 할 때 그에 대한 증빙을 철저히 준비해두어야 한다. 공제가 들어오면 세무서에서도 확인차 소명을 요구하는 경우가 많고, 예약자명단도 조회가 되므로 체계적인 관리·운영이 필요하다.

02 / 골프 회원권 사용 경비처리

회원권은 세법상 감가상각 대상 무형고정자산에 해당하지 않으므로 감가상각을 통한 경비처리는 되지 않고, 업무와 관련하여 회원권을 사용할 때 회원권과 별도로 추가로 발생하는 경비에 대해서는 기업업무추진비 또는 복리후생비 등으로 경비처리가 가능하다.

캐디피는 기업업무추진비로 반영하거나 임원의 개인소득으로 처리한다.

캐디피는 보통 현금으로 지급하는 것이 관행이다. 캐디의 경우 골프장 소속인 경우가 있고 개인사업자 자격으로 활동하는 경우가 있는데, 골프장 소속의 경우 골프장 측에서 현금영수증을 발급하는 경우가 있다. 이러한 경우는 증빙불비가산세 대상도 아니고, 지급한 금액을 기업업무추진비에 포함하여 한도액 계산 후 한도 내에서 비용으로 인정된다.

그러나 현금영수증을 수취하지 않았다면 증빙불비가산세는 적용되지 않지만, 기업업무추진비는 무조건 손금불산입 대상이다. 다만, 3만 원 이하라면 증빙불비 가산세 대상에서 제외된다.

내용	업무처리
현금영수증(신용카드 매출전표) 수취	증빙불비가산세를 납부하지 않으며, 기업업무추진비 한도 계산에 포함해 한도액 범위 내에서 비용인정된다.
현금영수증(신용카드 매출전표) 미수취	3만 원 초과 시에는 증빙불비가산세는 납부하지 않지만, 바로 비용불인정된다.

캐디가 개인 자격인 경우도 있다. 이 경우 현금영수증을 발급하지 못한다. 따라서 원칙적으로 사업소득세로 3.3%를 원천징수 해야 한다. 원천징수를 한 경우 지출증명서류 수취 대상에서 제외된다.

그러나 일반적으로 캐디피를 주면서 원천징수를 하지 않으므로, 비용인정을 못 받는 경우가 많다. 즉 증빙불비가산세는 납부되지 않지만, 기업업무추진비로 인정받을 수도 없다.

내용	업무처리
원천징수를 한 경우	원천징수영수증이 증빙이 되며, 사업소득세 신고납부를 한다.
원천징수를 안 한 경우	증빙불비가산세를 납부한다.

03 / 골프 회원권의 처분

과세업체가 사업과 관련하여 사용하던 회원권을 양도하는 경우는 취득 당시 공제 여부와 불과하고 부가가치세가 과세된다. 따라서 거래 상대방이 사업자, 개인인지? 여부와 상관없이 매각대금 전체를 부가가치세 과세표준으로 해서 세금계산서를 발급하고 부가가치세를 징수해야 한다(부가, 서면인터넷방문상담 3팀-843, 2006.05.08.).

회원권의 경우 아래와 같이 양도소득세 과세대상 자산으로 열거되어 있으므로 처분 시 양도소득세를 계산하여 신고·납부 해야 한다(개인이 양도하면 양도소득세, 법인이 양도하면 법인세).

출근하지도 않는 가족에게
매달 급여를 주는 사장님

배우자나 아들을 회사 직원으로 고용한 후 타 직원보다 월등히 많은 급여를 지급하거나 출근도 하지 않는 가족에게 급여를 지급하는 경우는 탈세 행위이다. 이런 행위가 흔하다 보니 법인카드 불법 사용 점검과 함께 가족 직원의 급여 지급 사항도 필수 세무조사 점검 사항이다.

회사에서 세금을 줄이기 위해 가장 많이 사용하는 방법이 출근하지 않는 가족의 인건비를 비용 처리하거나, 종전에 근무했던 일용근로자의 신상정보를 불법으로 이용해 가짜로 급여를 신고하는 방법이다.

가공 인건비를 비용 처리하기 위해서는 4대 보험 가입, 소득세 원천징수 후 신고, 지급명세서 제출은 기본적인 3종 세트이다.

 소명을 위해 갖추어야 할 증빙과 서류

- 업무일지
- 근로소득 원천징수영수증 및 근로소득원천징수부
- 4대 보험 납입영수증
- 급여 이체 내역 및 급여 지급통장 사본

구 분	내 용
근로관계	근로계약서, 인사기록 카드 등
근로실태	출근부, 휴가원, 출장부 등 복무·인사 규정 적용자료, 출퇴근 교통 카드 이력 등 복무상황에 대한 자료, 업무분장표, 업무일지, 업무 보고 내역 등 담당업무 관련 자료 등
급여내역	급여대장, 근로소득 원천징수영수증, 급여 계좌이체 내역
기 타	타 사회보험 가입 내역(보험료 납부내역), 조직도, 근로자명부 등

01 / 세금 업무처리

일반 직원 급여 = 가족 급여

가족회사에서 근무하는 배우자나 가족에게 급여를 지급하는 경우 해당 배우자 또는 가족도 일반근로자와 같게 급여에 대한 원천징수 신고 및 납부를 하면 된다. 또한, 해당 급여는 나중에 종합소득세 신고 및 납부 시 필요경비로 인정되어서 세금을 줄여주는 역할을 한다. 다만, 주의해야 할 사항은 배우자나 가족이라고 해서 같은 직급이나 업무를 하는 다른 직원과 차별적으로 급여를 주어서는 안 된다. 즉, 같은 업무가 가족이 아닌 제3자에게 주어졌을 경우 사회 통념상 인정되는 금액을 급여로 줘야 한다는 것이다. 급여를 지급할 때 현금이 아닌 계좌이체로 지급해야 한다.

그리고 다음의 서류를 항상 구비 해두어야 실제 근무한 사실을 인정 받을 수 있다.

02 / 가족 및 친족의 4대 보험 처리

동일세대원 가족을 직원으로 채용할 경우는 최저임금 적용 대상에서 제외되며, 고용보험이나 산재보험도 가입하지 않아도 된다. 즉, 건강보험과 국민연금만 가입하면 된다.

특히 건강보험과 국민연금은 납부하기 싫어하지만, 고용보험의 경우 각종 지원이나 실업급여 혜택을 받기 위해 무조건 가입하고자 하는 경향이 강하다. 따라서 가족의 경우 고용보험 가입에 제한을 두고 있다. 다만 가족회사라도 형제·자매, 자녀 등은 근로자성을 인정받으면 일반 근로자와 동일하게 고용보험 가입 후 혜택을 받을 수 있다.

근로자에 대한 근로자성 판단기준으로

≫ 수행한 업무의 내용을 사용자가 정하는지

» 사용자 측이 출퇴근 시간의 관리, 근무 지시 및 이에 대한 불이익 처분 등 복무규정이 있었는지

» 업무수행에 있어 그 구체적인 사항에 이르기까지 사용자 측이 상당한 지휘, 감독을 하였는지

» 근무시간과 근무 장소를 누가 지정하였는지

» 사무실, 사무용 기자재, 각종 비품, 통신 요금 등 업무와 관련되는 비용을 누가 부담하였는지 등을 종합적으로 고려하여 근로자성을 인정하고 있다.

공단에서는 가족을 직원으로 채용하고 종업원 인건비 신고가 제대로 되지 않을 경우는 그 가족 직원을 비 채용한 것으로 간주하여 직장 가입에서 지역가입자로 전환한 후 정산해서 고지하게 된다. 따라서 가족 직원을 고용하더라도 모든 세무 업무 및 4대 보험 업무를 정확하게 이행해야 한다.

구분	동거 여부	고용·산재보험
배우자	무관	비적용
배우자 외 (형제·자매, 자녀 등)	동거	비적용
	비동거	적용

세무조사 할 때 조사관이 가족과 관련해 반드시 확인하는 내용

1. 친인척 가공 인건비

조사관이 세무조사를 나오기 전에 가장 먼저 파악하는 것이 그 사업주와 관련된 가족이다. 사업주의 가족, 친인척의 실제 근무 여부를 가장 우선으로 파악한다.

물론 실제 근무 여부는 세무조사를 해봐야 알 수 있지만. 해당 사업장에서 매달 신고

한 급여에 대한 원천징수 신고자료를 바탕으로 그 가족의 명단과 지급내역 등 인건비를 파악한 후 리스트를 만든다.

- ☑ 법인계좌에서 가족에게 실제로 나간 급여 내역
- ☑ 출퇴근 기록 카드
- ☑ 업무상 결제 내역을 파악한다.
- ☑ 하물며, 지문인식까지 검증한다.

업무 성격상 고급인력이 아닌데 월 1,000만 원씩 지급된다거나 하면 의심을 사기에 충분하다. 실제로 소득세 부담을 줄이려고 일하지 않는 가족에게 급여를 지급하는 경우도 많다.

2. 특수관계자 간 거래

개인사업자의 경우 친인척 또는 가족 간에 물품을 사고판 거래내역이 있는지 우선 파악한다.

법인의 경우 주주의 구성을 파악한 후 해당 주주와 다른 특수관계법인과의 거래를 더욱 면밀하게 검증한다. 즉, 해당 명단과 거래내역을 다 확정 지어 나온다.

거래금액과 시기 및 실질적으로 대금이 오고 간 내역까지 검증한다.

물론 당장 탈세가 안 걸릴 수는 있다. 적은 세무공무원이 수많은 기업을 일일이 살펴볼 수 없기 때문이다. 다만, 해당 기업을 들여다보는 순간 걸리게 되어있다. 특히 사업자는 본인이 탈세한 생각은 안 하고 환급이라는 욕심에만 눈이 멀어 환급을 신청하는 순간 세무서 담당자가 세밀하게 들여다볼 가능성은 커진다. 세무서도 환급금은 돈이 나가는 것이라 책임을 면하기 위해 정당한 환급금인지 세세하게 살펴보게 되며, 그 과정에서 걸릴 수도 있다.

03 / 가공 인건비의 세금

가공 인건비란 일반적으로 세금 탈세를 위해 지급하지 않은 급여를 계상하여 손금 처리하는 것을 말한다.

실제로 근로를 제공하지 않은 대표이사 가족 등에게 지급한 것으로 처리한 인건비는 근무의 실제성을 따져서 손금 추인 후 소득 귀속에 따라 대표자 상여(급여)로 처분해 근로소득세가 급속도로 증가한다.

가공 인건비의 판단사례

☑ 근로계약서가 없고 근무 사실 입증 결재나 출·퇴근 기록, 비상 연락망 등이 확인되지 않는 점, 대표이사 지시로 비정기적으로 출근하며 별도 근무 공간이 없는 등 통상적인 근로 용역 제공으로 보기 어려운 점, 증빙으로 제출한 특허는 법인의 사업과 상이하며 관련 사업 내역이 확인되지 않는 점 등에 비추어 처분청이 쟁점 인건비를 가공 인건비로 보아 과세한 처분은 정당함(법인, 조심-2019-구-0048, 2019.10.16.)

☑ 청구법인이 쟁점 금액을 OOO명의 차명계좌에 지속적으로 입금한 점 등에 비추어 사기·기타 부정한 방법으로 인건비를 허위 계상하였다고 보아 10년의 국세 부과 체척기간을 적용하여 과세하고, 쟁점 금액 중 OO백 만 원을 ***에 대한 상여로 소득처분하여 소득금액 변동 통지한 처분은 잘못이 없음(조심-2015-서-3555, 2015.11.10.).

☑ 정관 등에 의한 임원 급여 지급기준을 제시하지 못하는 점 등을 종합할 때, 직원 인건비로 허위 계상하여 사외유출한 금액을 실질 대표자의 급여로 보아 손금산입하여야 한다는 청구주장은 받아들이기 어려움(조심 2013 중 2624, 2013.11.08.).

☑ 청구법인은 실제 근무하지 않는 자들에게 인건비를 실제로 지급한 것처럼 허위로 장부를 기장하고, 과세 관청에는 허위의 인건비 지급내역이 포함된 근로소득 지급명세서를 제출하였으며 장기적이고 반복적인 가공 인건비 계상을 통해 많은 금액의 법인자금을 유출한 점, 청구법인의 직원의 진술에 따르면, 매년 받은 인건비 OO원 중 OO원의 가공 인건비를 현금으로 인출하여 OOO 등에게 전달한 것으로 나타나 과세 관청이 금융조사를 통하여서도 자금 흐름에 대해 추적하기 어려웠을 것으로 보이는 점 등에 비추어 볼 때, 청구법인이 가공 인건비를 계상하여 법인자금을 유출한 행위는 사기나 그 밖의 부정한 행위에 해당한다. 할 것임(법인 조심 2019서2513, 2019-10-30)

회삿돈을 내 돈처럼
마구 가져가는 사장님

중소기업 대표이사는 본인이나 가족이 회사 지분을 대다수 가지고 있어 법인카드로 개인 가사용 비용을 지출하는 경우가 많은데, 이는 허용되지 않으며 모두 급여 처리하거나 이자를 받아야 한다. 즉 법인의 대표이사는 법인이라는 사장에 고용된 임직원이라고 보면 된다. 법인이 곧 대표이사 것이라고 보면 안 된다.

법인의 경우 내가 비록 100%의 자본금을 출자해 회사를 설립했다고 해도 형식적인 주인은 내가 아닌 법인이라는 점을 명심해야 한다. 따라서 법인의 돈을 내 마음대로 가져가면 안 되며, 내 마음대로 가져다 쓰는 경우 세금을 아끼려고 세운 법인이 오히려 세금을 잡아먹는 회사가 될 수 있다.

특히 한 명의 사장이 법인과 개인 2개의 회사를 운영하면서 상호 자금이 섞이는 경우가 있는데 이것이 가장 위험한 일이다.

사장은 내가 두 회사 모두 대표인데, 2개의 회사가 서로 자금이 오고 간다고 무슨 문제가 되겠냐고 생각할지 모르지만, 엄밀히 말하며 법적으로 두 회사는 별개의 회사이다. 법인은 법인이 사장이고 개인 회사는 본인이 사장이다.

따라서 사장이 다른 것이며, 상호 금전거래가 오갈 때는 차입금은 이자를 지급해야 하고, 물품거래는 증빙이 오가야 한다. 또한 장부도 별도로 관리해야 한다.

그리고 대표이사가 같은 법인 간, 자금을 빌려주고 채권을 포기하는 경우 빌려준 회사는 해당 금액에 대해 손금불산입되며, 빌린 회사는 채무면제이익으로 과세된다.

01 / 회삿돈을 마음대로 가져가면 안 된다.

회삿돈을 대표이사가 마음대로 가져가는 경우 법인세법에서는 법인 대표가 자금을 빌려 간 것으로 본다. 따라서 법인과 이자 지급에 대한 금전소비대차 계약서를 작성한 후 이자를 지급해야 한다. 만일 이자 지급약정을 안 하고 이자를 내지 않는 경우 법인세 추가납부뿐만 아니라 소득세로 넘어와 대표이사의 급여로 보아 대표이사 소득세까지 증가하는 이중의 세금 손해가 발생한다.

02 / 법인카드를 마구 사용하면 안 된다.

법인카드는 문제가 없다고 생각해 주말에 가정의 장을 본다거나 배우자나 자녀가 법인카드를 사용해 학원비를 결제하고 밥을 사 먹고, 쇼핑하는 등 회사 업무와 관련 없는 지출을 하는 경우 세무조사 시 1순위로 적발돼 세금을 추징당하게 되므로 반드시 업무와 관련된 지출에만 사용한다.

물론 당장은 걸리지 않아서 안심되지만, 세무공무원이 가장 먼저 보는 1순위가 법인카드 지출 내역이라는 점을 잊어서는 안 된다.
결국은 탈세목적으로 사용한 법인카드를 차곡차곡 모아서 가산세라
는 이자까지 붙여 탈세액을 낸다는 사실을 명심하기를 바란다.

개념구분	개인사업자	법인
사업 책임	개인재산 무한책임	출자자본금 범위 내 유한책임
자금조달	모든 차입금이 사업자 개인 명의, 개인이 실질 부담, 분산 불능	법인명으로 차입, 대표자의 지급보증으로 대신함, 다수인 분산 가능
인적자원	개인사업 대표자 1인(권리, 책임 단독 집중)	법인의 주주가 대표, 임원, 이사, 감사 등 선임하여 대리인 경영 가능
소득 배분	사업상 이익이 모두 대표자(사업주)의 단일 종합소득으로 과세	각 임원으로 급여 분산 가능 대표자도 본인 급여와 퇴직소득으로 소득 분산·분리 가능 대표자 보수 차감 후 법인세 부담
적용 세금	대표자 종합소득세 신고·납부	법인이익에 대해서 법인세 납부 후 대표자 소득에 대해 종합소득세 신고·납부
배당관리	① 당년도 사업이익 전액에 종합소득세 단일과세 ② 차등배당 개념이 없고 증여 불가능	① 대표자 급여 차감 후 법인이익의 법인세 ② 배당 시 배당세액공제 적용 ③ 차등배당으로 자녀 등 가족 주주에게 증여 가능
법인전환	① 양도소득세 이월과세 활용(사업용 토지 등의 양도세 향후 과세) ② 취득세 감면 ③ 사업양수도 법인전환(부동산 등기 취득세 면제신청), 현물출자 전환	

옆집 사장은 왜 나보다 세금이 적지?

친구 사무실에 놀러 갔다가 매출은 비슷한데, 본인보다 세금을 적게 내는 사실을 알고 괜히 경리담당자를 못살게 구는 사장님이 많다. 물론 회사의 경리담당자가 몰라서 세금을 더 많이 낼 수 있지만 여러 가지 요인에 의해 세금 납부액의 차이가 발생할 수 있으므로 어설프게 알고 괜히 직원을 잡지 않아야 한다.

친구는 월급도 나보다 많고, 옆집 사장님과 이야기하다 보니 연 매출도 우리 회사보다 많던데, 세금은 적게 내요. 이거 세법이 잘못된 거 아닌가요?

이런 일이 가능한 걸까! 충분히 가능하다.

》 장부를 기장했느냐, 안 했느냐?

》 비용을 누가 더 인정받았느냐?

》 공제 가능한 가족의 수는 누가 더 많은가?

》 공제 가능한 가족에 대한 지출을 누가 더 많이 했느냐?

》 공제 대상 금융상품을 누가 더 많이 가입했느냐?

》 국민연금 납부액은 누가 더 많은가?

등등 각 개인의 상황에 따라 종합소득세가 다르게 나올 수 있다.

따라서 평소에는 증빙을 잘 챙기고 장부를 잘 작성해 두는 것이 절세의 시작이고 세금 신고 때는 각종 공제요건을 점검해서 공제 가능한 것은 모두 공제받아야 동일한 매출이라도 남보다 더 적은 세금을 낼 수 있다.

종종 부가율만 맞추려는 사장님들이 있는데, 지금은 모두 증빙에 의해 세무 관리되고 있으므로 부가율 자체가 큰 의미가 없다.

절세의 시작은 상대방이 깎아줘도 거기에 현혹되지 말고 비용에 대한 증빙을 확실히 챙겨두는 것이다.

또한 참고할 사항은 지인이 매입자료를 맞추기 위해 거래 없이 부가가치세만 주고 세금계산서 발행을 요청하는 경우가 있는데, 부가가치세 10%만 받고 발행해주는 것은 손해다. 이유는 세금계산서를 발행하면 10%의 부가가치세와 동시에 보통 15~24%의 종합소득세도 추가로 내야 한다. 즉 나는 부가가치세 10%와 소득에 대한 세금 15~24%를 내야 하는데, 상대방으로부터는 부가가치세 10%만 받았으므로 소득에 대한 세금 15~24%는 손해 보는 행위다.

아무리 바빠도 최소한 사장님이 파악해야 할 재무제표 내용

01 / 총자산을 파악하자

재무상태표에서 회사의 총자산은 부채와 자본으로 구성되는데, 부채는 채권자의 몫이고 자본만이 순수하게 사장(주주)의 몫이다. 회사의 총자산 구성을 전기와 비교하고, 동종업계의 다른 회사와 비교해보자.

총자산 중 부채가 많다는 것은 장사해서 다른 사람에게 많이 준다는 것이므로 회사는 좋을 게 없는 것이다.

사업을 하면서 부채 없이 장사한다는 것은 힘들기도 하지만 오히려 적정부채는 회사의 경영 성과를 높게 하는 데 도움 된다. 이 말은 차입금에 대한 이자 대비 수익성이 좋은 사업이 있는데, 단순히 차입금 이자만을 걱정해 차입을 안 하는 것보다는 차입을 통해 수익을 올리는 것이 유리하다는 의미이다.

동종업계의 다른 회사와 비교해 총자산으로 얼마의 매출과 이익을 내고 있는지 비교해보자.

당연히 적은 자산으로 많은 매출과 이익을 내는 회사가 유리하며,

다른 회사보다 자산 대비 매출이나 이익이 적다면 그 원인을 파악한다.

차입이자	$<$	차입수익 $=$	차입경영
차입이자	$>$	차입수익 $=$	적자경영
적은 자산으로 매출	$\geqq$	많은 자산으로 매출 $=$	우량기업

02 / 자금 사정에 대해 검토하자

회사가 사용할 수 있는 현금은 얼마나 있는지 재무상태표의 현금및 현금성자산 계정을 보자. 부채와 자본계정의 증감 내역을 살펴보고 추가 자금조달 가능액은 얼마인지 알아놔야 한다.

부채계정의 외상매입금, 미지급금이나 미지급비용을 월별로 파악하고, 월별 손익계산서의 비용계정을 분석해 매월 지급해야 할 금액은 얼마인지 파악한다.

비율로서도 파악 가능한데, 유동비율(유동자산/유동부채), 부채비율(부채/자본)을 계산해 경쟁회사의 비율과 비교한 후 문제점을 파악한다.

| 비율 분석 | ⊙ | 유동비율이 낮다 : 긴급한 자금 부족 상황에 적절히 대응하지 못한다. |
| | ⊙ | 부채비율이 높다 : 매출 대비 수익보다 차입이자 부담이 커 수익성 악화로 이어질 수 있다. |

흑자가 나도 도산할 가능성이 있다. : 당좌자산을 분석해 조달 가능한 자금 파악

03 / 매출채권의 회수에 대해 검토하자

재무상태표에서 매출채권 금액은 매출액 중 미회수된 금액을 의미한다.
최근의 불경기 속에서 가장 관심 있게 보아야 할 사항으로 총자산에서 매출채권이 차지하는 비율, 월별 매출채권의 변화 여부 등이다.
또 매출채권 대비 대손충당금 비율을 계산, 전기비율 및 경쟁회사의 비율과 비교해보자. 매출액 대비 채권비율의 목표치를 설정하고 전 임직원이 주지토록 하고, 채권 회수에 관심을 두도록 해야 한다.
한편 매출채권 중에서 대손 가능성이 있는 채권에 대해서는 대손충당금을 설정하여 회수 가능한 채권 금액을 파악할 수 있도록 해야 한다.
⊙ 매출채권에 대해 업체별로 매출 대비 회수기일을 파악한다.
⊙ 매출채권에 대해 업체별로 대손율을 파악한다.
⊙ 회수기일이 점차 늦어지는 거래처는 대손율이 상승할 가능성이 크다. 따라서 해당 거래처를 집중관리 한다.
⊙ 매출채권 회수가 늦어지면 현금 회수도 같이 늦어지므로 자금계획을 적절히 세워두어야 한다.

04 / 재고자산이 적정금액인지 검토하자

재무상태표에서 재고자산 금액을 파악해 재고자산관리가 제대로 되고 있는지 확인해야 한다.

총자산 대비 재고자산 비율을 전기 또는 동종회사와 비교하고, 매월 말 보유해야 할 적정재고 금액을 설정한다.

적정재고 금액은 매일매일 판매액과 주문 후 도착할 수 있는 시간, 대량 주문에 따른 할인액 등을 고려해 결정한다.

특히 판매량 예측과 적정 생산주기 또는 입고 주기 파악이 가장 중요하다. 중소기업의 경우 사장이 재고에 신경 쓰지 않으면 제품이 제로가 된 후 생산이나 입고가 이루어져 적절한 시기에 수익을 발생시킬 수 없고, 판매량 예측을 잘못하면 새로 생산 또는 구입한 재고가 그대로 창고에 남아 창고비용까지 추가로 발생할 수 있다.

05 / 유형자산을 적정하게 사용하는지 확인하자

설비투자 자산의 자본조달 건전성을 파악하기 위해서는 설비투자에 소요되는 자금을 어디에서 조달했는지 확인해야 한다.

설비투자 자산을 효율적으로 사용했는지를 파악하기 위해서는 설비투자효율을 경쟁사와 비교하거나 전기와 비교하면 된다. 이때 비교 수치는 총자산회전율(매출액/평균 총자산), 유형자산회전율(매출액/유형자산)을 계산하면 된다.

설비투자가 적절히 이루어지지 않으면 적절한 생산이 이루어지지 않아 수익성이 떨어지고, 과도한 설비투자는 회사 자금을 묶이게 해유동성 악화로 이어질 수 있다.

특히 설비자산은 단위당 금액이 많음으로, 잘못된 투자계획으로 인해 회사가 위험에 빠질 수도 있다.

3.3% 프리랜서 계약 잠 못 이루는 밤

중소기업에서 근로자로 채용 후 실질적으로 회사 내에서는 근로자로 대우하면서 4
대 보험료 절약을 위해 4대 보험 미신고, 사업소득자로 세금 신고를 하는 경우가
많다.

이 경우는 분명히 불법적인 행위이며, 업무처리에도 다양한 혼선을 가져온다. 또한
근로자는 실업급여 수령을 위해 퇴사 시 신고하는 경우가 많으며, 적발 시에는 아
끼려던 3년분의 4대 보험료를 사업주는 납부할 수 있으므로 정상적으로 근로소득
자로 신고하는 것을 권한다.

01 / 사업소득자로 신고한다고 근로자가 안 되는 것은 아니다.

근로기준법상 근로자는 한마디로 사용자의 지휘와 감독을 받는 자이
다.

그리고 근로자는 형식으로 판단하는 것이 아니라 실질에 따라 판단
한다. 즉 알바든 일용직이든 계약직이든 정규직이든 고용 형태가 중
요한 것이 아니며, 사원이든 대리든 과장이든 부장이든 팀장이든 임
원이든 직급이나 직책이 중요한 것도 아니다.

또한, 세법상 근로소득자든 사업소득자든 세금 신고사항이 중요한 것도 아니다. 오로지 사용자의 지휘와 감독 즉 명령에 죽고 사느냐에 따라 판단된다는 것이다.

근로자로 볼 수 있는 가장 간단한 사례를 살펴보면 다음과 같다.

» 근무 장소와 출·퇴근 시간이 정해져 있다.

» 담당업무를 다른 사람이 대신할 수 없다.

» 사업주의 업무지시나 명령에 따라야 한다.

» 업무 실수를 하면 시말서 등 징계를 받을 수 있다.

» 기본급이나 고정급을 받는다.

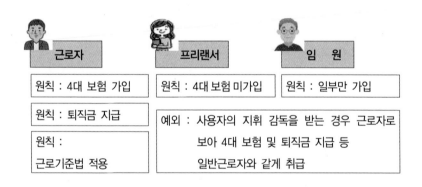

근로자	프리랜서	임 원
원칙 : 4대 보험 가입	원칙 : 4대 보험 미가입	원칙 : 일부만 가입
원칙 : 퇴직금 지급	예외 : 사용자의 지휘 감독을 받는 경우 근로자로 보아 4대 보험 및 퇴직금 지급 등 일반근로자와 같게 취급	
원칙 : 근로기준법 적용		

예를 들어 임원의 경우 일반적으로 사용자에 속하나 실질은 사장의 지휘와 감독을 받는다면 근로자가 되는 것이고, 4대 보험을 회피하고자 3.3% 사업소득자로 세금 신고를 해도 실질적으로 사장의 지휘와 감독을 받는다면 근로자가 되는 것이다.

회사의 사장은 4대 보험 좀 아끼려고 머리 써서 사업소득자로 처리했는데, 해당 근로자가 회사를 그만두면서 실업급여 받겠다고 떡하니 신고해버리면 참 헛짓거리한 거지요

그리고 임원이 퇴직할 때 너는 근로자 아니니까 퇴직금 안 줘도 된다고 판단하는 사용자가 많은데, 임원이라도 사용자의 지휘·감독을 받으면서 일한 경우 근로자로 보아 퇴직금을 지급해야 한다.

결론적으로 사용자는 입사 시에 처리한 계약으로 모든 문제가 해결되었다고 생각하지만, 퇴사 후 해당 근로자가 신고하는지? 안 하는지 지켜봐야 하는 고민을 안고 살아야 한다.

근로자는 실업급여라는 달콤한 사탕이 있어 신고의 가능성은 갈수록 커진다고 봐야 한다. 나이 드신 사장님들이 생각하는 의리는 실업급여 앞에서 무용지물이다. 따라서 원칙적인 계약과 지급 후 편하게 생활할지는 사업주의 선택 사항이다.

02 / 4대 보험 3.3% 신고했다가 걸리는 경우 손해

사장님 4대 보험 좀 아껴보겠다고 하다 폭탄 맞습니다.

알바를 3.3% 사업소득자로 신고하고 4대 보험 안 내려면 모험을 해야 한다. 만일 알바가 열받아 퇴직하면서 고용노동부에 신고라도 하는 순간 또는 국세청 신고자료로 자료가 나타나 4대 보험 직권등록을 하는 경우 소급해서 가입하게 되거나, 몇 년 치 보험료를 추징당하게 된다.

4대 보험료는 원칙적으로 회사와 근로자가 각각 회사부담분, 근로자 부담분을 납부해야 하지만, 근로자가 이미 퇴사했다거나 근로자에게 지급 여력이 없는 경우는 ① 회사가 근로자 부담분 + 회사부담분을 공단에 우선 납부한 뒤, ② 근로자가 본인 부담분을 송금해 주지 않는 경우 회사는 민사소송을 통해 해당 근로자에게 청구해야 한다.

그러나 근로자를 3.3% 신고하는 회사는 인건비가 부담스러운 소규모 사업자가 많으므로 납부 후 민사소송을 통해 해당 근로자에게 받기란 현실적으로 어렵다. 결국, 아끼려던 10%의 4대 보험료가 직원 부담분까지 대신 부담해야 해 20% 눈덩이가 되어 돌아오는 결과가 된다.

3.3% 하면 된다고 부추기는 사람들 많은데, 공단에서는 법을 바꾸어 직권 등록할 수 있는 법적 근거도 만들었고 3.3%의 방법으로 4대 보험료를 회피하는 것을 알아 정기적으로 점검을 통해 직권등록을 시키고 있다.

최근 들어 직원 퇴사 후 몇천만 원 보험료 내고 후회하는 사장님들 많으니 원칙으로 할지 4대 보험 조금 아끼겠다고 돌려서 할지는 사장님의 판단사항이다. 아직은 세무서에서는 상황을 알면서 영세사업자라서 건드리고 있지는 않다. 단, 고용노동부는 사회적 약자인 근로자 보호 차원에서 주기적으로 건드리고 있다.

사장님 직원 열받으면 이런 것 신고할 수 있습니다.

- 4대 보험 안 내려고 3.3% 사업소득자로 신고했어요
  사장님 4대 보험 얼마 아끼려다 3년 치 4대 보험료 낼 수 있으니 제발 근로자로 신고하고, 편하게 사세요
- 사장님이 수당도 안 주고, 퇴직금도 안 주고 임금체불했어요
  주휴수당, 시간외근로수당, 연차수당, 퇴직금은 반드시 줘야 하며, 1원이라도 덜 주면 임금체불입니다. 꼭 정상적으로 지급하세요.
- 퇴사하는 직원과 짜고, 실업급여 받으라고 권고사직으로 신고해줬어요.
  퇴직금 500만 원 안 받는 대신 권고사직으로 실업급여 1,000만 원 받게 해주겠다고 짜고 실업급여 허위 신고하지 마세요. 회사 문 닫을 수 있습니다.

03 / 4대 보험 폭탄주의(사업주 폭탄)

4대 보험 부담 때문에 사업주와 근로자 모두 4대 보험 가입을 꺼리는 경우가 많다.

평상시에는 미가입문제가 잘 적발되지 않고 적발되는 경우도 많지 않지만, 문제가 되는 시점은 퇴사 시점에 근로자가 실업급여를 받고 싶거나 사업주와 문제가 있어 노동청에 진정하는 경우 4대 보험이 적발되게 된다.

적발되는 경우 3년 치가 소급 적용되어 사업주부담 분뿐만 아니라 근로자 부담분까지 3년 치를 내야 한다.

그리고 3년 치 부담분은 우선 사업주가 전액 부담해야 한다. 왜냐하면, 사업주가 4대 보험 원천징수 의무자인데, 원천징수를 안 한 책임이 있기 때문이다(근로자 부담분은 근로자에게 청구하지만, 퇴사 후 연락이 안 돼 못 받는 경우 많음).

또한 각종 정부에서 지원하는 금액을 받으려면 4대 보험 가입이 필요하므로 꼭 가입하는 것이 결국은 사업주에게 유리할 수 있다.

참고로 4대 보험 신고 시 보험료를 적게 내기 위해 급여를 낮추어 신고하는 경우도 있는데, 이것은 나중에 세금 문제와 관련해 비용을 적게 인정받게 되어 세금을 더 납부해야 하는 문제점이 발생한다.

04 / 세금 폭탄주의(근로자 폭탄)

근로자 중에는 모집공고를 보고 입사했는데, 3.3%의 의미를 모른 채 3.3%로 계약했다는 사람이 의외로 많다.

3.3%의 의미는 근로소득자가 아닌 사업소득자로 계약한 것이다. 우선 사업소득자로 계약을 하면 지금 당장은 4대 보험 공제 부분이 없어서 급여가 많아 보이지만 다음과 같은 문제를 발생시킬 수 있다.

» 다른 가족의 피보험자로 등록할 수 없는 경우 지역 건강보험료 부담분이 발생한다(지역 건강보험료가 직장 건강보험보다 상대적으로 많이 납부).
» 국민연금 납부는 지역에서 납부해야 한다(회사부담분 손해).
» 회사를 그만둘 때 근로자도 아니고 고용보험 납부액도 없어 실업급여를 타지 못한다.
» 회사에서 소속 근로자가 아니므로 연말정산의 대상이 되지 않는다 (별도로 종합소득세를 스스로 신고납부).
» 다음 해 5월 종합소득세 신고 시 세금폭탄을 맞을 수 있다.

3.3% 사업소득자로 계약을 하는 경우

첫째, 회사 직원이 아니므로 고용보험 공제를 안 해, 급여를 많이 받을 수는 있지만, 이는 곧 퇴사 시 실업급여를 받을 수 없다는 결론이 나온다.

둘째, 세법상 근로소득자가 아니라 사업소득자이므로 회사의 연말정산 대상자에 포함되지 않으며, 다음 해 5월에 종합소득세 신고 및 납부를 스스로 해야 한다. 이때 문제가 발생한다.

왜냐하면, 사업소득자의 종합소득세 신고 방법은 기장에 의한 신고와 추계에 의한 신고가 있다.

기장의 의한 신고는 본인이 작성한 장부에 따라 신고하는 방법이고, 추계에 의한 신고는 기장한 장부가 없는 경우 소득을 추정해서 신고하는 방법이다.

그런데 대다수 3.3% 계약자는 장부를 기장하지 않아, 추계에 의해 신고하게 되며, 추계신고 시 프리랜서로 취급되어 소득 대비 높은 세금을 내게 된다.

월 100만 원을 기준으로 근로소득세, 사업소득세, 기타소득세로 신고했을 경우

1. 근로소득세 : 0원
2. 사업소득세 3.3% 기준 : 33,000원
3. 기타소득세 8.8% 기준 : 88,000원

건강보험료 본인부담금 : 3.545%

장기요양보험료 : 건강보험료의 12.95%

국민연금 : 4.5%

고용보험 : 0.9%

총 9.4%

총 9.4% 중 국민연금은 나중에 결국 돌려받는 돈이므로 9.4% - 4.5% = 4.9%가 순수 내는 돈이다.

위에서 보는 바와 같이 4대 보험을 회피하기 위해, 사업주가 가입을 안 해주던 근로자가 가입을 싫어하든, 그 절감액을 살펴보면 다음과 같다.

구 분	근로자 입장에서 4대 보험 적용 시와 근로소득이 아닌 타 소득으로 신고함으로써 얻을 수 있는 이익		
근로소득으로 신고	4.9% - 0% = 4.9%		49,000원
사업소득으로 신고	4.9% - 3.3% = 1.6%	16,000원	16,000원 이익
기타소득으로 신고	4.9% - 8.8% = △3.9%	△39,000원	39,000원 손해

흔히 사업소득 3.3% 신고를 하면 문제가 될 것 같아서 아이디어를 내 기타소득으로 신고하는 방법이 있다고는 하나 이는 4대 보험 무서워 피하려다 오히려 동료인 직원의 부담을 더 증가시키는 업무처리가 된다. 즉 4대 보험에 가입하면 실질적인 부담률은 4.9%이지만, 8.8%를 4대 보험 대신 세금으로 납부해야 하는 일이 생긴다.

물론 사업주 입장에서 사업주 부담분을 덜기 위해 기타소득으로 신고하는 경우는 직원이 손해를 봐도 어쩔 수 없는 일이다.

근로자성 인정기준과 근로자성을 입증할 만한 증거자료들

1. 근로자성 인정 판단기준

근로자에 대한 근로자성 판단기준으로

① 수행한 업무의 내용을 사용자가 정하는지

② 사용자 측이 출이익 시간의 관리, 근무 지시 및 이에 대한 불이익 처분 등 복무규정이 있었는지

③ 업무수행에 있어 그 구체적인 사항에 이르기까지 사용자 측이 상당한 지휘, 감독을 하였는지

④ 근무시간과 근무 장소를 누가 지정하였는지

⑤ 사무실, 사무용 기자재, 각종 비품, 통신 요금 등 업무와 관련되는 비용을 누가 부담하였는지 등을 종합적으로 고려하여 근로자성을 인정하고 있다.

2. 소송 진행 시 근로자성을 입증할 만한 증거자료들

근로자성을 입증할 만한 위임(위탁)계약서, 사용자 측 작성 문서, 실적 관련 자료, 각 전산자료, 해지에 관한 사항, 메모 보고, 좌석배치표, 등초본, 우편요금 등 비용 납부 현황 인사 관련 사항, 실적 및 근무규칙, 명함, 신분증 등 관련 서류

종합소득세 신고 후 건강보험료 정산

매년 종합소득세 신고를 하면 끝나는 게 아니라 바로 건강보험료 정산이 기다리고 있다.

4대 보험 취득 시 신고한 월 보수액으로 매달 건강보험료를 부과 진행되는 중에 2025년 5월에는 2024년 귀속 종합소득세 신고가 이루어질 것이다.

종합소득세 신고를 통하여 개인사업자의 실제 2024년 소득금액이 확정된다.

❺ 종합소득금액 5천만 원인 경우(월보수액 300만 원)

가장 높은 보수월액을 받는 근로자가 300만 원의 경우 건강보험료 납부한 금액은 300만 원 × 12개월 = 3,600만 원에 대하여 연간 건강보험료를 납부했는데, 실제 납부할 연간 기준금액은 5천만 원이니 차액 1,400만 원에 대하여 정산이 이루어진다.

그리고 2025년 6월부터 다음 해인 2026년 5월까지는 연 소득 3천만 원, 월 보수액으로 환산 시 250만 원 기준으로 건강보험료가 부과된다.

❷ 종합소득금액 2,400만 원인 경우(월보수액 200만 원)

종합소득세 신고된 금액이 2,400만 원이었다면 위 1과같이 종합소득금액 즉, 2,400만 원을 기준으로 6월에 정산이 이루어지고, 2025년 6월부터 2026년 5월까지 가장 높은 보수를 받는 근로자의 월보수액인 300만 원 기준으로 건강보험료가 부과된다.

개인사업자 대표자의 월 보수액 기준은 해당 사업장에서 가장 높은 보수월액을 적용받는 근로자의 보수월액보다 낮은 경우는 그 근로자의 보수월액을 개인 대표자의 보수월액으로 한다. 라고 국민건강보험법 시행령에 규정하고 있기 때문이다.

❷ 종합소득금액이 결손인 경우

사업소득이 결손이 난 경우라고 한다면, 가장 높은 보수를 받는 직원의 보수월액 기준이 아니라 해당 사업장의 근로자 보수월액을 평균한 금액으로 건강보험료가 부과된다.

구 분	대표자 건강보험료 정산, 부과 기준금액
종합소득세 신고한 소득금액 〉 가장 높은 보수월액을 받는 근로자의 금액	종합소득금액
종합소득세 신고한 소득금액 〈 가장 높은 보수월액을 받는 근로자의 금액	가장 높은 보수월액을 받는 근로자의 보수월액
종합소득세 신고한 소득금액이 결손인 경우	해당 사업장 근로자 보수월액을 평균한 금액

1인 개인회사 사장님의
건강보험료 절약 팁

개인사업자 사장님은 고용보험과 산재보험 가입 대상이 아니므로 국민연금, 건강보험, 노인장기요양보험료만 내면 된다.

직원이 없는 개인사업자 1인 사업장의 경우 지역가입자로서 4대 보험을 납부한다. 지역가입자는 소득과 재산 상태에 따라 보험료를 내므로 직장가입자보다 상대적으로 많은 건강보험료를 낸다.

지역가입자의 소득은 5월 종합소득세로 신고하는 소득금액이 소득액이며, 재산 상태는 부동산 등에 따라 보험료가 책정된다.

재산이 많다면 보험료를 많이 낼 수밖에 없다.

오로지 소득액에 따라 4대 보험을 내는 직장가입자에 비해 부담이 클 수밖에 없다.

반면 직원이 1인이라도 있는 개인사업자는 직장가입자로서 4대 보험료를 낼 수 있다.

그리고 개인사업자 사장님은 직원 중에서 제일 급여가 높은 사람과 동일한 급여로 신고하게 된다. 따라서 지역가입자로 건강보험료는 내는 것보다 유리하다.

실제로 재산은 수십억인데 직원의 급여 수준으로 직장가입자로 가입해 건강보험료는 소액으로 내면서 혜택을 보거나 하물며, 환급까지 받는 경우도 있다.

물론 매년 5월 말일까지 종합소득세 신고 후에는 보수총액 신고를 해 1년치 소득금액이 확정됨으로써 건강보험료 일부가 조정되기는 한다. 즉 개인사업자 사장님의 경우, 일단 직원 중에 제일 급여가 높은 사람과 동일한 급여를 기준으로 매달 4대 보험을 납부한 후 종합소득세 신고 후 확정된 소득월액을 가지고 실제 보험료를 낸다.

하지만 직원의 급여가 높지 않고, 소득에 비해 재산이 많은 경우 지역가입자보다 직장가입자로 내는 건강보험료는 절약할 수 있다.

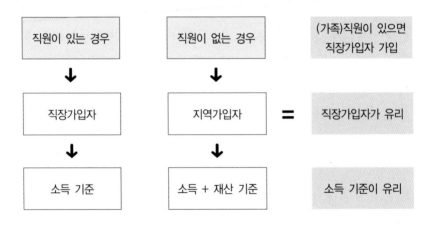

지역가입자보다 직장가입자가 상대적으로 건강보험료가 싼 것을 악용해 실제로 근무하지 않는 친인척을 직원으로 등록해 회사는 인건비 처리를 통해 탈세하고, 해당 친인척은 건강보험료를 적게 내도록 해 건강보험도 탈루하는 사장님도 있다.

가족 직원을 고용해서 근로자가 1명이라도 발생하게 된다면 직장가입자가 되어 건강보험료를 줄일 수 있지만, 가족 직원으로 등록되어 있는 가족의 4대 보험료는 추가로 발생하게 된다.

그리고 가족을 직원으로 등록하게 되면 감소하는 종합소득세와 증가하는 4대 보험료 및 가족 직원의 근로소득세를 종합해서 생각하여 의사결정을 한다.

개인사업자가 가족을 직원으로 인정받기 위해서는 먼저 실제 고용이 확인돼야 한다. 즉 적절한 급여를 지급해야 하며, 일반적인 근로자 같이 출퇴근 기록과 매월 지급 시 원천징수하여 관리해야 하는 근로소득원천징수부와 근로소득원천징수 영수증, 4대 보험 납입 영수증, 실질 급여를 받은 통장 등 실질적으로 근무한 사실과 급여를 수령한 사실이 확인(출퇴근 기록부, 근로계약서, 근로소득원천징수영수증, 급여 계좌이체 내역 등)되어야 한다. 실무상으로 근무 일지를 작성·비치해두어야지 실제 근무 여부에 대해서 문제가 발생했을 때 대응이 가능하기 때문이다.

당연히 직원으로 근로를 제공하는 가족이 받는 소득은 근로소득으로 급여를 지급하면 근로소득에 대해서 세액을 원천징수 납부하고 원천징수이행상황신고서를 꼭 제출해야 한다. 결과적으론 가족 직원도 타인을 직원으로 고용한 것처럼 일 처리를 동일하게 하면 된다.

지원이 없는 개인 사업주의 경우 건강보험료는 지역가입자로서 재산을 기준으로 산정되어 보통 직장가입자보다 그 부담이 그다.

그러나 가족 직원을 두어 직원이 1명이라도 생기는 순간 개인 사업주도 건강보험 지역가입자에서 직장가입자로 전환되어 건강보험료 부담이 경감되는 효과를 볼 수 있다. 하지만 가족 직원의 건강보험료, 국민연금, 근로소득세가 발생한다.

사업주가 꼭 알고 있어야 할
4대 보험 절약 방법

ⓥ

01 / 비과세 소득을 활용하자

4대 보험료는 급여에서 비과세 소득을 차감한 금액을 기준으로 납부를 하므로 식대나 차량유지비, 보육수당 등 비과세 소득을 잘 활용하자.

즉, 4대 보험의 부과 기준급여는 (급여 – 세법상 비과세 급여)이다.

따라서 비과세 급여가 많을수록 부과의 기준이 되는 금액은 낮아지게 된다.

02 / 두루누리

두루누리 등 정부 지원제도를 활용하면 4대 보험 납부액을 줄일 수 있다.

월 평균보수 270만 원 미만이 지원대상 보수 기준이다.

03 / 보수월액을 낮게 신고

국민연금의 경우 매년 별도의 정산을 하지 않는다. 따라서 좀 적게 신고해도 큰 피해가 없다. 반면 건강보험이나 고용 산재보험은 별도의 정산제도를 가지고 있어 적게 신고하는 경우 추징이 들어온다.

04 / 1일 이후 채용, 1일 이전 퇴사

4대 보험의 부과 기준일은 매월 1일이다. 따라서 1일 입사 신고를 하는 경우 입사 월부터 4대 보험료를 부담하지만, 1일 이후 입사의 경우 다음 달부터 4대 보험료를 납부하므로 1달 치 4대 보험료를 절약할 수 있다.

반면 퇴사의 경우 마지막 근무일이 1일의 경우 그달 치 보험료까지 부담하고 퇴사 처리를 해야 하므로 12월 1일까지 근무를 시키고 퇴사 처리를 하는 것보다 11월 30일까지 근무시키고 퇴사 처리를 하는 것이 1달분의 4대 보험료를 절약할 수 있다.

05 / 4대 보험 관련 신고를 제때 하자

제때 신고하지 않으면 가산금이나 과태료를 납부할 수 있으므로 신고기간에 제대로 신고해야 한다.

06 / 개인사업자는 지역보다 직장가입을 한다.

일반적으로 건강보험료는 지역가입자보다 직장가입자의 건강보험료 부담이 적다. 따라서 사장님도 직장가입자로 가입하는 것이 좋다.

1인 사업자의 경우는 지역가입자이나, 직원이 있는 경우 사업주의 건강보험과 국민연금은 원칙적으로 사업장에서 가입해야 한다.

사업장 가입 시 예상 소득은 적정 수준에서 결정되며, 추후 종합소득 신고자료를 통해 소득을 확인하여 보험료의 적정성을 따지게 된다.

통상적으로 직원의 급여 중 가장 높은 금액을 기준으로 한다.

개인회사 사장님의 의료비 지출 팁

01 / 의료비 지출 시 절세전략

맞벌이 부부이면서 자녀가 있을 경우 자녀의 인적공제를 누구에게 하냐에 따라 의료비 공제 대상이 달라질 수 있다. 자녀 인적공제는 1인당 150만 원을 공제해 주는 부양가족 기본공제에 해당이 된다.

그리고 이는 중복공제가 불가능하므로 자신 또는 배우자 한 사람만 받을 수 있다.

인적공제를 받은 대상이 자녀의 의료비와 교육비를 받을 수 있다. 예를 들어, 남편이 자녀의 인적공제를 받았을 때 자녀의 의료비와 교육비는 아내가 받을 수 없다.

이는 다른 부양가족 인적공제 시에도 해당이 된다.

만약 부양가족을 다른 사람이 기본공제 대상자로 했을 경우, 그 부양가족을 위해 지출한 의료비 공제는 불가능하다(기본공제 대상자의 의료비를 직접 지출한 경우만 공제 가능).

따라서 자녀의 의료비는 기본공제를 받는 사람의 카드로 의료비를 결제해야 한다.

결과적으로 기본공제자의 의료비를 공제받고자 하면 본인이 직접 지출해야 한다.

맞벌이 부부 중 1명이 개인사업자이고 1명이 근로자인 경우 근로자인 배우자가 의료비 결제를 무조건 하는 것이 좋다. 사업자는 종합소득세 신고 시 의료비 공제를 못 받는 것이 일반적이기 때문이다.

배우자1	배우자2	의료비 지출
사업소득자	사업소득자	둘 중 누구 지출해도 상관없다. 단 성실신고 확인 대상 사업자로서 성실신고확인서를 제출한 자가 있는 경우 해당 배우자는 의료비 공제가 가능하므로 해당 사업자가 지출한다.
사업소득자	근로소득자	일반적으로 사업소득자는 의료비 공제를 받지 못하므로 근로소득자인 배우자가 지출한다.
근로소득자	근로소득자	둘 중 소득이 높은 배우자가 인적공제와 의료비 공제를 받는 것이 유리하다.

02 / 맞벌이 부부 사업자의 절세전략

사업자는 안 되고 근로자만 소득공제 되는 항목이 있으므로 이를 근로소득자인 배우자에게 몰아주면 절세를 할 수 있다.

➲ 보장성 보험료(자동차보험료, 종신보험, 상해보험, 건강보험)

① 배우자 보장성 보험료

근로자 본인이 계약자이고 피보험자인 보험은 본인만 공제기 가능하고, 사업자인 남편은 보험료공제가 안되므로 근로자인 배우자 이름으로 자동차보험 등 보장성 보험에 가입하는 것이 유리하다.

② 자녀, 부모, 형제자매의 보장성 보험료
보험료공제는 피보험자가 기본공제 대상자인 보장성 보험료의 계약자가 공제하는 것이므로 근로자인 배우자나 근로자인 가족을 계약자로 하는 것이 유리하다.

● 주택마련저축, 주택청약저축공제

세대주인 남편이 사업자이고 근로자인 아내가 세대주가 아닌 경우에는 아내로 세대주를 바꾸고 아내 명의로 저축가입을 하는 것이 유리하다.

● 신용카드(현금영수증)공제

사업소득자는 가사비용에 대해서 신용카드 공제가 안 되므로 사업소득자(남편)가 근로소득자(아내) 카드를 사용하면 아내가 공제받을 수 있다. 즉 사업과 관련되지 않은 지출액은 필요경비공제도 받을 수 없으므로 가사 관련 지출액은 아내 카드를 사용하는 것이 유리하다.

구 분	카드 주체
가사 관련 지출	근로소득자
업무 관련 지출	사업소득자

① 배우자의 신용카드 사용액 공제

신용카드 공제는 근로자만 공제된다.

근로자인 배우자 명의의 카드를 두 장 만들어서 남편과 아내가 한 장씩 사용하면 유리하다. 물론 회사 업무 관련 지출은 사업자 카드로 지출한 경우에도 경비처리가 가능하다.

② 자녀, 부모님이 사용한 신용카드

기본공제 대상자(나이 제한 없음)인 자녀나 부모님이 사용한 신용카드는 근로자인 배우자만 공제 가능하므로 근로자인 배우자가 자녀나 부모님 기본공제를 받는 경우 자녀나 부모님 신용카드 공제를 같이 받을 수 있다.

무보수 대표이사보다는 유보수 대표이사가 알고 보면 유리

법인의 대표이사나 이사, 감사 등 임원에게 지급하는 인건비는 법인의 소득금액 계산상 손금(세법상 경비) 처리된다.

즉, 법인의 임원은 법인 그 자체와는 다른 별개의 인격체로서 법인과는 고용관계에 있으므로 회사는 그 임원에게 근로 제공의 대가로 급여나 상여금은 물론 퇴직금도 지급할 수 있다.

그런데 가족기업 형태의 신설법인의 경우 창업 초기 매출이 발생하지 않는다는 이유로 또는 운영자금이 모자라서 임원에게 급여를 지급할 여력이 없다는 이유로 해서, 사업이 안정될 때까지 임원 급여에 대한 세무 처리를 유보하는 경우를 가끔 보게 된다.

그러나 법인의 임원 급여에 대한 세무 처리는 정기적으로 확실하게 처리하는 것이 좋다.

법인은 그 자체가 별개의 인격체로서 법인의 임원도 회사에 근로 용역을 제공하는 한 당연히 급여를 받을 권리가 있는데, 매출이 없다는 이유로 또는 자금 여유가 없다고 해서 이들의 급여에 대한 세무 처리를 하지 않으면 세금 부담 상으로도 회사에게 불리하게 적용될 수도 있기 때문이다.

급여 지급	▷	• 근로소득세, 건강보험료, 국민연금 납부
		• 법인세 신고 시 손금으로 인정 ➡ 법인세 감소
		• 결손 발생 시 급여가 결손을 증가시켜 차후 이익 발생 시 공제
		• 대표자 가지급금 발생 시 미지급급여와 상계가능

급여 미지급	▷	• 회사의 당기순이익 증가 ➡ 법인세 증가
		• 이익증가로 재무상태가 좋아 보여 대출에 유리

회사의 사정을 종합적으로 판단해 의사결정

당연한 이야기지만 급여 처리를 하게 되면 근로소득세 원천징수를 해야 하고, 4대 보험에도 가입해야 하는 문제는 있다. 반면 세무상 급여로 처리된 금액은 법인의 소득금액 계산 시 손금에 산입된다. 따라서 그만큼 법인의 과세소득을 줄여주게 된다. 또 사업이 부진하여 결손금이 생기면 그 결손금은 향후 발생하는 법인소득에서 공제되므로 결손 법인의 경우도 임원의 급여에 대하여 세무 처리를 해두면 미래에 발생하는 법인의 과세소득을 줄여줌으로써 결과적으로 다음 사업연도 이후에 소득이 생겼을 때 내야 하는 법인세 부담을 줄일 수 있다.

회사를 운영하다 보면 필연적으로 발생하는 대표이사 가지급금도 해당 급여를 가지고 가지급금과 상계함으로써 가지급금을 줄일 수도 있다. 따라서 매출이 발생하지 않는 창업 초기나 사업이 부진한 경우에도 법인의 임원에 대한 급여는 책정된 대로 세무 처리를 해주는 것이 좋다.

회사의 자금 사정이 좋지 않아서 급여를 지급할 여유자금이 없으면 급여를 지급하기로 한 시점에 미지급급여로 계정 처리하면 된다. 또 대표자 개인이 여유자금이 있으면 개인 자금을 가수금으로 입금시켜서 그 돈으로 급여를 지급해도 된다.

사업이 부진하다고 해서 또는 회사의 자금 사정이 좋지 않다고 해서 법인의 임원 보수를 책정하지 않고 무보수로 일한 다음 나중에 사업이 잘되어 자금 여유가 생겼을 때 법인의 임원이 회삿돈을 가져가려면 여러 가지 세무상의 문제가 발생하고 그때부터 한꺼번에 높은 보수를 지급하게 되면 원천징수 되는 근로소득세만 많아지게 된다.

법인이 임원에게 보수를 지급할 때는 세무상 몇 가지 유의해야 할 사항이 있다.

우선 법인이 임원에게 지급하는 상여금 중 정관, 주주총회 또는 이사회의 결의에 의해서 결정된 급여 지급기준을 초과하여 지급한 경우 그 초과 금액은 법인의 소득금액 계산상 손금에 산입하지 않는다. 또 임원에게 퇴직금을 지급하는 경우에도 정관에 퇴직금으로 지급할 금액이 정해진 경우에는 그 금액 범위 내에서 법인의 손금으로 인정되며, 정관에 정해진 퇴직금이 없으면 그 임원이 퇴직하는 날로부터 소급하여 1년 동안 그 임원에게 지급한 총급여액의 1/10에 근속연수를 곱한 금액만큼만 손금으로 인정된다.

따라서 임원의 상여금이나 퇴직금 지급에 대해서 회사는 이러한 세법 규정에 유의하여 관련 사항을 미리 정관에 반영해 놓거나 주주총회 또는 이사회 결의에 따라서 임원 보수지급 한도, 지급기준 등을 미리 마련해 놓아야 할 것이다.

구 분	장단점
무보수로 신고	• 직장 4대 보험 납부를 안 한다. 대신 지역가입자로 납부한다. • 급여를 비용으로 인정받지 못한다.
급여를 신고하는 경우	• 직장 건강보험이 지역 건강보험보다 유리하다. • 국민연금의 경우 어차피 낸 만큼 돌려받을 수 있다. • 급여를 비용으로 인정받아 세금을 줄여준다. • 회사가 결손이 나면 이월해서 공제받을 수 있다. • 가수금으로 처리 후 나중에 발생하는 가지급금을 줄여줄 수 있다. • 미지급급여로 회계처리 후 나중에 발생하는 가지급금을 줄여 줄 수 있다. • 무보수 처리로 인한 4대 보험 실익보다 가지급금을 줄이는 효과에 의한 실익이 더 그다.

사장님의
문제없는 인건비 관리

- 직원 1명을 채용할 때 급여의 30% 이상 추가 인건비 발생
- 근로계약서는 근로자보다 사장님을 보호하기 위한 최소한의 장치다.
- 사장님도 상식으로 알고 있어야 할 노동법 필수지식
- 최저임금 변경 시 근로계약서를 재작성해야 하나?
- 사장님이 알아야 할 알바 사용 업무설명서
- 퇴직금을 분할해서 지급할 수 있는 경우
- 사업 시작과 동시에 기본적으로 알고 있어야 할 사장님의 급여 계산 상식
- 수습기간 중 임금을 얼마까지 감액해서 지급할 수 있나?
- 그만두는 직원 자료삭제하고 퇴사합니다.
- 식대 20만 원 지급과 관련해 사장님의 체크포인트
- 차량 없는 직원 차량유지비를 비과세 처리 시 발생하는 문제
- 하루 일했다고 급여 안 주면 사장님 신고당합니다.
- 연장, 휴일, 야간근로 시키면 더 줘야 하는 급여는 얼마?
- 5인 이상 사업장은 연차휴가도 별도로 줘야 한다.
- 말로만 하는 연차휴가 사용 촉진 효력 없다.
- 연차수당을 지급하는 것과 연차휴가를 사용하고 퇴사하는 경우 유불리
- 퇴근 후, 휴가, 휴일에 업무 지시하는 사장님
- 급여 잘못 계산해 지급한 경우(퇴사자 정산을 잘못해 회사가 대납한 경우)
- 직원의 세금과 4대 보험료를 회사에서 대신 내주는 경우 발생하는 추가 비용
- 퇴직금을 매월 급여에 포함해서 지급하는 방법은 없을까?
- 회사손해액을 급여나 퇴직금에서 일방적으로 공제할 수 없다.
- 무단결근이라고 무조건 자르면 노는 직원 급여 줘야 한다.

직원 1명을 채용할 때
급여의 30% 이상 추가 인건비 발생

∨

직원 생각 : 내 월급은 매일 제자리걸음이고, 언제 월급을 올려주려나?

회사 생각 : 최저임금은 매년 오르고, 최저임금이 오르면 월급뿐만 아니라 4대 보험이나 복리후생비도 같이 증가한다. 사업을 빨리 그만두든지 해야지!

직원을 고용하면 단순히 월급만 생각할 수 있다.

2024년 기준 최저임금 2,060,740원

그러나 직원을 채용하면 급여만 나가지 않는나. 가장 우선으로 급여에는 사업주가 부담할 각종 공과금이 따라붙는다.

급여 200만 원에 각종 공과금 약 10%로만 따라붙어도 220만 원으로 벌써 생각했던 지출보다 20만 원 가까이 초과 지출이 발생한다. 여기에 각종 잡비를 더하면 그 부담은 더욱 늘어날 것이다. 물론 두루누리 사회보험, 고용촉진장려금, 고용유지지원금 등 각종 정부 지원도 있지만, 지원금은 언제 사라질지 모르니 이건 받으면 좋은 것으로 생각하면 좋다. 더욱이 경리직원을 두지 않고 기장 대리를 맡기며, 사장이 직접 경리업무를 하는 영세사업장의 경우는 이런 지원금이 있는지도 어떻게 신청하는지도 모르고 넘어가는 경우가 많다.

따라서 직원을 채용할 때는 지급하기로 한 급여뿐만 아니라 사업주로서 부담해야 하는 각종 공과금도 동시에 고려해야 한다.

01 / 사장님 직원 1명에 추가 비용 얼마 들까요?

직원 1명을 고용하면 사업주가 직원을 위해 내주는 4대 보험료는 최하 약 10%이다. 즉 최저임금이 약 200만 원이라고 가정하면 월급 4대 보험료로 최저 20만 원은 더 부담해야 한다. 여기에 사장님이 밥값까지 내주면 밥값 10,000원에 20일 지원하면 20만 원 해서 약 240만 원의 지출이 발생한다.

그리고 1년 지나면 퇴직금 1달 치 월급 + 미사용 연차수당(약 10%까지 부담해야 한다. 단순히 급여만 준다고 생각하면 급여의 130%의 최소지출액이 발생한다고 생각하면 된다.

구 분	적용 근거
국민연금보험료	국민연금법 제88조(연금보험료의 부과징수 등) • 기준소득월액의 9%(근로자 4.5%, 사업주 4.5%)
국민건강보험료	국민건강보험법 제73조(보험료율 등) • 보수월액의 7.09%(근로자 3.545%, 사업주 3.545%) 노인장기요양보험법 제9조(장기요양보험료의 산정) • 장기요양보험료 : 건강보험료의 12.95%
고용보험료	고용보험 및 산업재해보상보험의 보험료징수 등에 관한 법률 제14조(보험료율의 결정)

구 분	적용 근거
	• 실업급여 0.9%, 고용안정 · 직업능력 0.25%(150인 미만) ~0.85% (1,000인 이상)
산업재해보상보험	고용보험 및 산업재해보상보험의 보험료징수 등에 관한 법률 제14조(보험료율의 결정) : 0.7%~18.6%

[1인당 인건비 지출액 계산]

주 40시간, 12시간 연장근로시(최저임금 9,860원)		
인건비	기본급	9,860원 × 209시간 = 2,060,740원
	연장수당	9,860원 × 1.5배 × 12시간 × 4.345주 = 771,150원
합 계		2,831,890원
4대 보험료		2,831,890원 × 10% = 283,189원
퇴직금	1/12	2,060,740원 ÷ 12 = 171,728원
연차수당	1년 26일 기준	9,860원 × 8시간 × 26일 ÷ 12 = 170,906원
합 계		3,457,713원

위의 표에서 보면 1년간 근무를 하는 직원에게 급여 이외에 추가로 발생하는 비용이 상당한 것을 알 수 있다.

02 / 영업사원의 영업비 반드시 증빙 첨부 규정 필요

영업사원에게 차량유지비로 세법상 한도인 20만 원만 주는 회사도 있겠지만 영업팀을 전문적으로 운영하는 회사는 영업 일비나 영업비 명목으로 적게는 하루에 몇만 원부터 몇십만 원, 몇백만 원 지출하는 회사도 있다.

1건 하면이라는 생각으로 영업비에 대해서 대수롭지 않게 생각할 수 있지만, 사장이 직접 관리하지 않으면 임원, 영업이사 등은 경리담당자에게 제한 없이 영업비를 가져가는 회사도 많다. 또한, 영업비에 대한 지출 증빙도 정확히 첨부하지 않아 나중에 세금폭탄으로 다가오는 경우도 많다. 따라서 사장은 우선 좀 쫀쫀해 보일 수도 있지만, 이것에 신경 쓰지 말고 직접 영업비도 관리 체크하는 것이 불필요한 지출을 줄이고 직원들의 공금 횡령을 사전에 막는 방법이다.

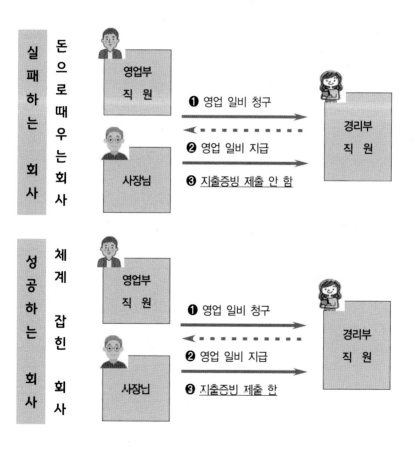

참고로 사장이나 영업부 직원이 사용하는 영업 일비에 대해서 세금계산서나 신용카드매출전표 등 법정지출증빙을 첨부하지 않아도 일정 금액까지는 세법에서 허용해 주는 것으로 생각하는 사장 및 실무자가 많은데 이것은 잘못된 생각이다. 대다수 비용지출은 반드시 법정지출증빙을 첨부해야 비용인정을 받을 수 있다는 점을 영업부 직원에게 교육해야 회사의 체계가 잡혀간다.

그리고 소규모 회사에서 경리담당자가 가장 힘들어하는 부분도 돈은 가져가고 증빙은 안 챙겨오면서 나중에 왜 이렇게 세금 많이 나왔냐고 따지는 사장님이다. 이런 사장님이 가장 짜증 나고 꼴불견이라고 하니 나는 그런 사장이 되지 말아야겠다.

근로계약서는 근로자보다 사장님을 보호하기 위한 최소한의 장치입니다.

∨

근로계약서를 귀찮아서, 몰라서, 아니면 나중에 회사에 불리한 증거자료가 될까 봐 작성 안 하는 경우가 많다.

그러나 최근에는 근로계약서 미작성이 사업주에게 부담이 되는 역할을 하는 경우가 많다. 즉 회사에 불만이 있어 퇴사하는 직원이 노동청에 신고하는 경우가 다반사이며, 이 경우 근로계약서 미작성으로 인해 사업주가 피해를 보는 사례가 많다. 따라서 사업주는 근로계약서를 작성한 후 근로를 시키는 것이 안전하며, 1~2일 후에 작성하면 되지! 라는 안이한 생각으로 인해 금전적 피해가 발생할 가능성이 크므로 주의가 필요하다.

사장님은 근로계약서가 귀찮아서 또는 너와 내가 남이 가? 막연한 의리와 친밀감으로, 아니면 모르는 근로자를 속여 나의 이득을 취하기 위해 근로계약서의 작성과 교부를 회피한다. 하지만 근로자가 모른다는 이유로, 내가 좀 이익을 취하고 싶어, 근로계약서를 작성하지 않는다면 그런 시대는 끝났다는 생각을 빨리 가지라고 권해드리고 싶다.

물론 그냥 넘어갈 수도 있다.

하지만 최근 퇴사 후 고용노동부를 찾는 근로자가 많아졌다는 점을 절대 간과해서는 안 된다. 그만큼 근로자의 노무 지식이 높아져 본인에게 손해가 가면 고용노동부에 바로 진정하는 추세이며, 그때 소명자료로 중요한 역할을 하는 것이 근로계약서이다.

반대로 아는 사람이 찾아와 어렵다고, 급여는 주고 싶은 대로 줘도 되니 일만 시켜달라고 해, 정에 이끌려 근로계약서 없이 일 시켰다가 나중에 고용노동부에 진정해 괜히 돈 나가고 사람 잃는 일 발생하지 않게 어떤 경우에도 근로계약서를 쓰는 습관을 들이는 것이 좋다.

근로계약이란 사용자에게 근로를 제공하고 이에 대해서 임금을 지급함을 목적으로 체결한 계약을 말한다.

근로조건 서면 명시 및 교부의무의 목적은 근로계약을 체결할 때뿐만 아니라, 근로계약의 내용을 변경하는 때도 변경된 내용으로 근로조건을 명시하고, 사용자가 서면으로 명시한 근로계약서를 근로자에게 발급하도록 하여 근로자의 법적 지위를 강화하기 위함이다.

뒤통수 맞기 쉬운 사장님

- 좋은 게 좋은 거라고 대충 구두로 근로조건을 말하고 출근시키는 사장님
- 지인을 정 때문에 쓰면서 근로계약서는 작성하지 않는 사장님
- 귀찮은데 내일 작성하지, 별일 있겠어! 하고 근로계약서 작성을 미루는 사장님
- 직원 그만둘 때 실업급여 타 먹으라고, 권고사직으로 써주는 사장님
- 근로계약서 작성한 후 직원에게 1부를 안 준 사장님

위 방식으로 하면 나중에 직원이 퇴사 후 고용노동부에 진정하면 100% 당하고, 억울하다고 해봤자 소용없다.

참고로 해고할 때도 해고통지서에 해고 사유와 해고 시기를 반드시 서면으로 명시해야 한다.

구두로 하더라도 해고의사표시는 성립하지만, 부당해고가 될 수 있다. 또한, 이메일이

나 핸드폰 문자 등을 통한 해고도 서면 해고 통보로 보기 어렵다.

모든 건 증거를 남겨야 나중에 빠져나올 구멍이 있으니 꼭 명심한다.

설마 내가 자기한테 얼마나 잘해줬는데 신고하겠어! 라는 생각이 들겠지만, 그 생각을 하는 순간 뒤통수 맞을 수 있다.

01 / 근로계약서의 작성 시기

근로계약서는 근로계약을 체결할 때(근로자를 채용할 때) 바로 작성해야 한다.

예를 들어 근로자가 출근 후 2일 만에 사업주와 갈등으로 퇴사한 이후 사업주가 근로계약서를 작성하지 않았다고 고용노동부에 신고한 경우 비록 2일이지만 근로계약을 체결할 때(근로자를 채용할 때) 서면으로 작성하지 않았으므로 근로기준법 위반으로 500만 원 이하의 벌금을 물 수 있다.

따라서 이와 같은 낭패를 보지 않으려면 채용이 결정되면 근로조건의 내용을 반영한 근로계약서를 반드시 작성해야 한다.

02 / 근로계약서에 꼭 들어가야 하는 내용

근로기준법 제17조 2항에는 근로계약의 서면 체결 의무와 교부 의무를 규정하고 있다. 위반할 때는 5백만 원 이하의 벌금에 처한다.

'사용자'라면 누구나!

근로계약서를 반드시 2부 작성하고, 1부는 노동자에게 나눠주어야 한다. 작성하지 않거나, 작성했더라도 1부를 발급하지 않으면 형사처벌이 된다.

'노동자'라면 누구나!

일용직, 아르바이트, 프리랜서 등 근무 기간이나 근무 형태에 상관없이, 근로계약서를 쓰고, 발급받을 권리가 있다.

"사용자가 근로계약서 체결을 거부하는 경우 "

채용공고와 사용자와 노동조건에 관해 대화를 나눈 카톡, 메시지 및 대화 내용 녹음자료를 통해 처벌받을 수 있다.

근로계약서에는 아래의 다섯 가지 사항이 꼭 들어가야 한다.

1. 임금의 구성항목 · 계산 방법 · 지급 방법

2. 소정근로시간(일하기로 정한 시간)

3. 휴일에 관한 사항

4. 연차유급휴가에 관한 사항

5. 취업의 장소와 업무에 관한 사항, 취업규칙에서 정한 사항, 기숙사규칙에서 정한 사항

이 중 1~4까지는 근로계약서에 반드시 들어가야 하는 사항이며, 5는 필수 사항은 아니지만 노사 간의 분쟁을 줄일 수 있는 합리적인 사항이 될 수 있다. 또한 18세 미만의 연소근로자를 채용할 경우는 5의 내용도 반드시 기재해야 한다.

그리고 표준근로계약서는 고용노동부 홈페이지를 방문하면 무료로 다운받을 수 있으니 참고로 알아두면 좋다.

03 / 근로계약서에 들어가면 안 되는 내용

사장님들은 근로계약서를 작성할 때 본인의 요구사항과 근로자가 약속을 어기는 경우 제재내용을 특약 등으로 넣어둬 마음의 안정을 찾

거나 근로자를 제약하는 방법으로 이용하려고 하지만 다음의 내용은 근로계약서에 들어갈 수 없다. 즉 아무리 넣어도 법에 어긋나면 아무 소용없는 내용이다.

사장님 이건 근로계약서에 넣어도 무효입니다.

- 근로자의 자유의사에 어긋나는 근로를 강요하지 못한다.

(예) 후임자가 정해지지 않는 경우, 퇴사하지 못한다.

- 근로계약서에 명시된 근로조건이 사실과 다를 경우에 근로자는 근로조건 위반을 이유로 손해의 배상을 청구할 수 있으며, 즉시 근로계약을 해제할 수 있다.
- 근로계약 불이행에 대한 위약금 또는 손해배상액을 예정하지 못한다.

(예) 일하다가 실수하는 경우, 무조건 50만 원씩 회사에 배상하여야 한다.

(예) 퇴사 30일 전 알리지 않고 무단으로 퇴사하는 경우, 그달의 월급은 지급하지 않는다.

(예) 지각, 조퇴 시 벌금 10만 원 등

- 강제저축 또는 저축금의 관리를 규정하는 계약을 체결하지 못한다.

(예) 월급 일부를 퇴직금으로 회사에서 보관한다.

(예) 월급통장을 나누어 일부를 회사에서 관리한다(정부지원금을 받은 사업장).

Q. 근로계약서에 "1년의 의무기간을 채우지 못하고 중도 퇴사하는 경우, 100만 원을 배상해야 한다."라는 내용이 있다. 1년을 못 채우고 퇴사하는 경우, 회사에 100만 원을 배상해야 하나요?

A. 아무리 근로계약서에 서명했더라도 근로기준법에 위반된 조항은 효력이 없다. 따라서 위 조항은 무효가 되고 100만 원을 배상할 필요가 없다.

표준 근로계약서

사용자 ○○주식회사(이하 "갑"이라 한다)와 근로자 ○○○(이하 "을"이라 한다)는 다음과 같이 근로계약을 체결하고 이를 성실히 준수할 것을 서약한다.

제 1 조 | 【"을"의 담당업무】

"을"의 담당업무는 ○○○로 한다.

단, 업무상 필요한 경우에는 "을"의 직종을 변경하거나 이동시킬 수 있다.

제 2 조 | 【근로시간】

1. "을"의 근로시간 및 휴게시간은 다음과 같다.

1) 시업시간 09:00 2) 종업시간 18:00 3) 점심시간 12:00~13:00

2. 전 항의 근로시간은 합의 후 업무 형편상 변경할 수 있다.

제 3 조 | 【임 금】

1. "갑"는 "을"에게 전조에서 정한 근로의 대가로 기본급 ○○○원과 법정제수당을 포함한 월 지급총액 ○○○원을 월 1회 통화로 지급한다.

2. 상기 법정제수당은 연장/휴일/야간근로수당 및 연/월차수당을 말한다.

3. "을"는 퇴직금 중간정산에 동의하고, 1년 근속에 따른 퇴직금을 1년 만료 시 정산하여 지급한다.

제 4 조 | 【계약 기간】

1. "을"의 계약기간은 계약체결일로부터 1년간으로 한다.

2. 계약의 갱신은 계약만료일 1개월 이전에 하며, 어느 일빙의 계약 해지의 의사표시가 없는 경우에는 1년간 자동 연장되는 것으로 한다.

제 5 조 | 【연차유급휴가】

연차유급휴가는 근로기준법에서 정하는 바에 따라 부여한다.

제 6 조 | 【사회보험 적용 여부(해당란에 체크)】

☐ 고용보험 ☐ 산재보험 ☐ 국민연금 ☐ 건강보험

제 7 조 | 【비밀 준수의무】

업무상 획득한 업무 관련 정보는 재직 중 혹은 퇴직 후에도 누설하여서는 아니 되며, "갑"의 허가 없이 문서나 물품 등을 반출하거나, 타인에게 열람 또는 인도하여서는 아니 된다.

제 8 조 | 【기타 사항】

1. 수습기간은 3개월간으로 정하며 수습기간 중의 임금은 기본급의 80%로 정한다.

2. 기타 근로조건은 "갑" 회사의 취업규칙 및 통상관례에 따른다.

위와 같이 계약을 체결하고 계약서 2통을 작성, 서명 날인 후 "갑"과 "을"이 각각 1통씩 보관한다.

20 년 월 일

갑	대표이사 _____ (인)	을	_____ (인)
회 사 명		주민번호	
소 재 지		주 소	
연 락 처	00-0000-0000	연 락 처	010-0000-0000

연봉계약서

주식회사○○와 근로자 홍길동은 연봉제 규정에 따라 아래와 같이 연봉계약을 체결하고, 본 계약에 정함이 없는 사항은 당사 취업규칙 및 제 규정에 따른다.

인적 사항 및 근무 정보

성 명	홍길동	생년월일	년 월 일	사 번	12345
소 속	영업부서	현재직급	대리	계약직급	과장
취업장소	○○지점				
근무시간	월~금 00:00 ~ 00:00 (주 5일 / 0시간)				
직 종	영업 / 서비스				

연봉산정 및 지급내용

기본연봉	일금_____원정 (₩_____)
제 수 당	일금_____원정 (₩_____)
지급방법	12개월 균등 지급을 함.
지급일자	매달 0일 지급

※ 미사용한 연/월차수당, 자격수당, 현장수당, 가족수당, 중식대는 회사가 별도로 정한 기준에 따라 지급한다.

특이사항

연봉과 관련된 사항을 회사 직원이나 업무적으로 관련 있는 사람에게 절대로 공개하지 않으며, 이를 어겼을 때는 회사 인사 규정에 의거 처벌한다.

위 내용을 증명하기 위하여 본 계약서 2부를 작성하여 상호 서명 후 각각 1부씩 보관한다.

20 년 월 일

근로자 _____ (인)

대표자 _____ (인)

단시간근로자(알바) 근로계약서

주식회사 ○○○○ (이하 "갑" 이라 한다)과 근로자 (이하 "을" 이라 한다)는 아래 근로조건을 성실히 이행할 것을 약정하고 다음과 같이 근로계약을 체결한다.

〈을의 인적 사항〉

성 명	성 별	연 령	학력	생년월일	현 주 소	
전화번호 (핸드폰)	연 락 처		최초계약일 (재계약일)	근무부서	근무형태	
			. . (. .)			

제1조(근로계약기간)

근로계약기간은 20 년 월 일부터 20 년 월 일까지로 한다.

제2조(근무장소 및 업무내용)

① 근무장소(부서) :

② 업무내용 :

③ 갑은 필요하다고 인정할 경우는 을의 의견을 들어 근무장소 또는 업무를 변경할 수 있다.

제3조(근로시간)

근로시간은(:)시부터 (:)시까지 (휴게시간 : 12:00 ~ 13:00)

제4조(근무일 및 휴일)

① 근무일은 매주 ( )요일~( )요일까지 1일 ○시간 주 ○일을 근무한다.

② 주휴일은 매주 ( )요일로 하며, 토요일은 (유급 / 무급)휴일로 한다.

③ 근로자의 날, 「관공서 공휴일에 관한 규정」에 의한 공휴일(일요일 제외)은 유급휴일로 한다.

제5조(휴가)

① 근로자가 매월 소정근로일수를 개근한 경우 연차유급휴가를 사용할 수 있다.

② 연간 소정근로일의 80%이상 근무한 근로자의 연차휴가일수 산출은 다음과 같다.

– 연차유급휴가 산출식 = 통상근로자의 연차일수 × (단시간근로자 소정근로시간 ÷

통상근로자의 소정근로시간) × 8시간

예시) 주5일, 1일 7시간 근로자

15일 × (35시간 ÷ 40시간) × 8시간 = 105시간 / 7시간 = 15일

- 단시간근로자 월 소정근로시간 : (주 근로시간 + 주휴시간) ÷ 7일 × 365일 ÷ 12월

예시) 주 35시간 근로자 : (35시간 + 7시간) ÷ 7일 × 365일 ÷ 12월 = 182.5 ≒ 183시간

제6조(보수)

① (임금) "갑"은 "을"에게 기본급은 시간당 (9,620원〈'2023년 최저임금〉)과, 주휴수당은 (   )원을 지급한다.

예시) 주5일, 1일 시간, 기본급 시간당 최저임금 9,620원을 지급받는 근로자의 경우

- 기본급 : 9,620원 × 35시간 × 4.345주 = 1,462,962원

- 1달 주휴수당 : 기본 시간급 × 주휴시간(주 근로시간 ÷ 통상근로자 근무일)

= 9,620원 × (35시간 ÷ 5일) × 4.345주 = 292,592원

② (초과근무수당) "갑"은 "을"이 공휴일에 근무하거나 제3조 및 제4조의 규정된 시간을 초과하여 근무한 경우 총근로시간이 1주 또는 1일의 법정한도를 초과하는 경우에는 반드시 통상임금의 100분의 50을 가산하여 지급한다.

- 소정근로시간(1일 7시간, 주 35시간) 내의 초과근로는 50%의 할증 가산임금을 지급하지 않음

③ (지급시기 및 방법) "갑"은 "을"에게 매월 1일에 근로자가 지정한 예금계좌로 보수를 지급한다. 단, 지급일이 휴일인 경우 그 전일에 지급한다.

④ (정산) 보수지급 후 "을"의 퇴직 등 보수변동사유가 발생할 경우에 "갑"은 "을"이 기지급받은 급여 중 근무하지 않은 날에 해당하는 급여를 "을"에게 지급하여야 할 퇴직금 등 금품에서 정산하고 지급하며 정산금액이 없는 경우에는 "을"이 이를 반납하여야 한다.

⑤ (감액지급) "을"이 "갑"의 승인을 받지 않고 무단으로 결근을 하였을 때 또는 질병, 부상으로 인한 휴가일수기 법정휴가일수를 초과한 경우 휴가일수를 제외한 결근일수에 해당하는 급여를 제하고 지급하기로 한다. 단, 업무수행으로 인한 경우는 예외로 한다.

⑥ (적용일) 본 근로계약서상의 보수 적용일은   년   월   일부터 차기 등급 변동일 및 차기 임금책정 기준 시행에 따른 임금 변동 전까지 적용한다.

제7조(비밀유지의무)

① "을" 은 업무상 알게 된 비밀을 외부에 누설하여서는 안 된다.

② "을" 이 제1항의 규정을 위반하였을 때는 관계 법령의 규정에 의한 민·형사상의 책임을 진다

제8조(청렴의무)

① "을" 은 「회사 규정」 을 준용하여 청렴하게 직무를 수행하여야 한다.

제9조(손해배상)

"을" 은 고의 또는 과실로 회사에 손해를 끼쳤을 때는 이를 변상하여야 한다.

제10조(계약의 해지)

① "을" 이 다음 각호의 1에 해당될 때에는 "갑" 은 이 계약을 해지할 수 있다

1. 신체 또는 정신상의 이상으로 업무를 수행할 수 없을 때

2. "갑" 의 정당한 지시에 따르지 않거나 업무를 태만히 하였을 때

3. 예산 등의 사유로 "갑" 이 이 계약을 이행할 수 없을 때

4. 기타 "을" 이 이 계약을 이행할 수 없다고 인정될 때

② 이 계약을 해지하려 할 때는 "갑" 은 해지 예정일 30일전까지 해고예고를 하여야 하며, "을" 은 10일전까지 채용권자에게 서면으로 통지하여야 한다.

③ 근로자에게 해고예고를 하지 않았을 경우 법에 의거 30일분의 평균임금을 지급한다.

제11조(해석)

기타 이 계약서에 정하지 않은 사항은 『취업규칙』 및 『근로기준법』 에 의한다.

제12조(계약서)

"갑" 과 "을" 은 상호 대등한 입장에서 이 계약을 체결하고 신의에 따라 계약상의 의무를 성실히 이행할 것을 확약하며, 이 계약의 증거로서 계약서를 작성하여 당사자가 기명하고 서명 또는 날인 후 1부는 "갑" 이 보관하고, 1부는 반드시 "을" 에게 교부해야 한다.

20   년   월   일

갑	대표이사 _____ (인)	을	_____ (인)
회 사 명		**주민번호**	
소 재 지		**주 소**	
연 락 처	00-0000-0000	**연 락 처**	010-0000-0000

※ 근로계약 구비서류

O 이력서 1통, 주민등록 등·초본 1부, 가족관계증명서 1부, 기본증명서 1부, 자격증 및 경력증명서(해당자) 각 1부, 최종학력 증명서, 채용신체검사서(해당자), 신원진술서(약식) 3부, 사진(반명함판) 3장

O 장애인, 국가유공자, 의료수급 대상자의 경우 관련 자격증 사본 1부.

사장님도 상식으로 알고 있어야 할 노동법 필수지식

01 / 근로계약서 작성 시 법 위반사항이 많은 경우

❱ 취업 장소와 업무 내용

취업 장소는 회사의 주소를, 업무 내용은 할 업무를 구체적으로 써 줘야 한다. 취업 장소만 적는 경우가 많은데 이는 법 위반이다.

❱ 임금의 구성항목과 계산 방법

시급이나 월급에 대해서 '시급이 얼마다. 월급이 얼마다.'만 적는 경우가 많은데, 법에서는 임금의 액수뿐만 아니라 그 구성이 어떻게 되어있고 계산이 어떻게 되었는지 그 방법까지 적어야 한다.

예를 들어 급여 300만 원의 경우 기본급과 수당, 식대가 포함되어 있는지 아닌지 등 300만 원의 임금 구성항목을 다 적어줘야 한다. 계산 방법과 관련해서는 해당 임금이 몇 시간분의 임금 및 수당이 포함된 것인지 아닌지를 적어줘야 한다.

➔ 단시간근로자(아르바이트) : 근로일별 근로시간

단시간근로자(주 40시간보다 적게 일하는 근로자)는 근로일마다 근로시간을 다 명시해야 한다. 그런데 이것을 사업주는 거의 하지 않는다. 즉 월요일 몇 시부터 몇 시까지 몇 시간 근로, 화요일 몇 시부터 몇 시까지 몇 시간 근로 등 요일별로 다 적어줘야 한다.

근로감독 시 가장 많이 적발되는 사항이다.

위에 대한 정확한 근로계약서 작성 방법을 모르는 경우 고용노동부 홈페이지에 들어가면 표준계약서가 있으므로 이를 참고해 보면 된다.

02 / 4대 보험 가입

의외로 4대 보험 가입을 사업주 자유라고 생각하고 가입을 안 하는 사업주가 많다. 특히 4대 보험과 관련해서 적발되는 경우가 많지 않다 보니 가입을 꺼리는 경우가 많다. 또한, 근로자가 원하지 않는 경우도 많다.

평상시에는 미가입문제가 잘 적발되지 않고, 적발되는 경우도 많지 않지만, 문제가 되는 시점은 퇴사 시점에 근로자가 실업급여를 받고 싶거나 사업주와 문제가 있어 노동청에 진정하는 경우 4대 보험이 적발되게 된다.

적발되는 경우 3년 치가 소급 적용되어 사업주부담 분뿐만 아니라 근로자 부담분까지 3년 치를 내야 한다.

그리고 3년 치 부담분은 우선 사업주가 선액 부담해야 한다 왜냐하면, 사업주가 4대 보험 원천징수 의무자인데, 원천징수를 안 한 책임이 사업주에게 있기 때문이다(근로자 부담분 근로자에게 청구).

그리고 각종 정부지원금을 받으려면 고용보험 가입이 필요요건이므로 꼭 가입하는 것이 결국은 사업주에게 유리할 수 있다.

참고로 4대 보험을 신고할 때 보험료를 적게 내기 위해 급여를 낮추어 신고하는 때도 있는데, 이것은 나중에 종합소득세나 법인세를 납부할 때 비용을 적게 인정받게 되어 세금을 더 내야 하는 문제점이 발생한다.

그리고 4대 보험 가입을 안 하려면 세금 신고 시 해당 근로자의 급여 세금 신고도 안 해야 적발될 확률이 낮다. 이유는 4대 보험 공단과 국세청 전산망은 공유해, 한쪽은 하고 한쪽만 안 하면 이를 찾아내기 때문이다.

03 / 임금체불 벌금만으로 끝나지 않는다.

임금체불이 발생하면 보통 임금체불액의 10% 정도는 벌금으로 납부한다. 그런데 이것으로 끝나는 것이 아니라 노동청에서 근로자는 임금체불 확인원이라는 서류를 발급하게 되고 이를 바탕으로 근로자는 소송을 진행할 수 있다.

소송비용 때문에 소송을 진행하지 않을 것이라 사업주는 오해할 수 있으나 실제로 소송비용도 무료(법률구조공단)이므로 인해 민사소송을 진행하게 되고 근로자가 대다수 승리하게 된다.

또한 국가가 해당 임금을 대신 지급하고 사업주에게 구상권을 청구하게 되므로, 사업주의 경우 줄 임금을 다 지급하면서 벌금까지 납부해야 한다.

그리고 정부에서 하는 각종 입찰에 참여할 수 없게 된다.

04 / 해고는 30일 전에 통보하면 문제가 없나?

사업주는 해고하면서 30일 전에 해고 후 예고수당을 줄지, 30일 전에 해고 통보 후 30일간 직장을 알아볼 시간을 줄지의 선택에서 해고예고 수당보다는 시간을 주는 사업주가 많다.

그럼 30일의 예고기간을 주면 끝나느냐 그것은 아니라는 점이다. 즉 해고의 정당성을 따져야 한다. 사업주는 일도 못 하고, 가끔 지각도 하고 해서 열 받아 잘라야겠지만 법에서는 해고 사유에 대해 따로 정하고 있으며, 해고의 정당성은 노동위원회에서 별도로 판단한다. 이 판단을 부당해고 구제신청(상시근로자 5인 이상 사업장 적용)이라고 한다. 약 60일간 판단을 하며, 부당해고라고 나오면 60일간 지급하지 않은 임금을 지급해야 하고, 원직에 복직(복직을 안 시키고 금전 보상하는 예도 있다.)시켜야 한다. 따라서 특히 5인 이상의 근로자를 고용하는 사업주는 조심해야 한다. 단 5인 미만 사업장은 부당해고 구제신청을 할 수 없다.

05 / 각서는 무조건 효력이 있나?

대부분이 무효이다. '근로계약서에 특정 임금에 대해서 문제를 제기하지 않겠다. 특정 어떤 사안에 대해 문제를 제기하지 않겠다.'라고 명시를 해도 이는 다 무효이다.

또한 지각 3번이면 1일분 연차를 차감한다. 1일분 임금을 차감한다. 한 번 지각에 벌금 10만 원, 무단결근에 벌금 100만 원, 3일 미만 출근 후 퇴사 시 임금을 지급하지 않는다는 내용 등의 계약은 모두 무효일 뿐만 아니라 근로기준법 위반으로 형사처벌까지 받을 수 있다. 단, 실제 손해가 발생한 사실에 대해서는 손해배상을 청구할 수는 있다.

그리고 법 위반사항에 대한 계약이나 각서도 무효이다. 위반사항에 대해서는 최저기준을 정한 노동법이 적용된다.

06 / 퇴직금은 월급에 포함해서 지급해도 효력 없다.

예를 들어 급여 300만 원에 퇴직금 30만 원 해서 근로계약을 해도 퇴직금의 효력은 없다. 즉 퇴직금은 퇴직 후에 효력이 발생하는 것으로 퇴직 전에 어떤 형태로 시급계약을 해도 그 효력을 인정받지 못한다. 따라서 근로자가 퇴직 후 노동청에 퇴직금을 받지 못했다고 진정하는 경우 노동청은 사업주에게 퇴직금 지급명령을 내릴 수밖에 없다. 결국, 사업주는 퇴직금을 지급하고도 또 지급하는 사실이 빈번하게 발생하므로, 사업주는 주의해야 한다.

그런데 사업주는 실질적으로 퇴직금을 준 것이므로 미리 준 퇴직금에 대해서 돌려받으려면 근로자를 대상으로 부당이득 반환청구를 하면 되는데, 이는 별도의 민사소송을 진행해야 한다.

민사소송을 진행한다고 해서 반드시 돌려받는다는 보장을 못 하는게, 실제로 퇴직금을 매달 지급하는 사업주도 있지만 실제로 퇴직금을 포함해서 지급하지 않았으면서 근로계약서상 지급하는 것으로 악용하는 사업주도 있어서이다.

따라서 가장 안전한 것은 분할 해서 지급하지 말고 퇴직 시 지급하는 것이다.

07 / 토요일은 당연히 쉬는 날이 아니다.

토요일은 법적으로 당연히 쉬는 날은 아니다.

사회 통념상 토요일을 무급휴무일로 해서 쉬는 회사가 많을 뿐이다. 하지만 토요일에 쉬지 않는다고 문제가 되지 않으며, 월~금 7시간 씩 총 35시간 근무 후 토요일 5시간 근무를 해도 추가 가산임금 없이 법 위반이 아니다(주 40시간 법 규정을 지킨 것임). 즉 주 40시간만 넘지 않으면 근로기준법 위반이 아니며, 1일 8시간 또는 주 40시간을 넘으면 50%의 가산임금만 더 지급하면 된다. 이때 1일 8시간 또는 주 40시간 초과근무 시간은 연장근로에 해당한다.

08 / 손해 봤어도 임금은 전액 지급한 후 돌려받는다.

요즘 종업원이 회사 물품이나 음식을 훔쳐 가는 일이 자주 발생해서 CCTV 확인 결과 상호 동의하에 급여에서 차감하는 일이 발생하는데, 이 경우에도 급여는 전액 지급한 후 돌려받는 절차를 따라야 한다. 만일 전액 지급을 안 하고 임금에서 손해액을 차감하는 경우 해당 종업원이 노동부에 신고하면 사업주는 임금체불로 인해 피해가 발생할 수 있다는 점 명심해야 한다.

최저임금 변경 시
근로계약서를 재작성해야 하나?

최저임금이 올랐다고 꼭 다시 작성할 필요는 없다. 즉 최저임금을 적용받는 근로자가 최저임금 인상으로 인해 임금이 올랐을 경우는 근로계약서를 꼭 의무적으로 다시 작성할 필요는 없다.

근로자가 요구할 때만 다시 쓰면 된다.

임금, 근로시간, 휴일 등이 변경되어도 근로자 대표와의 서면합의나 취업규칙, 단체협약, 법령에 의하여 변경된 경우라면 근로계약서를 재작성하지 않아도 된다.

예를 들어, 최저임금의 상승은 법령에 의한 임금 변경이기 때문에 근로계약서를 재작성하지 않아도 된다. 단, 이 경우에도 근로자가 근로계약서 재작성 및 교부를 요구한다면 근로자의 요구에 따라 근로계약서를 재작성해야 한다.

01 / 근로계약서를 재작성하지 않아도 되는 경우

⊙ 근로자 대표와의 서면합의에 따라 변경되는 경우(근로기준법 시행령 제8조의 2 제1호 참조)

⊚ 취업규칙에 의하여 변경되는 경우

⊚ 단체협약에 의하여 변경되는 경우

⊚ 법령에 의하여 변경되는 경우

상기 예외 경우에 해당하지만, 근로자의 요구가 있는 경우 : 근로계약서 재작성 및 교부를 해야 한다.

02 / 근로계약서를 재작성해야 하는 경우

⊚ 임금 및 임금의 구성항목, 계산 방법, 지급 방법이 변경된 경우

⊚ 소정근로시간이 변경된 경우

⊚ 휴일이 변경된 경우

⊚ 연차유급휴가가 변경된 경우

⊚ 근로 장소가 변경된 경우

⊚ 종사해야 할 업무가 변경된 경우

⊚ 취업규칙 작성·신고 사항이 변경된 경우(근로기준법 제93조 제1호~제12호)

⊚ 기숙사 규칙에서 정한 사항이 변경된 경우

사장님이 알아야 할
알바 사용 업무설명서

Q. 사장님과 알바생도 상시근로자 수에 포함되나요?

사업자등록증 상 사업주는 근로기준법이 시용자이기에 상시근로자 수 산정에 포함되지 않는다.

상시근로자는 정규직, 아르바이트, 시간제, 일용직 등 고용 형태를 불문하고 실제 고용된 모든 근로자를 포함한다.

가족의 경우도 마찬가지다. 다만 가족 근로자가 상시로 출근을 하더라도 급여를 받지 않는다면 상시근로자 수 산정에서 제외(급여를 받는 경우 포함)한다. 단 파견법에 따른 파견근로자나 도급계약에 따른 수급인의 근로자 등은 제외된다. 상시근로자는 사용자가 직접 고용한 이들만 대상으로 한다.

Q. 알바생에게 점심 제공 의무가 있나요?

근로기준법 등 노동관계 법령에는 점심 제공 의무에 관한 규정이 없으므로 근로자의 점심 제공 요구는 거부해도 된다. 단, 근로기준법 제54조에서 '4시간 근로 시 30분의 휴게를 부여하도록 규정'하고 있으므로 1일 근무시간이 4시간을 초과할 때는 반드시 4시간당 30분 (8시간 근무 시 1시간)의 휴게시간을 부여할 필요가 있다.

휴게시간은 근로자가 자유롭게 사용할 수 있는 시간으로 무급이 원칙이다.

Q. 무단결근 후 연락 두절 알바생 마냥 기다려야 하나요?

이미 여러 차례 연락을 취했지만, 연락 두절인 알바생. 마지막으로 문자메시지이든 서면통보이든(내용증명우편) "언제까지 출근할지 여부 등을 통보하지 않는다면 무단으로 자진 퇴직한 것으로 보고 (그 특정된 날에) 근로관계를 종료하겠다"고 보낸 후, 그 특정한 날까지 연락이 없다면 퇴직처리하면 된다.

이 경우는 해고통보가 아니라 자진 사직으로 볼 것이라서 해고예고 기간으로 30일 이상 기한을 부여할 필요는 없다.

Q. 알바가 자꾸 늦어요(무단결근 포함). 해고할 수 있나요?

5인 이상 사업장인지가 중요하다.

5인 미만 사업장이고 직원이 근로한 지 3개월 미만이라면 즉시 해고가 가능하다. 만약 3개월 이상 근로한 직원인 경우는 30일 전에 해고예고를 해야 한다.

5인 이상 사업장이라면 지각을 이유로 해고하는 것은 근로기준법상 부당해고에 해당한다. 따라서 지각하는 경우 경위서를 작성하도록 하고 사규나 근로계약서에 동일한 사유서나 시말서를 월 5회 이상 반복하는 경우 해고할 수 있다는 규정을 삽입하면 해고할 수 있다.

이 경우에도 3개월 이상 근로한 직원이라면 30일 전에 해고예고를 해야 한다.

그리고 해고는 반드시 서면으로 해야 효력이 있다.

5인 이상 사업장 아르바이트 근로자의 경우 해고 문제가 발생할 수 있으므로 채용 시 계약직 근로자로 근로계약 기간을 설정해두면 된다. 예를 들어 1개월, 2개월, 3개월 등으로 설정한 후 업무수행 능력이 좋으면 재계약을 하고 업무수행 능력이 마음에 들지 않으면 재계약을 하지 않고 약정한 계약기간 만료 시점에 재계약 거부 통보서(계약기간 만료 통보서)를 교부하여 계약기간 만료로 퇴사 처리하면 부당해고 문제가 원칙적으로 발생하지 않는다.

> 5인 미만 사업장에는 적용되지 않는 해고 관련 규정
> 1. 해고당한 근로자는 노동위원회에 부당해고 구제신청을 할 수가 없다.
> 2. 해고의 사유와 시기를 서면에 기재해야 하는 서면 통지 규정이 적용되지 않는다.

Q. 알바가 해도예고수당을 달래요

해고예고수당은 그 해고가 정당하든 부당하든 최소한 계속근로기간이 3개월 이상 되었을 경우 적용되는 것이고, 3개월 미만 근로자는 해고예고수당이 발생할 여지가 없다.

만약 5인 미만 사업장이라면 부당해고라고 하더라도 이를 관할 지방노동위원회에서 다툴 수 없으므로 사실상 즉시 해고를 하고, 서면으로 해고통보를 하지 않더라(원칙은 반드시 서면으로 해고 사유, 해고 시기를 통지해야 한다.)도 사장님 입장에서는 법적으로 불리한 처지에 놓이지는 않는다.

해고예고수당 예외(해고예고수당을 지급하지 않아도 되는 경우)

1. 근로자가 계속하여 근무한 기간이 3개월 미만일 경우

채용기간이 3개월 미만인 경우 별도의 해고예고 없이 해고할 수 있다.

2. 천재, 사변과 같은 불가피한 사유로 사업을 중지할 경우

부도 사업장의 경우는 부득이한 사유로 사업이 불가능한 경우다. 따라서 해고예고 수당을 지급하지 않아도 된다.

3. 근로자가 사용자에게 고의로 막대한 손해를 입힌 경우

Q. 2달 일한 알바 해고해도 문제가 없나요?

5인 미만 사업장은 부당해고 구제신청을 관할 노동위원회에 제기할 수 없는 근로자의 한계가 있으며, 3개월 미만 계속 근로자라면 30일 이상의 유예기간을 두지 않고 해고하더라도 해고예고 수당을 지급할 의무가 사용자에게 없다.

따라서 3개월 미만 근로에 5인 미만 사업장이라면 해고예고 수당의 리스크 없이 해고는 가능하다.

Q. 알바생의 최저임금 계산 방법은?

1. 월급제 근로자의 경우 1개월은 4.345주(365일/12개월/7일)로 평균주수로 계산한다.

2. 1일 8시간 + 주 5일 근로하는 근로자의 경우 기본급(월 주휴수당 포함)은 209시간이 되는데 아래 ❶ + ❷ 합산한 시간을 말한다.

❶ 월 소정근로시간 : 1주 40시간 × 4.345주 = 174시간

❷ 월 주휴시간 : 1주 8시간 × 4.345주 = 35시간

3. 2024년 최저시급은 9,860원이고 1주에 37시간 근로하면 1주 주

휴시간(37 ÷ 5)은 7.4시간이 된다. 이 경우 기본급은 160.7시간 + 32.1시간 = 192.8시간이 되고 192.8시간 2024년 최저시급 9,860원 곱하면 1,901,008원이 된다.

❶ 1주 37시간 × 4.345주 = 160.7시간

❷ 1주 7.4시간 × 4.345주 = 32.1시간

Q. 주휴수당을 꼭 줘야 하나요?

직종을 가리지 않고 주 소정근로시간 요건과 개근 요건을 만족하는 지? 여부에 따라 주휴수당 지급이 의무인지? 여부를 판단한다.

주 소정근로시간이 15시간 이상인 근로자이고 근로하기로 정한 소정 근로일에 개근한 경우는 주휴수당 지급의무가 발생한다. 여기서 개근은 결근만 하지 않으면 성립되는 개념이니 지각·조퇴·외출을 하더라도 개근 요건은 충족하므로 지급해야 한다는 점에 유의한다.

참고로 일시적으로 추가·대타 근로로 인해 주 15시간 이상 근무한 때에는 주휴수당을 지급할 필요는 없다(연장근로수당은 지급해야 함). 실근로시간 기준이 아니라 주 근로하기로 정한 소정근로시간이 합의하에 변경되어 주 15시간 근로를 제공키로 합의한 경우는 주휴수당을 줘야 한다.

Q. 1주가 2개월에 걸쳐있는 경우 주휴수당을 안 줘도 되나?

급여를 월 단위로 지급할 경우 당월의 말일이 월요일이나 화요일로 끝나게 되어서 마지막 주차의 근로시간이 익월 첫째 주를 포함할 경우 주당 15시간을 넘어가지만, 당월만을 놓고 보았을 땐 15시간 미만이 된다면 주휴수당을 지급하지 않아도 되는지 궁금해할 수 있다.

이 경우 시급제라서 매월 주휴일 수만큼 주휴수당을 지급해야 하는 경우라면 두 개의 월에 걸친 주도 개근하였다면 주휴수당이 인정되어야 한다.

주휴수당은 뒤의 월의 소정근로일을 마저 개근하고 주휴일도 뒤의 월에 존재하므로 뒤의 월의 임금에 주휴수당을 포함하여 임금을 지급하면 된다.

Q. 1년 이상 일한 알바 퇴직금을 줘야 하나요?

주 소정근로시간이 15시간 이상인 기간이 (연속적이지는 않더라도) 재직 중 합산하여 1년 이상 인정되면 그 근속일 수만큼 퇴직금이 발생한다.

근무기간은 1년 이상이더라도 주 소정근로시간이 15시간 이상인 기간이 6개월에 불과하다면 퇴직금을 지급하지 않아도 된다.

퇴직금을 매월 월급처럼 분할하여 지급하는 금전은 퇴직금 지급으로서 효력이 없다. 따라서 퇴직금 중간정산 요건에 부합하지 않는 한 퇴직금은 퇴직한 후에 지급하거나, 퇴직연금에 가입 후 지급해야 한다.

Q. 직원이 고용보험을 안 들겠다고 하면?

근로계약서 작성·교부 의무 및 4대 보험 가입 의무에 대한 책임은 전적으로 사용자가 지게 된다.

미가입으로 인한 피해는 고스란히 사용자에게 부여되니 가입을 강제해도 근로자는 이를 문제 삼을 수는 없다.

주 15시간 이상 근무하는 근로자는 원칙적으로 4대 보험 가입 의무가 있다. 다만, 근로자가 4대 보험 가입을 원치 않을 때는 3.3% 사

업소득자로 신고하는 경우도 있다. 이 경우 사업소득을 수령하는 근로자는 종합소득세 신고대상자에 해당한다.

개인사업자는 인건비 신고 시 내년 5월 종합소득세 신고 때 비용으로도 인정받을 수 있어 4대 보험만 문제가 된다.

주의할 점은 일회성이 아닌 정규직으로 근무하는 경우 4대 보험에 가입해야 하므로 추후 공단 실태조사 시 4대 보험 직권 가입이 될 수 있으며, 근로자가 4대 보험 가입을 원치 않아도 문제의 소지가 될 수 있으니 유의한다.

Q. 투잡으로 알바를 할 때 4대 보험 이중 가입을 해야 하나요?

정상적으로 2곳 모두에서 4대 보험에 가입해야 한다(초단시간 근로자(주 15시간 미만)는 아닌 경우). 다만, 고용보험은 이중 가입이 안 되므로 근로복지공단이나 근로자의 신청에 의해 보수가 적은 사업장의 고용보험 가입은 취소될 것이다(나중에 환급될 것임).

산재보험 등도 모두 가입 대상이니 가입 절차를 밟아야 할 것이고(이중 가입 가능), 실업급여는 해당 근로자의 본 직장에서 비자발적으로 이직하고(고용보험 상실 신고) 직장에서는 그만두게 되어야(소득이 발생하면 안 되므로) 실업급여 대상이 될 수 있다.

Q. 출근 후 3시간 일하고 그만둔 직원 임금을 안 줘도 되나요?

계약된 근무 종료시간을 준수하지 않았더라도 근무한 시간에 대한 임금은 지급해야 할 의무가 있다.

그 미준수의 책임이 누구에게 있는지 상관없다.

Q. 가족끼리 운영하는데 인건비 신고를 할 수 있나요?

사업장에 근로하고 있는 사장님의 가족의 경우에도 직원으로 등록하고 인건비 신고가 가능하다. 인건비 신고를 하면, 종합소득세 신고 시 비용으로 인정받을 수 있다.

가족의 경우 국민연금, 건강보험 가입 대상자이다.

고용보험과 산재보험의 가입은 가족 및 기타 친족(친족 : 8촌 이내 혈족, 4촌 이내 인척 및 배우자)이 근로기준법상 근로자에 해당하는지에 따라 가입 여부가 결정된다.

고용보험과 산재보험 가입 여부는 공단에서 판단하며, 가입을 원하는 경우는 근무 현황 및 급여 이체 등 증빙자료를 제출해야 할 수 있다.

인건비 신고는 종합소득세 신고 시 비용으로 인정받을 수 있다.

인건비 신고는 홈택스를 통하여 직접 신고도 가능하다.

매월 진행되며 소득지급일이 속하는 달의 다음 달 10일까지 신고 및 납부기한이다.

해당 소득에 대한 간이지급명세서 및 지급명세서를 기한 내 제출해주어야 한다.

4대 보험은 근무 형태와 근무시간에 따라 결정된다.

주 15시간 미만 근무할 경우 초단시간 근로자로 고용, 산재보험 가입 대상자에 해당한다.

주 15시간 이상 근무할 경우 4대 보험 가입 대상자에 해당한다.

배우자의 경우 국민연금, 건강보험 가입 대상자에 해당한다.

고용보험과 산재보험의 가입은 가족 및 기타 친족(친족 : 8촌 이내 혈족, 4촌 이내 인 척 및 배우사)이 근로기준법상 근로자에 해당하는지에 따라 가입 여부가 결정된다.

Q. 아르바이트생 인건비를 프리랜서 세금 신고로 해도 되나요?(4 대 보험 회피목적으로 활용)

3.3% 원천징수하여 프리랜서(사업소득)로 신고도 가능하다. 다만, 직원 채용 시 확인해야 할 부분은 근무 형태와 근무시간이다. 매월 근무할 경우 근무시간이 주 15시간 이상이면 정규직으로 4대 보험 가입대상이며, 근무시간이 주 15시간 미만이면 초단시간 근로자로 고용보험과 산재보험의 가입대상이다.

이외 일회성 알바의 경우 사업소득(보통 프리랜서 인건비 신고라고 하며, 아르바이트생에게 인건비에서 3.3%를 원천징수하고 지급하고 인건비 신고를 하는 방법)으로 인건비를 신고하는 방법이 있다.

사업소득으로 신고할 경우 근로자(아르바이트생)는 내년 5월 종합소득세 신고대상자에 해당한다.

주의할 점은 일회성이 아닌 정규직으로 근무하는 경우 4대 보험 의무가입이므로 추후 공단 실태조사로 근로자(아르바이트생)가 4대 보험 가입을 원치 않더라도 4대 보험에 직권 가입될 수 있다.

※ 공단 실태조사란?
4대 보험 가입자 여부를 파악하기 위한 조사다.
근로복지공단에서 가입 대상 여부를 확인하고자 현장 방문이나 사업장 유선전화를 통하여 실태조사를 진행한다. 사회보험 사각지대 해소를 위해 고용, 산재보험 가입이 선택이 아닌 필수라는 게 취지이다. 사업장 근로자 여부와 근무 일수 등을 파악한다.

Q. 사장님이 직접 배달하다가 난 사고 산재처리 가능한가요?

자영업자로서 보험수급자를 본인으로 하여 가입되어있는 경우라면 산재보험 혜택을 받을 수 있다.

참고로 사고가 난 후에 산재에 가입하는 것은 인정되는 것은 아니니 (근로자는 미가입상태에서도 산재 가능함과 구별) 유의한다.

Q. 간이과세자에서 일반과세자로 유형이 전환되면 부가가치세 신고는?

먼저, 과세유형 전환일을 전환 통지서 또는 과세유형전환 조회(홈택스)에서 조회해본다.

예를 들어 2024년 7월 1일 간이 과세자에서 일반과세자로 전환된다고 가정해 보면 2024년 1월 1일~6월 30일까지의 거래에 대해 간이과세자로서 7월 25일까지 신고를 진행하고 전환일인 7월 1일~12월 31일까지의 거래에 대해 일반과세자로서 신고를 진행한다.

과세 신고 기간이 변경되는 부분이 가장 중요한 사항으로 일반과세자는 연간 2회(2회 예정고지) 신고 및 납부를 한다.

(1) 1기 1월 1일~6월 30일 거래에 대해 7월 25일까지 신고 및 납부
(2) 2기 7월 1일~12월 31일 거래에 대해 다음 연도 1월 25일까지 신고 및 납부

일반과세자로 전환이 되었다고 해서 크게 변경사항은 없으나, 매출보다 매입이 많은 경우 환급이 발생할 수 있고, 음식점이라면 면세되는 농수산물 매입에 대해 의제매입세액 공제를 적용받을 수 있다.

Q. 배달업체에 부가가치세 자료를 받아야 하나요?

배달의민족, 쿠팡이츠, 요기요 등 배달 대행업체를 통해 판매하고 있다면 해당 업체의 사장님 페이지에 접속해서 부가가치세 매출자료를 받아야 한다.

카드 매출과 현금영수증 매출은 일반적으로 홈택스에서 조회되지만, 그 외 기타매출의 경우 대사가 필요하고 누락될 수 있으므로 매출자료를 수령해서 신고해야 한다.

최종소비자(고객)가 지불한 금액만큼 매출로 인식해주고, 배달비만큼은 배달 수수료로 비용 처리한다. 매출에서 3,000원만큼 배달비 때문에 매출이 증가했다면, 배달업체에 지불한 3,000원만큼 적격증빙을 받아 비용처리 한다.

퇴직금을 분할 해서 지급할 수 있는 방법

현실에서는 퇴직금을 중간에 월급과 함께 지급하려는 회사 또는 받으려는 근로자가 존재한다. 먼저 사용자가 원하는 경우는 은근슬쩍 "월급에 퇴직금이 포함되어 있다."고 근로자를 속여 퇴직금을 지급하지 않을 불순한 목적이나 급여 수준이 낮아 외부에서 근로자를 채용하기 힘들 경우 연봉 수준이 높다는 것을 과시하기 위해 퇴직금을 연봉에 얹어 광고하고 지급하는 경우다.

퇴직금을 선지급 받으려는 근로자의 의도는 당장 돈이 급한 사정이 있어 퇴직금을 당겨 받아야 할 형편이거나 회사의 재정 상황이 좋지 않아 보여, 근무 후 퇴직금을 떼일까 봐 퇴직금을 일단 안전하게 받고 보자는 심리 때문이다.

퇴직금을 급여에 포함해서 지급해온 사장님은 이것이 위법이라는 사실을 아는 순간 매년 쌓여가는 퇴직금을 한꺼번에 주려고 생각하면 부담스럽다.

그래서 이를 매달 급여에 포함해서 지급함으로써 부담을 널 수 있는 방법을 찾고자 한다.

≫ 예를 들어 총연봉 ○○만 원 중 ○○만원은 월급에 해당하며, ○○만원은 퇴직금으로 이는 퇴직 시 지급한다.라는 근로계약의 체결과 함께 해당 퇴직금 부분을 별도로 적립해 두는 방법

≫ 위 방법보다는 퇴직연금 중 확정기여형(DC형)에 가입한 후 매달 일정액을 납입하는 방법이 최선의 방법이다.

과거 근로기간에 대한 DC형 퇴직연금의 납입액 계산

과거 근로기간에 대한 부담금은 과거 근로기간을 가입기간에 포함시킨 날 또는 퇴직연금 규약에서 정한 특정일에 일시 납입해야 한다. 다만, 회사의 사정 등으로 과거기간을 가입기간에 순차적으로 포함한다는 내용을 명시할 경우 분할하여 납입할 수 있다.

과거 근로기간을 소급하는 경우, 과거 근로기간에 대한 부담금은 과거 근로기간을 가입기간에 포함하기로 한 시점 1년간의 임금 총액을 기준으로 산정하되, 과거 근로기간 1년에 대하여 평균임금 30일분 이상이 되어야 한다.

예를 들어 2024년 1월 1일 제도 설정, 2020년 1월 1일부터 가입 기간 소급할 경우 아래 ❶, ❷ 중 큰 금액을 과거 근로기간에 대한 부담금으로 산정

❶ 2023년 임금 총액의 1/12 × 4년(2020년~2023년)

❷ 2024년 1월 1일 이전 3개월간 평균임금 × 30일 × 4년간 재직일수 ÷ 365일

사업 시작과 동시에 기본적으로 알고 있어야 할 사장님의 급여 계산 상식

01 / 소정근로시간과 연장근로시간

소정근로시간은 사장과 종업원이 근무하기로 약속한 시간을 말한다. 소정근로시간은 하루 8시간, 주 40시간을 초과하지 못한다.

하루 3시간 알바의 경우 3시간이 소정근로시간이고, 하루 8시간 근무 정규직은 8시간이 소정근로시간, 하루 9시간 근무하는 정규직의 경우 8시간이 소정근로시간, 1시간이 연장근로(하루 최대 소정근로시간은 8시간을 넘지 못한다)시간이 된다.

02 / 주휴수당 계산 방법

(월~금요일 소정근로시간의 합) ÷ 5 × 시급

[예시]

월 5시간, 화 6시간, 수 5시간, 목 6시간 금 5시간 근무시, 시급 1만 원

(5 + 6 + 5 + 6 + 5) ÷ 5 × 10,000원 = 54,000원

03 / 최저임금

시간당 최저임금은 다음과 같다.

2024년 9,860원(주휴수당 포함 11,832원 = 9,860원 × 120%)

1달 최저임금은 1일 8시간, 주 40시간을 근무하는 근로자의 경우 2024년 기준 9,860원 × 209시간[주] = 2,060,740원이 된다.

[주] 209시간 = [(1일 8시간 × 5일) + 주휴시간(40시간 ÷ 5)] × 4.345주

365일 ÷ 12개월 ÷ 7일(1주) = 4.345주

[공식]

[(❶ 월~금요일 총 근무시간) + 토요일 유급 근무시간 + (❶ ÷ 5)] × 4.345주

[예시] 월~금 1일 4시간 근무하는 근로자의 경우

[(4시간 × 5일) + 0시간 + (20시간 ÷ 5)] × 4.345주 = 104.28시간

04 / 연장근로수당

» 5인 미만의 경우는 근무시간에 대한 시급만 주면 됨

» 5인 이상의 경우는 소정근로시간을 넘는 근무시간에 대한 시급 × 1.5배를 주면 된다(본래 임금 100% + 가산임금 50%).

» 만일 저녁 10시~다음 날 06시 사이의 야간근로가 있은 경우 시급 × 0.5배 추가지급(연장근로수당과 별도로 지급)

[예시]

저녁 4시부터 다음날 새벽 2시까지 근무(휴식 시간 1시간) 시급 1만 원

» 총 근무시간 10시간

» 휴게시간 1시간

>> 실제 근무시간 9시간

>> 연장근로시간 : 1시간(9시간 – 8시간)

>> 야간근로 4시간

[해설]

8시간 근무시간 : 8시간 × 10,000원 = 8만 원

1시간 연장근로 : 1시간 × 10,000원 × 1.5배 = 15,000원

4시간 야간근로 : 4시간 × 10,000원 × 0.5배 = 20,000원

05 / 휴일에 근로하는 경우 휴일근로수당

휴일에는 흔히 달력상 빨간 날, 노사 간 놀기로 한 날(약정휴일)), 근로자의 날, 임시공휴일이 해당한다고 보면 된다.

>> 5인 미만의 경우는 근무시간에 대한 시급만 주면 됨

>> 5인 이상의 경우는

8시간까지는 시급 × 1.5배(본래 임금 100% + 가산임금 50%)

8시간 초과는 (실제 근무시간 – 8시간) × 시급 × 2배(본래 임금 100% + 휴일근로 가산임금 50% + 휴일 연장근로 가산임금 50%).

>> 만일 저녁 10시~다음 날 06시 사이의 야간근로가 있은 경우 시급 × 0.5배 추가지급(휴일근로수당과 별도로 지급)

저녁 4시부터 다음날 새벽 2시까지 휴일 근무(휴식 시간 1시간) 시급 1만 원

>> 총 근무시간 10시간

>> 휴게시간 1시간

>> 실제 근무시간 9시간

>> 연장근로 1시간(9시간 – 8시간)

>> 야간근로 4시간

휴일 9시간 근무시간

8시간 × 10,000원 × 1.5배 = 12만 원

1시간 휴일 연장근로 : 1시간 × 10,000원 × 2배 = 20,000원

4시간 야간근로 : 4시간 × 10,000원 × 0.5배 = 20,000원

06 / 연차휴가(① + ②)

① 5인 이상 사업장 : 1달 + 1일 개근 시 1일 발생

② 5인 이상 사업장 : 1년 80% 이상 개근 시 1년 + 1일 15일 발생

[예시]

1년 + 1일 이상 근무한 직원의 연차휴가 = 11일 + 15일 = 26일

◉ 입사일 기준

≫ 1개월 + 1일 = 1일, 2개월 + 1일 = 2일, 3개월 + 1일 = 3일.....11개월 + 1일 = 총 11일 발생(입사일~365일)

≫ 1년(12개월) + 1일 = 15일(366일)

≫ 1년(12개월) + 1일~2년까지 = 15일

≫ 2년 + 1일~3년까지 = 16일

≫ 3년 + 1일~4년까지 = 16일

≫ 4년 + 1일~5년까지 = 17일

위와 같이 최초 1년(365일)까지는 개근 여부에 따라 총 11일의 월차휴가가 발생하고, 1년(12개월) + 1일(366일)이 되는 날 15일의 연차휴가가 발생한다. 그 후 2년 단위로 1일씩 증가해 총 25일을 한도로 연차휴가가 발생한다.

➔ 회계연도 기준

[원칙]은 입사일 기준

[예외]인 회계연도 기준은 법에서 정한 방법이 아니므로 어떤 방법을 사용해도 된다(실무자는 딱 한 가지 방법만 있는지 생각하는 경우가 많지만, 법으로 정한 것이 아니므로 방법은 다양할 수 있다.). 다만, 고용노동부에서 예외를 인정해주는 원칙은 근로자에게 불리하지 않아야 한다는 전제조건을 충족해야 한다(근로자에게 불리하지 않다면 어떤 방법을 사용해도 된다).

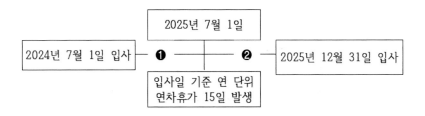

근로자에게 유리하려면 ❶의 시기에 비례 연차휴가를 부여해야지 ❷의 시기에 비례 연차휴가를 부여하면 입사일 기준보다 불리한 결과가 된다. 즉 법에서 정한 입사일 기준보다 연차휴가를 먼저 줘야 근로자가 유리한 것이지 늦게 주면 근로자 입장에서는 불리한 것이다.

1. 입사한 연도(2024년 기준) =
1달 개근시 1일의 연차휴가 발생 + 비례휴가(15일 × 입사연도 재직일 ÷ 365일)

[주] 비례 연차휴가 = 예를 들어 2024년 7월 1일 입사 시 입사연도 재직일 = 2024.7.1.~12.31(비례 연차휴가)

= 15일 × 184일 ÷ 365일 = 7.5일

따라서 1달 개근시 1일의 연차휴가 발생 + 비례 연차휴가(15일 × 입사연도 재직일 ÷ 365일) = 5일 + 7.5일

2. 입사한 다음 연도(2025년) = (11일 − 입사한 연도 1달 개근 시 발생한 월차휴가) + 15일

[주] 위의 1의 예에서 = (11일 − 5일) + 15일 = 21일

3. 입사한 다음다음 연도부터(2026년부터)

2026년 : 15일, 2027년, 2028년 : 16일, 2029년, 2030년 : 17일, 2031년, 2032년 : 18일...... 2년 단위로 1일찍 증가해 마지막 25일까지 증가한다.

2024년 7월 1일 입사자의 경우 회계연도 기준으로 연차휴가를 부여하고자 할 때 2024년과 2025년 부여해야 할 연차휴가 일수는?

해설

1. 월 단위 연차휴가

입사일부터 1년간 1월 개근 시 1일씩 발생하는 휴가일수 = 5일(2024년에 사용해도 됨)

2. 회계연도 기준 적용 연 단위 비례 연차휴가

15일 × 근속기간 총일수 ÷ 365 = 15일 × 184 ÷ 365 = 7.5(약 8일)

3. 2024년 12월 31일 = 5일 + 7.5일 = 12.5일(총 13일 발생시키면 문제가 없다.)

4. 2025년 연차휴가

❶ 월 단위 연차휴가

2024년 1월 1일부터 6월 1일까지 월 단위 연차휴가 6일(1년 미만 총 11일 − 5일)(2025년 6월 30일까지 사용. 단 노사 합의로 12월 31일까지 연장사용도 가능)

❷ 연 단위 연차휴가 = 15일(2026년 15일, 2027년 16일...)

구분	기간계산	연차휴가	산정식
입사연도 (2024년)	월 단위 연차 (1년 미만자 휴가)	5일	만 근무 개월 수 − 1일 (2025년 6월 30일까지 사용)
비례휴가	2024.7.1~12.31 (비례연차휴가)	7.5일	15일 × 입사연도 재직일 ÷ 365일 = 15일 ×184일 ÷ 365일 (2025년 사용)
합 계(2024년 12월 31일)		12.5일	13일 부여하면 문제없음 (비례연차휴가 + 월 단위 연차)
입사익년도 (2025년)	2025.1.1~6.1 (1년 미만자 휴가)	6일 (11일 − 5일)	11일 − 월 단위 연차휴가 (2025년 6월 30일까지 사용)
연차휴가	2025.1.1~12.31	15일	입사 2년 차 연차휴가 (2026년 사용)
합계(2025년 12월 31일)		21일	남은 월차 + 2025년 연차휴가
2026년 : 15일, 2027년, 2028년 : 16일, 2029년, 2030년 : 17일			

◐ 연차휴가의 정산

예를 들어 2022년 7월 1일 입사해 2025년 1월 1일 퇴사시

1. 입사일 기준 연차휴가

연도	연차휴가(모두 개근 조건)
2023년 7월 1일	11일 + 15일
2024년 /월 1일	15일
합계	41일

2. 회계연도 기준 연차휴가

연도	연차휴가(모두 개근 조건)
2022년 12월 31일	1달 개근시 1일의 연차휴가 발생 + 비례 연차휴가(15일 × 입사연도 재직일 ÷ 365일) = 5일 + 7.5일 = 12.5일
2023년 12월 31일	(11일 − 5일) + 15일 = 21일
2024년 12월 31일	15일
합계	48.5일

3. 연차휴가 정산 = MAX(1, 2) = 48.5일(반드시 일사일 기준으로 정산한다는 규정이 없는 경우, 있는 경우는 41일)

07 / 퇴직금이 늘어나는 경우

» 육아휴직을 사용하고 퇴직하는 경우 근속연수가 늘어나 퇴직금이 늘어난다. 육아휴직을 사용하지 않고 퇴사하는 것이 사장님에게 유리

» 남은 연차휴가를 모두 소진하고 퇴사하는 경우 근속연수가 늘어나 퇴직금이 늘어난다. 퇴사 시 미사용 연차휴가에 대해서 정산하는 것이 사장님에게 유리할 수 있다.

» 모든 급여가 기본급으로 구성되는 경우 통상임금이 평균임금보다 커져 퇴직금이 늘어난다.

» 퇴직 전 3개월의 시간외근로가 급격히 늘어나는 경우 평균임금이 상승해 퇴직금이 늘어난다.

» 전전연도의 연차휴가를 사용 안 하고 퇴직하는 경우 평균임금이
상승해 퇴직금이 늘어난다.

참고로 내 마음의 안정을 위해 종업원과 서로 각서를 주고받아도 해당 내용이 근로기준법에 위반되면 효력이 없다. 즉, 각서의 효력은 법의 테두리 안에서 효력이 있으므로 각서면 모든 게 해결된다는 생각은 버리는 것이 좋다.

최하로 줘야 하는 최저임금은 얼마?

01 / 최저임금이 적용되는 사업장과 사업자

근로자가 1명 이상인 모든 사업 또는 사업장에 적용된다. 다만, 동거하는 친족만을 사용하는 경우는 적용되지 않는다.

근로기준법상 근로자(정규직, 비정규직, 파트타임, 아르바이트, 청소년 근로자, 외국인 근로자)는 모두 적용된다.

02 / 수습근로자의 최저임금

1년 이상의 기간을 정해서 근로계약을 체결하고 수습 중인 근로자로서 수습을 시작한 날부터 3개월 이내인 사람에 대해서는 최저임금의 10%를 감액해서 지급할 수 있다. 다만 단순노동업무(한국표준직업분류상 대분류로 고용노동부 장관이 정하여 고시한 직종)에 종사하는 근로자에게는 수습기간·계약기간과 관계없이 최저임금액의 100%를 지급해야 한다.

03 / 최저임금에 포함되는 임금과 아닌 임금

최저임금에 포함되는 임금은 근로기준법상 임금으로서 매월 1회 이상 정기적으로 지급하는 임금을 말한다. 다만 아래의 임금은 최저임금에 포함되지 않는다.

» 통화 이외의 현물로 지급되는 임금
» 소정근로시간 또는 소정의 근로일에 대해서 지급하는 임금 외의 임금 : 연장근로 또는 휴일근로에 대한 임금 및 연장·야간 또는 휴일근로에 대한 가산임금. 연장 유급휴가 미사용수당, 법정 주휴일을 제외한 유급휴일에 대한 임금, 그 밖에 이에 준하는 것으로 인정되는 임금

구 분	성 격	예 시
포 함	• 소정 근로에 대한 임금 • 매달 지급하는 임금	기본급, 식비·교통비·숙박비 등 복리후생비, 매달 지급되는 근속수당, 정근수당, 상여금
불포함	• 소정 근로 외 근로에 대한 임금 • 1개월을 초과하는 기간에 걸친 사유에 따라 지급하는 임금	연장·야간·휴일근로수당, 연차 미사용수당, 1개월을 초과하는 기간에 걸쳐 지급되는 상여금(분기별 또는 반기별 상여금)

» 매월 지급하는 상여금도 2024년부터 전액 최저임금에 포함
» 식비, 숙박비, 교통비 등 근로자의 생활보조 또는 복리후생을 위한 성질의 임금도 2024년부터 전액 최저임금에 포함

04 / 최저임금에 미달하는 임금계약을 한 경우

사용자는 최저임금의 적용을 받는 근로자에 대해서 최저임금액 이상의 임금을 지급해야 하며, 최저임금액에 미달하는 임금을 정한 근로계약은 그 부분만 이를 무효로 하고, 무효로 된 부분은 최저임금액과 동일한 임금을 지급한다.

05 / 최저임금에 미달 여부 판단

월급제의 경우 최저임금에 산입하지 않는 임금을 제외한 임금을 1월의 소정근로시간수(월에 따라 소정근로시간수가 다른 경우에는 1년간의 1개월 평균 소정근로시간)로 나누어 시간당 임금으로 환산해서 고시된 시간급 최저임금과 비교함으로써 최저임금 미달 여부를 판단한다.

[급여명세서]

급여항목		최저임금에 포함되는 임금액
급여	200만 원	2,000,000원
정기상여금	80만 원	800,000원
현금성 복리후생비	20만 원	200,000원
합 계		3,000,000원

월 기준시간
[(주당 소정근로시간 40시간 + 유급 주휴 8시간) ÷ 7 × 365] ÷ 12월 ≒ 209시간
다른 계산 방법 : 48시간 × 4.345주 ≒ 209시간

시간당 임금 = 3,000,000원 ÷ 209시간 ≒ 14,354원

시간당 임금 14,354원은 2024년도 최저임금 9,860원보다 많으므로 최저임금법 위반이 아니다. 주당 소정근로시간이 40시간인 근로자의 월 환산 최저임금

= 9,860원 × 209시간 = 2,060,740원

06 / 근로자에게 반드시 알려줘야 할 사항

사용자는 최저임금액, 최저임금에 산입되지 아니하는 임금, 적용 제외 근로자의 범위, 최저임금의 효력 발생연월일을 근로자가 쉽게 알 수 있는 장소에 게시하거나 그 외 적당한 방법으로 널리 알려야 한다. 사용자가 근로자에게 최저임금액 등을 알려주지 않을 경우는 100만 원 이하의 과태료가 부과된다.

07 / 최저임금 변경 근로계약서 재작성

최저임금이 올랐다고 꼭 다시 근로계약서를 작성할 필요는 없다. 즉 최저임금을 적용받는 근로자가 최저임금 인상으로 인해 임금이 올랐을 경우는 근로자가 요구할 때만 다시 쓰면 된다.

임금, 근로시간, 휴일 등이 변경되어도 근로자 대표와의 서면합의나 취업규칙, 단체협약, 법령에 의하여 변경된 경우라면 근로계약서를 재작성하지 않아도 된다. 예를 들어, 최저임금의 상승은 법령에 의한 임금 변경이기 때문에 근로계약서를 재작성하지 않아도 된다. 단, 이 경우에도 근로자가 근로계약서 재작성 및 교부를 요구한다면 근로자의 요구에 따라 근로계약서를 재작성해야 한다.

수습기간 중 임금을 얼마까지 감액해서 지급할 수 있나?

1년 이상 근로계약을 체결하고, 수습 시작일로부터 3개월까지만 최저임금의 10%가 감액된 금액인 90%의 임금을 지급할 수 있다.

여기서 유의할 점은 지급기준이 되는 금액은 월급의 90%가 아니라 시간급 최저임금액의 90%를 지급해도 된다는 의미다. 따라서 수습 기간 중 임금액이 최저임금보다 많을 경우 감액률은 법적으로 정해진 것이 없어 회사와 근로자 간 협의 후 정할 수 있다.

사장님은 수습 시작일로 3개월까지만 최저임금의 10%를 감액할 수 있도록 법에서 정하고 있음에도 최저임금을 월급으로 지급하면서 수습 기간을 6개월, 9개월 등으로 임의로 늘려 적용하는 것은 위법적인 행동이다.

예를 들어 최저임금 2,060,740원을 받는 근로자에 대해 3개월 수습 기간동안 급여로 최저임금 2,060,740원의 90%인 1,854,666원 이상을 지급하면 문제가 없지만, 수습기간을 6개월로 정하고 6개월간 2,060,740원의 90%인 1,854,666원을 지급한다면 수습기간 3개월은 문제가 없지만, 수습기간을 초과하는 3개월분은 임금체불에 해당한다.

반면 월급 300만 원을 받는 근로자가 수습기간을 6개월로 정하고, 300만 원의 90%인 270만 원을 받는다면 수습기간 3개월은 최저임금 2,060,740원의 90%인 1,854,666원을 초과하고, 나머지 3개월도 최저임금 2,060,740원을 초과하므로 6개월 수습기간의 임금은 문제가 되지 않는다.

결론은 수습기간 3개월의 최저한도가 1,854,666원이니 월급으로 받는 금액이 동 금액을 넘는다면 문제가 될 것이 없으며, 회사와 근로자 간 협의 후 정할 사항이다.

구 분	월급 한도
수습기간 3개월	최저임금의 90% 이상이면 문제가 없다. 실제로 받는 월급 ≥ 최저임금의 90% = 적법한 급여
수습기간이 3개월을 넘는 경우	최저임금 이상이면 문제가 없다. 따라서 수습기간을 3개월 이상으로 정해도 감액 후 지급하는 금액이 최저임금을 넘으면 회사 규정상 별도의 규정이 없다면 법적인 문제는 없다. 실제로 받는 월급 ≥ 최저임금 = 적법한 급여

그만두는 직원
자료삭제 하고 퇴사합니다.

직원 생각 : 내가 일하면서, 만든 자료인데 삭제하면 어때! 후임에게 대가 없이 내 지식을 주기 싫다

회사 생각 : 직원이 회사에서 일하고 자료 만들라고 월급을 준 것이니 퇴직하는 직원의 업무자료도 회사소유다.

퇴사를 앞두고 그간 사용했던 회사 PC 정리와 인수인계 작업이 한창이다. PC에는 회사와 관련한 각종 문서는 물론 매출 관리, 급여 정산 등을 위한 프로그램이 가득하다. 이 중에는 실적 분석과 업무 보고를 위해 직접 만든 엑셀 파일도 있다.

그런데 이렇게 손수 작업한 자료도 후임에게 넘겨줘야 하는지 의문이 든다.

내가 만든 것이기도 하고, 어쩐지 그냥 주기도 아까운데 PC에서 삭제하고 퇴사하면 안 될까 생각했다.

퇴사를 앞둔 직장인들은 후임을 위해 업무에 도움이 될 만한 팁을 남겨두거나 자신이 가지고 있던 자료를 정리해 넘겨주기도 한다.

그런데 간혹 업무에 필요한 자료를 임의로 삭제하거나 중요한 파일이 담긴 PC를 포맷해버리고 퇴사하는 이들도 있는데, 이는 법적으로 문제가 될 수 있어 주의해야 한다.

단순히 업무에 차질이 빚게 되는 것을 넘어 심각할 경우 계약이 틀어지거나 프로젝트가 중단되는 등 회사의 경제적 손실로 이어질 수 있기 때문이다.

특히 회사에 나쁜 감정이 있거나 불만이 있는 상태로 퇴사하면서 고의로 자료를 삭제하는 사례도 종종 있는데, 이 경우 추후 민사상 손해배상 처분은 물론 형사처벌까지 받을 수 있다.

실제로 회사에 대한 불만으로 공용 폴더에 자료를 백업하도록 한 회사의 방침을 따르지 않고 해당 자료를 인수인계 없이 삭제하고 퇴사한 직원의 행위는 업무방해죄 위력에 해당한다는 대법원 판례(사건번호 : 대법 2017도16384, 선고일자 : 2022-01-14)가 있기도 했다.

자신이 만든 자료라 하더라도 회사에서 월급을 받으며 업무상 만든 자료이기 때문에 그 소유권은 회사에 있다는 게 법조계의 의견이다.

따라서 퇴사 시에는 자신이 관리하고 있던 업무 관련 자료를 온전한 상태로 회사에 반납해야 한다. 이를 삭제할 경우 재물손괴죄 중 하나인 전자기록손괴죄에 해당할 수 있다.

만약 회사의 자료를 따로 저장해 이직을 위한 포트폴리오 등으로 사용했다면 업무상 배임죄까지도 적용될 수 있다.

회사 PC나 회사가 제공해 준 노트북이 아닌 개인 노트북에 작성해 보관해 둔 자료의 경우는 어떨까? 이 역시 회사 업무와 관련한 자료라면 회사 PC 등에 백업해주고 퇴사해야 한다.

자료삭제뿐만 아니라 비밀번호 설정 등으로 다른 사람이 자료를 열람할 수 없도록 한다든지 문서 내용의 일부를 바꾸거나 감추는 때도 있는데, 이 또한 업무방해죄가 성립될 수 있다.

물론 자료를 삭제하거나 문서를 변형했다고 해서 모두 죄가 성립되는 것은 아니다. 고의로 삭제한 것인지, 이로 인해 업무에 방해가 됐는지, 사전에 자료의 중요성이나 백업의 필요성을 설명했는지 등을 살펴봐야 한다.

한편 회사도 직원이 무단으로 자료를 삭제하고 퇴사하는 때를 대비해 보완책을 세울 필요가 있다.

정기적으로 자료를 공용 폴더에 백업하도록 하거나 직원별 비밀번호 관리, 퇴사 시 사직서 등에 인수인계 서약을 받아두는 방법 등을 고려할 수 있겠다.

식대 20만 원 지급과 관련해 사장님의 체크포인트

01 / 식대는 무조건 지급해야 하나요?

식비를 지급하지 않아요 이건 불법 아닌가요?

회사에서 식비를 꼭 별도로 지급해야 하는 것은 아니다. 즉 법적으로 식비 지급을 강제하고 있지는 않다. 따라서 회사는 노사 간 분쟁을 방지하기 위해 식비 지급 여부를 근로계약서에 명시해두는 것이 바람직하다.

근로계약서에 식대 지급에 관한 내용이 없다면 그건 식대 미지급을 의미한다.

어떤 비용의 지급 여부를 근로계약서에 쓰지 않았다는 것은 계약상 지급하지 않겠다고 해석한다.

따라서 식대 지급과 관련한 분쟁을 사전에 방지하기 위해서는 합의를 통해 지급하기로 한 경우는 근로계약 시 근로계약서에 그 내용을 명시하는 것이 가장 좋다.

02 / 식대 20만 원은 왜 급여와 별도로 지급하나?

식대는 복리후생 차원에서 임금 외에 지급하는 것으로, 세법상 20만 원까지 비과세로 처리하여 4대 보험료 및 소득세를 덜 내기 위한 절세적 측면이 크다.

예를 들어 근로자 A의 월급이 기본급만 300만 원인 경우, 월급 전액이 과세 대상이 된다. 한편, 근로자 B의 월급이 기본급 260만 원, 식대 20만 원, 차량유지비 20만 원인 경우 260만 원만 과세대상이 된다. 즉, 근로자 A와 B의 월급총액은 같지만, 과세대상이 되는 급여는 차이가 나는 것이다.

임금은 단순히 기본급으로만 이뤄진 경우가 드물다. 많은 기업이 기본급, 식대, 차량유지비, 보육수당, 연장수당 등으로 임금을 세분화해 구성한다.

따라서 사용자는 근로자에게 식대와 차량유지비, 보육수당을 지원하면서도 절세효과를 누릴 수 있다.

> 식대와 차량유지비, 보육수당 등 비과세 급여를 별도로 규정하고 지급하는 것이 세금 측면에서는 식대와 차량유지비, 보육수당을 별도로 지급하지 않는 회사보다는 유리하다.

03 / 식대는 무조건 20만 원 지급인가요?

세법상 비과세 한도에 맞추어 20만 원까지만 식대로 정하는 경우가 일반적이나 지급 방식과 지급액은 상호 간에 협의에 따라 다르게 정

할 수 있다. 즉, 20만 원 초과분에 대해서는 비과세 혜택을 보지 못
할 뿐이지 복리후생 차원에서 더 지급하는 것은 회사의 마음이다.
30만 원, 50만 원을 식대 보조금으로 지급하든 100만 원을 지급하
든 이건 회사의 마음이며, 다만 비과세는 월 20만 원까지만 인정해
준다.

참고로 월 20만 원은 중식대를 의미하며, 야근할 때 현물로 제공하
는 식사비용이나 회식비용은 20만 원 한도에 포함되지 않는다. 또한
시내 출장시 비과세 20만 원과 별도로 지출하는 식사비용은 과세되
지만, 장거리 출장(시외 및 해외) 시 지출하는 식사비용은 20만 원
과 별도로 비과세되고, 증빙에 의해 비용인정 된다.

> 월 20만 원 비과세는 엄밀히 말하면 (시내 내근, 시내 출장) 중식대 한도라고 보면
> 된다. 월 20만 원을 비과세 처리하는 회사에서 별도로 점심 식사비용을 법인카드
> 로 결제하는 경우 월 20만 원은 비과세되지 않고 과세된다. 물론 어쩌다 한번은
> 월 20만 원을 비과세 처리하고, 추가 비용을 회식비 등으로 처리하는 방법을 생각
> 해 볼 수 있으나 매일은 곤란하다(20만 원 과세 처리).
> 반면 월 20만 원 비과세는 중식대만을 의미하므로, 야근 시 식사비용은 증빙을 갖
> 추는 경우 월 20만 원 비과세와 별도로 근로자는 비과세 되고 회사는 증빙에 의해
> 비용인정을 받을 수 있다. 물론 시내 출장이 아닌 시외(장기)출장도 월 20만 원 비
> 과세와 별도로 증빙에 따라 비용 인정된다.

04 / 식대는 통상임금에 포함되나?

매달 규칙적인 금액이 월급에 포함되어 지급된다면 통상임금에 포함
된다. 예를 들어 출근한 날만 1일 만원, 식사한 날만 만원 등 출근

여부와 식사 여부에 따라 계속 변동 지급이 되는 경우는 통상임금에 포함되지 않는다.

따라서 식비를 많이 지급하는 것은 회사의 마음이지만, 그럴 경우 통상임금이 상승해 나중에 통상임금을 기준으로 계산하는 시간외근로수당, 연차수당 등 수당 지급 시 수당 금액이 상승할 수 있다.

모든 직원에게 20만 원의 식대를 고정적으로 지급하고 있다면 식대는 통상임금에 해당한다. 다만 현물로 지급한다면 실비변상적인 금품인지를 사례별로 판단해야 한다.

⊙ 식대의 한도를 정하고 구내식당 등의 이용 횟수에 따른 금액을 공제하고, 나머지 금액을 지급한 경우 이는 통상임금에 해당한다.

⊙ 회사에서 현물로 식사를 제공하지만, 식사를 못한 직원에 대하여 식대를 지급하는 경우 식대는 통상임금에 해당한다.

⊙ 회사가 근로자에게 식권을 지급하고 현물식사를 제공하거나, 특정 식당과 계약을 맺고 식비를 대신 지급하는 경우는 실비변상적 성격으로 보아 통상임금에 해당하지 않는다.

⊙ 현물로 식사를 제공하고 식사를 하지 못한 직원에게 식사비에 해당하는 금품이 제공되지 않았다면 통상임금에 포함되지 않는다.

차량 없는 직원 차량유지비를 비과세 처리 시 발생하는 문제

차량을 자기명의로 소유한 임직원이 회사 업무에 해당 차량을 이용하고, 실제 경비를 받지 않는 조건으로 사규에 따라 지급받는 월 20만 원 이내의 비용은 세법에서 자가운전보조금이라는 명칭으로 비과세 처리를 해주고 있다. 다만 비과세 조건의 충족 여부와 상관없이 모든 직원에 대해서 차량유지비를 지급하는 때는 임금으로 봐 근로소득세가 과세된다.

실무상으로는 차량유지비라는 명칭을 일반적으로 사용하나 세법에서는 자가운전보조비라는 명칭을 사용한다.

01 / 모든 직원에게 지급하는 차량유지비는 임금

모든 직원에게 차량 보유와 관계없이 무조건 월 20만 원의 차량유지비를 지원하고 있다면, 이름만 차량유지비 혹은 자가운전보조금일 뿐, 차량 소유 여부와는 무관하게 사실상 모든 근로자 혹은 일정한 직급에 해당하는 근로자에게 일정 금액을 지급하고 있으므로 실비변상적 성질의 비용이 아니라 임금으로 본다.

차량유지비의 경우 그것이 차량 보유를 조건으로 지급되었거나 직원들 개인소유의 차량을 업무용으로 사용하는데, 필요한 비용을 보조하기 위해 지급된 것이라면 실비변상적인 것으로서 근로의 대상으로 지급된 것으로 볼 수 없으나 전 직원에 대하여 또는 일정한 직급을 기준으로 일률적으로 지급되었다면 근로의 대상으로 지급된 것으로 볼 수 있다(대법원 2002. 5. 31. 선고 2000다18127 판결).

⊙ 통상임금에 포함되어 수당이 증가한다.

차량유지비의 경우 차량 보유와 무관하게 전 직원에게 정기적, 일률적, 고정적으로 지급되는 경우라면 통상임금에 포함돼, 각종 수당이 증가할 수 있다.

① 정기성이란 일정한 간격을 두고 계속적으로 지급되어야 함을 의미하고,

② 일률성이란 모든 근로자뿐만 아니라 일정한 조건 또는 기준에 달한 모든 근로자에게 지급되는 임금을 의미하며, 이때 일정한 조건 또는 기준은 작업 내용이나 기술, 경력, 근속기간 등과 같이 소정근로의 가치평가와 관련된 조건이어야 하며,

③ 고정성이란 통상임금이 초과근로수당 산정 등을 위한 기초임금이므로 실제로 초과근로 등을 제공하기 전에 미리 확정되어 있어야 한다는 사전확정성을 의미한다.

⊙ 평균임금에 포함되어 퇴직금이 증가한다.

고용노동부의 통상임금 산정지침(2002. 1. 22 예규 제 476호)에서는 전 근로자에게 정기적·일률적으로 지급하는 통근수당(또는 교통비) 또는 차량유지비는 비록 통상임금에는 포함되지 않더라도 임금이므

로 퇴직금 산정을 위한 평균임금에는 포함된다라고 규정하고 있다. 즉 모든 직원에게 지급하는 차량유지비의 경우 퇴직급여를 산정할 때 차량유지비도 평균임금에 포함해야 한다.

02 / 차량 없는 직원의 차량유지비는 건강보험료 추징

4대 보험 부과 기준금액은 급여에서 비과세 급여를 차감한 금액이다. 사업장에서는 식대, 차량유지비 항목으로 급여가 지급된다면 특별한 조건 없이 비과세 한도만큼 전액 비과세로 처리하는 실무자가 많다. 비과세 처리한 금액만큼 소득세액과 보험료 부담분이 줄어드는 것으로 알고 있지만, 특히 건강보험공단에서는 차량유지비 항목에 대해 엄격하게 소득세법시행령에서 정한 비과세 요건을 갖추지 못할 경우 보험료를 추징하는 사례가 많다. 이 경우 많게는 3년 치가 추징되어 전 직원을 대상으로 하면 그 금액이 만만치 않다. 또한 해당 직원이 퇴사한 후 추징이 이루어지면 직원부담분까지 회사가 부담할 수 있다. 그리고 소득세와 관련해서도 실제보다 세금을 적게 납부한 상황에 해당하므로 수정신고와 함께 가산세를 부담해야 한다.

자가운전보조금 비과세 요건
① 종업원 소유(종업원 본인 명의 임차차량 및 배우자 공동명의 포함, 아버지 명의 불포함) 차량일 것
② 종업원이 시내 출장 등 사용자의 업무에 해당 차량을 사용할 것
③ 사규 등 지급기준에 따라 지급받은 것일 것
④ 실제 발생한 경비 등을 이중으로 정산받지 않을 것
⑤ 시내출장에 소요되는 비용(시외나 해외 출장 시 사용하는 자가운전보조금은 증빙에 의해 확인되는 경우 20만 원과 별도로 회사 비용인정)

소득세법상 자가운전보조금 비과세 여부를 사례별로 살펴보면 다음과 같다.

구 분			세무 처리
자기소유 차량 없는 종업원	출퇴근용 교통비	현금 지급	해당 직원의 근로소득으로 처리한다.
		현물 지급	교통카드 등 대중교통수단 실비의 현물지급액은 여비교통비로 비용 인정된다.
	출장 교통비	현금 지급	구체적 법정지출증빙이나 내부지출결의서 구비 시 여비교통비로서 비용 인정된다(근로소득에 합산하지 않는다.). 택시비는 법인카드, 개인카드, 교통카드를 사용한다.
		현물 지급	실비의 현물 지급은 여비교통비로 비용 인정된다.
		자가운전보조금	개인의 근로소득에 해당한다.
자기 소유 차량 직접 운행	자기소유 차량운행	자가운전보조금 지급	월 20만 원까지는 소득세 비과세(차량유지비로 처리함) 된다. 20만 원 초과 금액은 해당 직원의 근로소득으로 처리한다.
		실비의 현금 지급	지출증빙과 지출내역명세서 구비 시 여비교통비로 처리한다.
		자가운전보조금 + 별도 실비의 교통비 지급	별도 업무상 실비(시내교통비) 지급 시 자가운전보조금은 근로소득으로 합산한다. 다만, 업무상 시외출장비는 자가운전보조금 20만 원 비과세와 별도로 지출증빙 구비 시 여비교통비로서 비용처리가 된다.

구 분		세무 처리
배우자 공동명의 소유차량 운행	실비 지급	지출증빙과 내부 지출결의서 구비 시 여비교통비 등으로 비용인정 된다.
	자가운전보조금 지급	월 20만 원까지 소득세 비과세가 가능하다(완전 타인 명의(아버지 등)는 과세).

03 / 직원 차량을 업무용으로 사용 시 세금

● 시내출장비로 월 20만 원만 지급하는 경우

아래의 비과세 요건 4가지를 모두 충족하는 경우 20만 원은 비과세 처리한다. 물론 직원에게 급여를 지급한 것이므로 회사 비용으로 인정된다. 다만 단순 출퇴근 교통편의를 위해 지급하는 보조금이라면 과세된다.

① 종업원 소유(종업원 본인 명의 임차차량 및 배우자 공동명의 포함, 아버지 명의 불포함) 차량일 것

② 종업원이 시내 출장 등 사용자의 업무에 해당 차량을 사용할 것

③ 사규 등 지급기준에 따라 지급받은 것일 것

④ 실제 발생한 경비 등을 이중으로 정산받지 않을 것(월 20만 원의 자가운전보조금을 비과세 처리하면서 지출증빙에 따라 차량유지비를 받는 경우는 20만 원은 과세)

⑤ 시내출장에 소요되는 비용(시외나 해외 출장 시 사용하는 자가운전보조금은 증빙에 의해 확인되는 경우 20만 원과 별도로 지급해도 회사 비용인정)

⦿ 월 20만 원을 지급하지 않고 증빙에 따라 지급

자가운전보조금 20만 원을 지급하지 않고, 법인카드를 사용하거나 개인카드를 사용한 후 경비처리를 하는 경우 해당 비용은 비용처리가 가능하다. 다만 해당 직원에 대한 비과세 급여 20만 원은 없는 것이다.

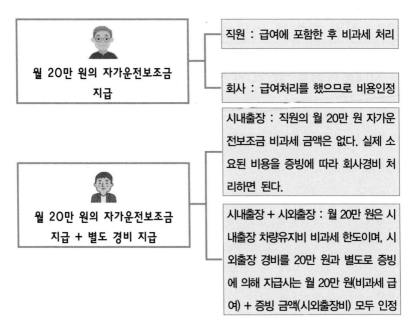

월 20만 원의 자가운전보조금 지급	직원 : 급여에 포함한 후 비과세 처리
	회사 : 급여처리를 했으므로 비용인정
월 20만 원의 자가운전보조금 지급 + 별도 경비 지급	시내출장 : 직원의 월 20만 원 자가운전보조금 비과세 금액은 없다. 실제 소요된 비용을 증빙에 따라 회사경비 처리하면 된다.
	시내출장 + 시외출장 : 월 20만 원은 시내출장 차량유지비 비과세 한도이며, 시외출장 경비를 20만 원과 별도로 증빙에 의해 지급시는 월 20만 원(비과세 급여) + 증빙 금액(시외출장비) 모두 인정

결국은 직원 차량을 업무용으로 이용하는 경우 경비인정이 되나요? 라는 질문에서 지출하는 비용은 모두 비용인정이 된다.

월 20만 원 지급 시 급여에 포함한 후 자가운전보조금으로 급여 경비처리를 하거나 증빙에 의해 차량유지비(여비교통비)로 처리하는 방식으로 회사는 경비인정을 받는다. 반면 직원은 비과세 요건은 충족하는 경우는 급여로 처리 후 비과세 처리하면 된다.

하루 일했다고
급여 안 주면 사장님 신고당합니다.

직원이 출근한 후 2일 근무 후 3일째부터 안 나오는 경우 이미 제공한 2일간의 근로에 대해서는 급여를 지급해야 한다.

그런데 여기서 유의할 점은 근로계약서를 작성했어야 한다는 점이다. 직원이 며칠만 나오다 안 나오는 것은 회사에 불만이 있을 확률이 높다는 것이고, 근로계약서를 작성하지 않았다면 근로계약서를 작성하지 않은 것이 근로기준법 위반에 해당하는바, 조속히 급여를 지급하는 것이 좋다.

사업주에게 2일간의 급여에 대해 시급히 금융기관의 개인 계좌로 입금하지 않는 경우 관할 고용노동지청에 근로계약서 서면교부의무 위반 및 휴게시간 미 부여, 임금체불 등으로 진정을 제기할 수 있기 때문이다.

급여 계산은 2일간 식사 시간을 제외하고 하루 8시간 근로 제공을 했다면 2일긴 총 16시간에 대해 시급을 급여로 지급한다. 월급으로 급여를 받기로 했다면 월급여액을 209시간으로 나눈 시급을 기순으로 16시간을 곱하여 지급하면 된다.

예를 들어 급여 209만 원의 경우 209만 원 ÷ 209시간 × 16시간 = 16만 원에 공제할 근로소득세와 4대 보험이 있다면 이를 공제한 후 지급하면 된다.

혹시 5인 이상 사업장으로 1일 8시간을 초과하는 연장근로에 대한 가산 수당이 있는 경우 이도 계산해 지급해야 한다.

2일 정도 근무할 때는 근로소득세는 없을 것으로 보이며, 건강보험, 국민연금은 당월 취득 당월 퇴사로 미가입 대상이고 고용보험은 16만 원에 대해 0.9% 공제하면 될 것으로 판단된다.

[주] 괜히 며칠 일 안 했다고 안 주고, 얼마 아끼려다 머리 아픈 일 만들지 말기를 권한다.

주휴수당도 안 주면 임금체불

근로기준법 제55조에 의하면 주 15시간 이상 근무하고, 소정근로일(노사 간 근무하기로 정한 날)을 개근(지각, 조퇴, 외출해도 그날은 출근한 것으로 봄)한 근로자에게 1일의 유급 주휴수당을 지급하도록 규정되어 있다(주휴수당을 안 주려고 주 12시간만 쪼개기 근무시킴).

일반사업장의 경우 주휴일이 일요일이므로, 주휴수당은 해당주의 소정근로일을 개근하였을 경우 일요일을 유급휴일로 하여 주휴수당이 발생하게 된다.

퇴사일이란, 마지막 근무일의 다음 날을 말한다. 따라서 금요일까지 실제 근로를 하였다면 퇴직일은 마지막 근로일의 다음 날인 토요일이다. 이런 경우 금요일까지 근로 제공에 대한 임금을 지급(월말 마지막 주 금요일의 경우 관행적으로 1달 전액 지급)해야 하며, 퇴직금 계산을 위한 평균임금 역시 마지막 근로일(금요일)까지의 임금으로 계산한다. 퇴직일인 토요일 이후에는 근로계약 관계가 성립되지 않으므로 주휴수당이 발생하지 않는다. 따라서, 금요일이 마지막 근로일인 경우 퇴사일은 토요일이 되므로 주휴수당은 발생하지 않는다. 다만, 퇴사일이 월요일이 될 때는 주휴수당을 줘야 한다.

사례1	사례2
월 : 4시간 화 : 4시간 수 : 4시간 목 : 4시간 금 : 4시간 합계 : 20시간 주휴수당 = 합계(20시간) × 20% = 4 시간	월 : 4시간 화 : 6시간 수 : 4시간 목 : 6시간 금 : 4시간 합계 : 24시간 주휴수당 = 합계(24시간) × 20% = 4.8시간
사례3	사례4
월 : 10시간(8시간 한도) 화 : 8시간 수 : 8시간 목 : 8시간 금 : 8시간 합계 : 40시간 주휴수당 = 합계(40시간) × 20% = 8 시간	월 : 0시간 화 : 4시간 수 : 4시간 목 : 4시간 금 : 4시간 합계 : 16시간 주휴수당 = 합계(16시간) × 20% = 3.2시간
사례5	사례에서 보듯 주휴수당은 주 15시간 이상으로 일 8시간 한도 내에서 월~금의 근로시간을 합해 20%(또는 1주 총 소정 근로시간 ÷ 5)를 적용하면 된다. → 6일 근무제도 계산 방법은 같다.
월 : 0시간 화 : 4시간 수 : 0시간 목 : 4시간 금 : 4시간 합계 : 12시간 주휴수당 = 주15시간 미만으로 주휴수당 미발생	

연장, 휴일, 야간근로 시키면 더 줘야 하는 급여는 얼마?

01 / 연장근로수당 지급

연장근로는 1일 8시간 또는 1주 40시간을 초과하는 시간을 의미한다. 따라서 1일 8시간을 초과하지 않더라도 1주 40시간을 초과하는 경우 및 1주 40시간을 초과하지 않더라도 1일 8시간을 초과하는 2가지 경우 중 하나만 해당해도 연장근로에 해당한다.

예를 들어, 1일 10시간씩 1주 4일을 근무하는 경우 총근로시간은 주 40시간으로 주 40시간 기준으로는 연장근로가 발생하지 않으나, 1일 8시간 기준으로 하루 2시간씩 총 8시간의 연장근로수당이 발생한다.

반면 1일 8시간씩 1주 6일을 근무하는 경우 총근로시간은 주 48시간으로 1일 8시간 기준으로는 연장근로수당이 발생하지 않으나, 총근로시간은 주 48시간으로 주 40시간 기준으로는 8시간의 연장근로수당이 발생한다. 연장근로수당은 5인 이상 사업장의 경우 통상시급의 1.5배를 지급해야 한다. 반면 5인 미만 사업장은 연장근로 가산임금을 제외한 1배의 임금만 지급한다.

구 분	장단점
연장근로수당의 판단기준	1일 8시간을 초과 또는 주 40시간을 초과하는 경우 연장근로수당 발생
주 52시간 판단	1일 8시간 초과는 관계없고, 주 40시간을 초과하는 경우로만 판단

02 / 휴일근로수당 지급

휴일이란 주유급휴일(1주일에 근무하기로 정해진 날을 개근할 경우 부여되는 유급휴일, 통상 일요일인 경우가 많다)외에 취업규칙이나 단체협약상 휴일(무급휴일, 유급휴일)로 정해진 날, 관공서의 공휴일에 관한 규정에 따른 공휴일, 일요일을 제외한 공휴일, 근로자의 날 (5월 1일)을 말한다. 따라서 휴일근로수당은 주휴일(일요일) 근로는 물론 관공서의 공휴일에 관한 규정에 따른 공휴일(흔히 빨간 날), 단체협약이나 취업규칙에 의해서 휴일로 정해진 날 근로의 경우에도 지급해야 한다.

휴일근로수당은 5인 이상 사업장의 경우 통상시급의 1.5배를 지급해야 한다. 반면 5인 미만 사업장은 연장근로 가산임금을 제외한 1배의 임금만 지급한다.

03 / 야간근로수당 지급

야간근로란 하오 10시(22시)부터 오전 06시까지의 근로를 말한다. 임신 중인 여성이거나 18세 미만자의 경우 특히 야간근로가 금지되어 있으나 업무의 특성에 따라 여성 근로자 본인의 동의와 고용노동부 장관의 인가를 받으면 야간근로가 가능하다.

야간에 근로했을 경우는 주간보다 육체적 피로가 가중되기 때문에 이에 대해서 통상임금의 50%를 가산해서 지급해야 한다.

연장근로수당 및 휴일근로수당과 무조건 중복 적용이 가능하다.

04 / 시간외근로수당의 계산 공식

❷ 평일에 연장, 야간근로 시 법정수당 계산 방법

평일 시간외근로에 대해서는 연장근로수당과 야간근로수당이 발생한다. 그리고 연장근로수당과 야간근로수당은 중복 적용이 가능하다.

또한 철야 근무를 하는 경우 다음날 출근 시간 전까지는 전일근로의 연속으로 본다.

시간	근로의 대가	연장	야간	합계	수당계산 공식
09:00~18:00	100%	–	–	100%	기본 : 시급 × 시간 × 100%
18:00~22:00	100%	50%	–	150%	기본 : 시급 × 시간 × 100% 연장 : 시급 × 연장시간 × 50%
22:00~06:00	100%	50%	50%	200%	기본 : 시급 × 시간 × 100% 연장 : 시급 × 연장시간 × 50% 야간 : 시급 × 야간시간 × 50%
06:00~09:00	100%	50%	–	150%	기본 : 시급 × 시간 × 100% 연장 : 시급 × 연장시간 × 50%

◕ 휴일에 연장, 야간근로 시 법정수당 계산 방법

휴일 시간외근로에 대해서는 휴일근로수당과 휴일연장근로수당, 야간근로수당이 발생한다. 그리고 휴일근로수당과 휴일연장근로수당, 야간근로수당은 중복 적용이 가능하다.

또한 휴일 철야 근무를 하는 경우 다음날 출근 시간 전까지는 전일 근로의 연속으로 본다.

시간	근로의 대가	휴일	휴일 연장	야간	합계	수당계산 공식
09:00~ 18:00	100%	50%	-	-	150%	기본 + 휴일 : 시급 × 시간 × 150%
18:00~ 22:00	100%	50%	50%	-	200%	기본 + 휴일 : 시급 × 시간 × 150% 휴일연장 : 시급 × (시간 - 8시간) × 50%
22:00~ 06:00	100%	50%	50%	50%	250%	기본 + 휴일 : 시급 × 시간 × 150% 휴일연장 : 시급 × (시간 - 8시간) × 50% 야간 : 시급 × 야간시간 × 50%
06:00~ 09:00	100%	50%	50%	-	200%	기본 + 휴일 : 시급 × 시간 × 150% 휴일연장 : 시급 × (시간 - 8시간) × 50%

5인 이상 사업장은 연차휴가도 별도로 줘야 한다.

5인 이상 사업장은 연차휴가를 줘야 한다. 간혹 연차휴가를 사장님 마음대로 개수를 세는 경우가 있는데, 이는 불법이다. 나중에 퇴사 시 고용노동부에 진정하면 임금체불에 해당한다. 따라서 사장님은 법에서 정해진 연차휴가를 반드시 줘야 한다.

또한 연차휴가는 해당 근로자가 쉼으로 인해 막대한 지장을 초래하지 않으면 근로자가 신청한 날짜에 사용하도록 해야 한다.

01 / 입사일 기준 연차휴가 계산

연차휴가일 수 = 1 + 2

1. 월차 개념의 연차휴가일 수(입사일로부터 1년까지) = 입사일로부터 1달 개근 시 (입사일과 같은 날까지 근무)마다 1일. 총 11일 한도(입사일부터 1년간만 발생)

2. 연차 개념의 연차휴가일 수 = 1년 차 15일 + (근속연수 - 1년) ÷ 2로 계신 후 나머지를 버리면 된다.

예를 들어 입사일로부터 10년이 경과한 경우

연차휴가일 수 = 1년 차 15일 + (10년 - 1년) ÷ 2 = 15일 + 4.5일 = 19일

1달 개근은 입사일의 다음 달 같은 날까지 근무해야 1일의 월차 개념의 연차휴가가 발생한다.

연차 개념의 연차휴가일 수 계산 시 근속연수는 입사일과 같은 날까지 근무해야 연차 개념의 연차휴가가 발생한다.

예를 들어 2023년 7월 1일 입사자는 2024년 7월 1일(단, 2023년 7월 1일~2024년 6월 30일까지 근무는 0년)까지 근무해야 1년차 연차 개념의 연차휴가가 발생한다. 그리고 2025년 7월 1일(단, 2024년 7월 1일~2025년 6월 30일까지 근무는 1년)까지 근무해야 2년차 연차 개념의 연차휴가가 발생한다.

입사일로부터	매년 발생하는 연차휴가 일수 계산	누적 연차휴가 일수 (연차 퇴직 정산)
1년	월차 개념의 연차휴가 = 11일 15일 + (1년 - 1년) ÷ 2 = 15일	11일 + 15일 = 26일
2년	15일 + (2년 - 1년) ÷ 2 = 15일(나머지 버림)	26일 + 15일 = 41일
3년	15일 + (3년 - 1년) ÷ 2 = 16일	41일 + 16일 = 57일
4년	15일 + (4년 - 1년) ÷ 2 = 16일(나머지 버림)	57일 + 16일 = 73일
5년	15일 + (5년 - 1년) ÷ 2 = 17일	73일 + 17일 = 90일
6년	15일 + (6년 - 1년) ÷ 2 = 17일(나머지 버림)	90일 + 17일 = 107일
7년	15일 + (7년 - 1년) ÷ 2 = 18일	107일 + 18일 = 125일
8년	15일 + (8년 - 1년) ÷ 2 = 18일(나머지 버림)	125일 + 18일 = 143일

매년 발생하는 연차휴가 한도 25일

02 / 회계연도 기준 연차휴가 계산

☑ 입사연도(2024년)

입사일부터 12월 31일까지의 연차휴가 일수 = 1 + 2

1. 월차 개념의 연차휴가(입사일로부터 1년까지) = 입사일로부터 12월 31일까지 1 달 개근 시마다 발생하는 연차일 수

2. 비례 연차휴가 = 15일 × 입사일부터 12월 31일까지의 근무일 수 ÷ 365

예를 들어 2024년 7월 1일 입사자의 경우 = 5일 + 7.5일 = 12.5일

1. 5일(8, 9, 10, 11, 12월 1일)

2. 15일 × 입사일부터 12월 31일까지의 근무일수 ÷ 365

= 15일 × 184 ÷ 365 = 7.5일

☑ 입사 다음연도(2025년)

입사 다음 연도 연차휴가 일수 = 1 + 2

1. 월차 개념의 연차휴가(입사일이 속하는 연도의 다음 연도) = 11일 - 입사일로부 터 12월 31일까지 1달 개근 시마다 발생하는 연차일 수

2. 연차 개념의 연차휴가일 수 = 1년 차 15일

연차 개념의 연차휴가일 수 = 1년 차 15일 + (근속연수 - 1년) ÷ 2로 계산 후 나 머지를 버리면 된다(최대 25일 한도).

회계연도 기준에서는 입사 연도의 다음 연도를 1년으로 본다.

회계연도 기준 근속연수는 1월 1일부터 12월 31일까지 근무하고, 1월 1일까지 고용 관계가 유지되어야 연차휴가가 발생한다.

예를 들어 2024년 1월 1일~12월 31일까지 근무하고 2025년 1월 1일에도 고용관계 가 유지되어야 한다.

예를 들어 2025년 1월 1일부터 = 6일 + 15일 = 21일

1. 11일 - 5일(8, 9, 10, 11, 12월 1일) = 6일

2. 1년 차 15일

입사 연도의 다음 연도를 1년으로 봐 위 공식을 적용한다.

☑ 입사 다음 다음 연도(2026년)

> 연차 개념의 연차휴가일 수 = 1년 차 15일 + (근속연수 – 1년) ÷ 2로 계산 후 나머지를 버리면 된다.
> 회계연도 기준에서는 입사 연도의 다음 연도를 1년으로 봐 위 공식을 적용한다. 따라서 근속연수는 2년

입사일로부터	매년 발생하는 연차휴가 일수 계산	누적 연차휴가 일수 (연차 퇴직 정산)
1년	입사일로부터 12월 31일까지 1달 개근 시마다 발생하는 연차일수 + 비례연차휴가(15일 × 입사일부터 12월 31일까지의 연차휴가 ÷ 365)	월 단위 연차 + 비례연차
2년	11일 – 입사일로부터 12월 31일까지 1달 개근 시마다 발생하는 연차일수 + 15일 + (1년 – 1년) ÷ 2 = 15일(나머지 버림)	(11일 – 전 연도 월 단위 연차) + 비례연차 + 15일
3년	15일 + (2년 – 1년) ÷ 2 = 15일(나머지 버림)	비례연차 + 11일 + 15일 + 15일 = 비례연차 + 41일
4년	15일 + (3년 – 1년) ÷ 2 = 16일	비례연차 + 41일 + 16일 = 비례연차 + 57일
5년	15일 + (4년 – 1년) ÷ 2 = 16일(나머지 버림)	비례연차 + 57일 + 16일 = 비례연차 + 73일
6년	15일 + (5년 – 1년) ÷ 2 = 17일	비례연차 + 73일 + 17일 = 비례연차 + 90일
7년	15일 + (6년 – 1년) ÷ 2 = 17일(나머지 버림)	비례연차 + 90일 + 17일 = 비례연차 + 107일
8년	15일 + (7년 – 1년) ÷ 2 = 18일	비례연차 + 107일 + 18일 = 비례연차 + 125일
매년 발생하는 연차휴가 한도 25일		

말로만 하는
연차휴가 사용 촉진 효력 없다.

연차휴가를 사용 안 한 임직원에게 연차수당을 지급하지 않기 위해서는 적법한 절차에 따라 연차휴가 사용 촉진을 해야 한다. 말로 하는 연차휴가 사용 촉진은 효력이 없다. 반드시 서면으로 해야 한다. 여기서 연차휴가사용촉진제도란 사용자가 법에 따른 연차휴가사용촉진을 하였음에도 불구하고 근로자가 휴가를 사용하지 않아 소멸된 경우, 그 미사용 연차휴가에 대한 금전 보상 의무를 면제하는 제도를 말한다.

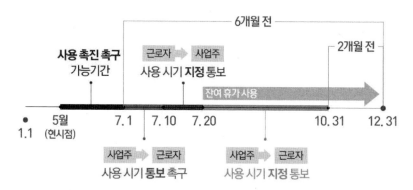

단, 1년 미만 월 단위 연차휴가사용촉진은 6개월 전이 3개월 전, 2개월 전이 1개월 전으로 한다.

» 연차가 소멸되기 6개월 전인 7월 1일부터 10일까지 회사는 구성원에게 연차 사용 계획을 제출하도록 촉구해야 한다.

» 7월 10일 이후부터 20일까지 구성원은 회사에 연차 사용 계획을 제출해야 한다.

» 7월 20일 이후부터 연말까지 연차 사용 계획을 제출한 구성원은 잔여 휴가를 사용한다.

» 연차 사용 계획을 제출하지 않은 구성원에게는 7월 20일 이후부터 연차가 소멸하기 2개월 전인 10월 31일까지 회사가 연차 사용 시기를 지정해 통보해야 한다.

이 과정에서 실수로 절차를 빠뜨리면 법에 맞게 연차 사용 촉진을 하지 않은 것으로 간주 된다.

위에서 설명한 절차는 1월 1일 회계일 기준으로 연차를 부여하는 경우를 설명한 것이다. 만약 연차를 입사일 기준으로 부여하고 있다면 연차 사용 촉진 제도에서 정한 각 절차의 시기는 연차 소멸 시점에 맞춰져 있는데, 구성원이 한날한시에 전원 입사한 경우가 아니라면 입사일 기준에 따라 연차 소멸 시점도 제각각이다.

입사일이 다른 모든 구성원의 연차 소멸 6개월 전, 2개월 전 시점에 맞춰 연차휴가 사용 촉진 제도를 시행하고, 그 사이에 실제 연차 사용 촉진 활동까지 완벽하게 법에 맞게 진행해야 하는데, 이는 임직원이 많은 경우 수작업으로 거의 불가능하다.

물론 입사 1년 미만 구성원에게는 연차 소멸 3개월 전과 1개월 전 시점에 각각 연차 사용 계획 작성을 요청해야 한다.

즉 1년 미만 근무자(2024년 1월 1일 입사 가정)의 연차유급휴가 사용 촉진 방법은

» 최초 1년의 근로기간의 끝나기 3개월 전을 기준으로 10일 이내 (2024년 10월 1일~10일)에 연차휴가 사용일을 지정하라는 내용의 요청서를 송부 한다. 단, 1차 지정 이후 발생한 연차는 최초 1년의 근로기간이 끝나기 1개월 전을 기준으로 5일 이내(2024년 12월 1~5일)에 요청서를 송부 한다.

» 만약 근로자가 사용 시기를 지정하지 않을 경우, 최초 1년의 근로기간이 끝나기 1개월 전까지(2024년 12월 1일 이전) 사용 시기를 지정하여 송부 한다.

» 1차 지정 이후 발생한 연차휴가는 최초 1년의 근로기간이 끝나기 10일 전까지(12월 21일까지) 지정하여 송부 한다.

사용자가 근로기준법이 정하고 있는 절차에 따라 적법하게 연차휴가 사용 촉진 조처를 하였더라도 노동자가 지정된 휴가일에 출근하여 근로를 제공한 경우 사용자가 휴가일에 근로한다는 사정을 인식하고도 노무의 수령을 거부한다는 의사를 명확하게 표시하지 아니하거나 노동자에 대하여 업무지시를 하였다면 특별한 사정이 없으면 노동자가 자발적인 의사에 따라 휴가를 사용하지 않은 것으로 볼 수 없어 사용자는 노동자가 이러한 근로의 제공으로 인해 사용하지 아니한 휴가에 대해서는 보상(연차수당 지급)해야 한다(대법원 2020. 2. 27. 선고 2019다279283 판결 참고).

즉, 위의 적법한 절차에 따라 연차휴가 사용 촉진 조치를 하였더라도 근로자가 지정일에 출근하는 경우는 노무 수령을 거부한다는 의사를 분명하게 표시해야 한다.

01 / 사용 촉진 대상이 되는 경우

» 지난 1년간 80% 이상 출근한 근로자에게 부여되는 연차휴가(가산 휴가 포함)(근기법 제 60조 제1항, 제4항, 제61조 제1항)

» 근로계약기간이 1년 이상인 근로자가 입사 후 1년 미만 기간중에 1개월 개근 시 1일씩 발생하는 연차휴가(총 11일)(근기법 제60조 제2항, 제61조 제2항)

» 지난 1년간 80% 미만 출근한 근로자가 그 기간 중 1개월 개근 시 발생하는 연차휴가(근기법 제60조 제2항, 제61조 제1항)

02 / 사용 촉진 대상이 되지 않는 경우

» 연차휴가가 발생하였으나 업무상 재해, 출산전후휴가, 육아휴직 등으로 사용하지 못한 연차휴가

» 근로계약 기간이 1년 미만인 근로자가 1개월 개근 시 1일씩 발생하는 연차휴가(1년 계약직 근로자의 월 단위 연차휴가)

» 취업규칙·단체협약 등에 따라 법정 연차휴가 일수를 초과하여 부여되는 연차휴가

03 / 사용촉진 대상에 해당하나 수당지급의무가 발생하는 경우

» 적법한 사용 촉진을 하지 않은 경우

» 사용촉진을 실시하였으나 요건에 부합하지 않는 경우(절차적 흠결)

가. 사용자가 촉진 조치를 서면으로 하지 않은 경우. 여기서 '서면'이란 '일정한 내용을 적은 문서'를 의미하므로, 문자 메시지 등은 '서면'에 해당한다고 볼 수 없다. 다만, 이메일(e-mail)에 의한 통보의 경우에는 근로자가 이를 수신하여 내용을 알고 있다면, 유효한 통보로 볼 수도 있다(대법원 2015. 9. 10. 선고 2015두41401).

나. 사용 촉진을 근로자별로 하지 않고 사내 공고의 방식으로 한 경우

다. 1차·2차 촉진을 서면으로 하였으나, 법에서 요구하는 통보일을 준수하지 않은 경우(예 : 연차 사용기간 만료 6개월 전을 기준으로 10일 이내에 하여야 하나 이를 준수하지 않은 경우)

라. 1차 촉진 이후 2차 촉진을 하지 않은 경우(1차 촉진 이후 근로자의 사용 시기를 지정하지 않았다면 사용자가 2차 촉진을 해야 하나 하지 않은 경우)

» 사용촉진을 실시하였으나 촉진 제도에 의하여 연차휴가가 소멸된 것으로 볼 수 없는 경우

가. 사용자가 사용촉진을 실시하였으나 근로자의 퇴직·해고, 사업장의 폐업 등으로 근로관계가 종료된 경우

나. 사용촉진에 의해 휴가를 사용하기로 한 날에 근로자가 출근하였으나 사용자가 노무 수령거부를 하지 않아 정상적인 근로를 제공한 경우(대법 2019다 279283, 2020.2.27.)

회사는 근로기준법 제61조에 따른 연차휴가사용촉진 절차로 미사용 휴가에 대한 사용일 지정 통보를 이행했지만, 일부 근로자들이 회사가 지정한 연차휴가일에 출근하여 근무하는 경우가 있다. 이때 회사는 연차휴가사용촉진 제도를 이행했기 때문에 연차휴가 미사용수당 지급의무가 면제된다고 생각하는 경우가 종종 있다.

하지만 이 경우 회사가 해당 근로자에게 노무 수령거부 의사를 명확히 표시해야 한다. 그리고 회사가 실질적으로 업무수행 및 근태관리에 대한 지시 통제가 있었는지, 노무 수령거부 의사 방법이 명확하였는지, 출근 사유가 업무수행과 긴밀한 관련성이 있는지 구체적인 사실관계에 따라 연차휴가미사용수당 지급이 면책될 것이다(근로기준과-351, 2010.3. 22.). 즉, 회사가 노무 제공지시나 묵시적 노무 제공수령이 있는 경우에는 사용촉진 제도를 이행했다고 보기 어려우므로 근로자가 연차휴가일에 출근한다면 사용자는 적극적 노무 수령거부(귀가 조치, 컴퓨터 전원 종료 등)를 하고 근로자는 휴가를 사용해야 한다.

결론적으로 회사가 형식적으로 사용 촉진 제도의 절차를 준수한다고 해서 연차휴가미사용수당 지급 의무가 면책되는 것이 아니므로 근로자들의 휴가 사용을 적극적으로 장려해야 할 것이다.

회사는 연차사용촉진조치로 휴가 일자를 지정해 근로자에게 통보한 이후 근로자가 휴가 지정일 이전에 퇴사하게 된다면 이미 연차휴가사용촉진 조치를 했기 때문에 미사용 휴가에 대한 수당을 지급하지 않아도 된다고 생각하는 경우가 있다.

하지만 회사가 정당한 연차사용촉진조치를 한 이후 근로자가 휴가 지정일 이전에 퇴사했다면 이는 정상적으로 연차 사용이 이뤄졌다고 볼 수 없어 미사용 휴가에 대해서는 수당으로 지급해야 한다(임금근로시간정책팀-2888, 2007.09.11.).

따라서 회사가 연차휴가 사용촉진 제도를 이행했다고 해도 근로자는 퇴사로 인하여 현실적으로 연차휴가를 사용할 수 없으므로 미사용한 연차휴가에 대해서는 수당으로 지급해야 한다.

연차수당을 지급하는 것과 연차휴가를 사용하고 퇴사하는 경우 유불리

퇴사 시 남은 연차휴가는 남은 연차휴가를 사용하고 퇴사하는 방법과 연차수당으로 지급하는 방법이 있다.

중소기업의 경우 연차수당을 주지 않기 위해 연차휴가를 사용하고 퇴사 처리를 하는 경우가 많은데, 연차수당을 지급하는 것과 연차휴가를 사용하고 퇴사하는 경우 근로자 입장에서 유리한 것은 연차휴가를 사용하고 퇴사하는 경우이다. 반면 사장님 입장에서는 연차수당을 주는 경우가 유리하다. 사장님 입장에서는

» 연차휴가가 20일 남은 직원이 퇴사하는 경우 연차수당으로 20일분의 통상임금을 지급하면 된다. 반면, 연차휴가를 사용하는 때는 20일의 연차휴가는 토요일과 일요일을 빼고 20일이므로 약 1달 정도 퇴사가 미뤄지게 되고, 결국 약 1달분의 월급을 추가로 지급해야 한다.

» 월급은 통상임금과 통상임금을 제외한 급여항목으로 구성된다. 그리고 연차수당의 지급기준은 통상임금이다. 따라서 퇴사 시 연차수당을 지급하고 끝나는 경우는 통상임금만 주면 되지만, 연차

휴가를 사용하고 퇴사할 때는 통상임금을 제외한 급여항목까지도 추가로 줘야 한다. 따라서 통상임금을 제외한 급여만큼 손해가 된다.

≫ 연차휴가를 사용하고 퇴사하는 경우 계속 근속 일수가 늘어나 퇴직금이 증가한다. 연차휴가를 사용하고 퇴사하는 경우 퇴직이 1달 정도 미뤄져 결국 연차수당을 지급하는 경우보다 근속연수가 길어지고 퇴직금도 더 줘야 한다.

≫ 약 1달간 4대 보험 상실 기간이 미뤄지므로 1달분의 사업주 부담분 보험료가 추가로 발생한다.

잔여 연차를 전부 사용한 후 퇴사할 경우

내용	유불리
사업주	• 연차 사용 개수는 20개지만 실제로는 주말이 포함되므로, 20일치보다 많은 급여를 지급한다. • 근속일 수가 1달가량 늘어나 퇴직금이 증가한다. • 통상임금에 포함되지 않는 급여만큼 급여를 더 줘야 한다. • 1달분의 사용자부담 4대 보험료를 추가로 납부해야 한다.
근로자	• 연차 사용 개수는 20개지만 실제로는 주말이 포함되므로, 20일치보다 많은 급여를 받는다. • 근속일 수가 1달가량 늘어나 퇴직금이 증가한다. • 통상임금에 포함되지 않는 급여만큼 급여를 더 받을 수 있다. • 1달간 보험관계가 유지돼, 직장가입자 4대 보험 혜택을 한 달간 더 받을 수 있다.

그럼 사용주는 둘 중 연차수당 수령을 강요할 수 있을까?

그럴 수는 없다. 즉 연차수당을 지급하고 퇴사 전 연차 소진을 사업주가 거부할 수는 없다. 가끔 회사에서 퇴사 전 연차 사용은 안 되고 남은 휴가에 대해서는 퇴사 후에 연차수당으로 지급할 테니 마지막까지 계속 근무해야 한다고 강압적으로 나오는 경우가 있다.

하지만 근로기준법에 따라 사용자는 근로자가 청구한 시기에 휴가를 사용할 수 있도록 허용해야 할 의무가 있으며, 근로자가 불가피하게 연차휴가를 사용하지 못한 때에만 이를 금전으로 보상하도록 차선책을 규정하고 있다. 우선순위는 근로자의 희망에 따른 연차 사용이고, 연차수당 지급은 차선책이라고 보면 된다.

따라서 사용자는 근로자가 퇴사 직전 연차 사용을 희망한다면 임의로 이를 거부하고 연차수당으로 받기를 강요할 수는 없다.

퇴근 후, 휴가, 휴일에 업무 지시하는 사장님

10분도 채 안 되는 한 번의 통화, 끽해야 몇 번 주고받는 문자메시지, '근로'라고 하기엔 애매하지만 그렇다고 또 '근로'가 아니라고는 할 수 없는 근로시간들. 휴일인데 미안하다고, 퇴근 후인데 잠깐만, 휴가 중인데 한 번만, 요청의 탈을 쓴 강제 근로 아닌 근로는 과연 근로로 인정받을 수 있을까?

원칙적으로 근로계약에 따른 근로시간을 넘어선 근로는 모두 초과근로에 해당한다. "5분이든, 1분이든 근로계약 체결 후 사용자의 지시명령 아래 있는 시간은 근로기준법상 근로시간"이다.

짧게 전화를 하거나 문자를 주고받는 것도 사용자 지시에 따른 일이기 때문에 근로시간으로 봐야 한다.

초과근로로 인정될 경우는 수당도 지급받을 수 있다. 초과근로는 통상임금의 0.5배를 가산해 근로자에게 지급해야 한다.

근로계약서상 근로시간을 분 단위로 나누면 계산할 수 있다.

일과 전, 일과 후 근로가 정기적으로 고착화한다면 이는 초과근로로 인정받을 수 있겠지만, 비정기적으로 이뤄지는 몇 분 단위 근로는 사회통념 등을 고려하면 초과근로로 입증받기가 쉽지 않다.

급여 잘못 계산해 지급한 경우
(퇴사자 정산을 잘못해 회사가 대납한 경우)

∨

급여를 축소 신고하면 비용으로 인정받는 금액이 적어져 세금이 올라간다. 반면 비용이 장부에 실제보다 적게 적혀 이익이 많이 나는 것처럼 보여 은행에서 대출 등에 유리할 수 있다.

따라서 대출이 필요한 자영업 사장님들은 이 방법을 종종 이용한다.

01 / 급여를 축소 신고한 경우

구 분	발생하는 문제점
소득세/법인세 증가	인건비를 줄여서 신고하면 매월 납부하는 4대 보험료는 감소하지만, 납부해야 하는 종합소득세(법인세)는 증가한다는 사실을 잊지 말아야 한다. 참고로 법인의 경우 그 차액이 가지급금으로 계상되기 때문에 유의해야 한다. 즉, 300만 원으로 급여 신고해야 할 직원의 급여를 200만 원으로 축소 신고하는 경우 100만 원의 비용 부분이 모자랄 것이고 이를 보충할 증빙이 없으면 100만 원은 가지급금으로 처리한다.

구 분	발생하는 문제점
근로소득자 탈세 혐의	실제 받는 급여보다 적은 금액이 신고되었으므로 직원의 경우 탈세가 된다. 따라서 추후 적발 시 본세와 더불어 가산세까지 추징당할 수 있다.
4대 보험 문제	인건비를 줄여서 신고했는데 만약 직원이 출산휴가를 신청하거나 해고되어서 실업급여를 신청하는 경우는 해당 직원의 통상임금이 줄어들게 되어, 직원과 분쟁할 소지가 있으므로 특히 주의해야 한다. 또한, 직원은 국민연금도 적게 내므로 나중에 받는 국민연금액도 줄어들 수 있다.
각종 수당계산	시간외근로수당 계산 시 세금 신고 등의 기준금액과 맞추기 위해 각종 수당도 축소 신고된 금액으로 지급할 경우 근로자는 실제액보다 수당을 적게 받게 되고, 임금체불 문제가 발생할 수 있다.
퇴직금 문제	퇴직금 산정은 4대 보험에 신고된 금액과 별개로 실제 받은 금액을 기준으로 퇴직금을 계산해야 하는데, 사용자가 4대 보험으로 신고된 금액을 기준으로 퇴직금을 지급하였다면 실 지급된 임금을 입증할 수 있는 자료(월급명세서 또는 월급 입금통장)를 근거로 노동청에 임금체불 신고를 당할 수 있다. 그렇다고 신고된 금액과 다르게 실제 금액으로 지급하는 경우 걸리고 안 걸리고를 떠나 신고금액과 실제 금액과의 차이만큼 법인의 경우 세법상 가지급금이 발생할 수 있다.
조세범처벌 및 특정범죄가중 처벌	월급을 축소 신고하는 것은 불법이다. 조세범 처벌법 제3조에 따라 사기나 그 밖의 부정한 방법으로 조세를 포탈하면 2년 이하의 징역 또는 포탈세액의 2배 이하에 상당하는 벌금에 처한다. 특정범죄가중처벌법 제8조에 따르면, 납부하지 않은 세액이 연간 5억 원 이상인 자는 3년 이상의 징역, 10억 원 이상이면 무

구 분	발생하는 문제점
	기 또는 5년 이상의 징역형을 받을 수 있다. 그리고 그 포탈세액 등의 2배 이상 5배 이하에 상당하는 벌금을 부과한다.

02 / 급여를 계산 실수로 잘못 지급한 경우

급여를 담당자의 실수로 적게 또는 많이 지급한 경우 발견 시점에 즉시 조정하거나 다음 달 급여에서 조정한다. 반면 근로소득세는 지급일이 속하는 달의 다음 달 10일까지 신고·납부하면 되므로 지급 시점에 해달 월 급여에 가감해서 신고하면 된다.

● 실수로 급여를 적게 주거나 지연 지급하는 경우

임금은 전액불 및 정기불을 원칙으로 하고 있으므로 착오 계산으로 적게 지급된 금액이 있다면 그러한 사실을 안 때 바로 추가 지급해야 한다. 실수나 착오라 하더라도 미지급된 임금이 있다면 일단 임금체불이 발생한 것이므로 법 위반 문제가 발생한다.

그리고 근로기준법에서는 미지급 임금에 대한 지연이자를 정하고 있다. 다만, 지연이자는 재직 중일 때 발생한 임금체불(미지급 임금)에 대한 것은 아니고 퇴사 시 금품 청산 대상이 되는 임금 및 퇴직급여에 대한 것이다. 즉, 재직 중에 발생한 체불임금에 대해서는 지연이자는 없다.

그럼 미지급한 수당에 대해서 근로자에게 양해를 구하고 다음 임금 때 지급하기로 하면 법석인 문제는 없을까?

금품 청산 대상이 되는 임금(퇴직금 등) 등은 당사자 간 합의가 있는 경우 지급기일을 연장할 수 있다. 다만, 재직 중일 때는 당사자 간 합의가 있는 경우에도 임금의 지급기일을 연장할 수 없다. 따라서 해당 근로자의 동의가 있더라도 미지급된 임금이 있다면 법 위반 문제가 발생한다.

적게 받은 급여 청구 가능 기간은 퇴사했다면 직전 3년 치 수당을 재산정해서 받을 수 있다. 나머지 연도의 수당은 포기할 수밖에 없다. 임금채권 유효기간이 3년이기 때문이다.

❍ 실수로 급여를 많이 지급한 경우

임금은 전액 지급을 해야 하므로 회사는 근로자로부터 받아야 하는 금품(예 : 손해배상금) 등이 있더라도 임금에서 이를 상계할 수 없다. 하지만 임금을 계산의 착오 등으로 초과 지급한 경우에는 초과 지급한 임금의 반환청구권을 자동채권으로 하여 임금 공제가 가능하다. 즉, 착오 등으로 초과 지급한 금액이 있으면 임금 지급 시 해당 금액을 공제하더라도 상계 금지 원칙에 반하는 것은 아니다.

동의가 필요한 것은 아니지만 근로자의 예상치 못한 임금이 갑자기 줄어드는 것은 경제적 안정성을 해할 수 있으므로 미리 착오금액 및 상계시기를 고지하는 것이 바람직하다.

계산의 착오 등으로 임금이 초과 지급되었을 때 그 행사의 시기가 초과 지급된 시기와 임금의 정산, 조정의 실질을 잃지 않을 만큼 합리적이어야 한다. 또한 해당 근로자에게 금액과 방법을 미리 알리는 등 근로자의 경제생활 안정을 해칠 염려가 없어야 한다. 근로자가 퇴직한 후에 그 재직 중 지급받지 못한 임금이나 퇴직금을 청구하는 경우는 초과 지급된 임금의 반환청구권을 자동채권으로 하여 해당 금액과 상계하는 것은 무방하다. 따라서 근로자가 일정기간동안의 미지급 법정수당이나 성과급을 청구하는 경우 사용자가 같은 기간 동안 법정수당의 초과 지급 부분을 상계나 충당하는 것이 가능하다.

❷ 퇴사자에게 받지 못한 급여 과다 금액 및 근로소득세 와 4대 보험료 대납액(퇴직자에게 원천징수액을 못 받은 경우)

퇴직 정산을 잘못해서 아니면 해당 직원이 퇴직 후 정산이 이루어져 근로자에게 연락해서 차이 금액을 돌려받으면 문제가 없으나 이를 돌려주지 않는 경우도 발생하는데, 이에 대한 회계처리는 잡손실로 회계상 비용처리가 가능하나 세무상으로는 해당 금액을 손금불산입 처리한다. 즉 퇴사한 직원에게 못 받은 근로소득 원천징수 세액 대 납액 및 가산세는 손금불산입한다. 따라서 해당 금액을 복리후생비, 잡손실 등으로 회계상 비용처리 했거나 가지급금으로 처리했을 때는 손금불산입 세무조정이 필요하다.

결론은 대납에 따른 손해도 보고 비용인정을 못받는 이중의 손해가 발생하므로 퇴직 시 정산은 정확하게 해야 한다.

구 분	업무처리
회계처리	잡손실, 복리후생비, 가지급금 등으로 계정과목 처리
세무처리	해당 금액은 세무조정 시 손금불산입한다.

퇴사자에게 정산금액보다 적게 받은 경우

- 연락해서 해당 금액을 송금받는 방법
- 연락 두절로 담당자가 메우는 경우 : 회사 장부에 미반영. 정확한 정산금액으로 회사 장부 처리
- 연락 두절로 회삿돈으로 메우는 경우 : 회사 장부에 반영. 정확한 정산금액으로 회사 장부 처리. 메운 금액은 세법상 손금불산입(비용불인정)

퇴사자에게 정산금액보다 많이 받은 경우

- 연락해서 해당 금액을 송금해줘야 한다. 미 송금 시에는 임금체불에 해당한다.

직원의 세금과 4대 보험료를 회사에서 대신 내주는 경우 발생하는 추가 비용

01 / 근로소득세와 4대 보험 대납액

중소기업의 경우 직원을 구하기가 힘들어 직원의 근로소득세와 4대 보험료를 회사에서 대납해주는 경우가 종종 있다.

이 경우 대납해준 근로소득세 및 4대 보험 금액은 해당 근로자의 급여가 된다. 따라서 사전에 정해진 월급에 대납액을 합산한 금액을 다음 달에 신고 및 납부해야 한다.

그 결과 매달 급여는 근로소득세 및 4대 보험 금액만큼 늘어나게 되고 대납액만큼 급여 증가는 무한 반복되어 실무자는 업무처리를 못 하는 사태가 발생한다. 따라서 실무자는 매달 사전에 정해진 급여만큼만 급여 신고를 한 후 매달 대납해주는 금액을 합산해 연말정산 시 반영하는 방법으로 업무처리를 하는 것이 편리하다.

예를 들어 급여 200만 원에 대납액이 매달 10만 원이 발생한다면, 매월 급여신고 때는 200만 원을 기준으로 신고하고, 연말정산 시 매달 대납한 10만 원의 12개월분인 120만 원을 급여에 가산해 연말정산을 한다.

매달 사전에 계약한 월급으로 원천징수 및 4대 보험료공제

 연말정산 시 연봉 + 대납액 원천징수 및 4대 보험료 정산

사장님
근로자
급여 대납

근로자 매달
급여기준
근로소득세 납부

연말정산 때
대납액 합산
정산 후
근로소득세 납부

02 / 임직원 벌과금을 회사가 대납한 경우

법인이 임직원에게 부과된 벌금·과료·과태료 또는 교통사고 벌과금을 대신 부담한 경우에도 그 벌금 등의 부과 대상이 된 행위가 법인의 업무수행과 관련된 것일 때는 해당 법인에게 귀속되는 것으로 보아 손금불산입하고 기타사외유출로 처분한다. 다만, 내부규정에 의해서 원인유발자에게 변상 조치하기로 되어 있는 경우는 그 원인유발자에 대한 상여로 처분한다. 즉 급여로 처리한 후 근로소득세를 원천징수 신고·납부하고 비용으로 인정받는다.

퇴직금을 매월 급여에 포함해서 지급하는 방법은 없을까?

중소기업은 종전부터 오랜 세월 동안 월급에 급여를 포함해서 지급하는 계약을 체결한 회사가 많다. 그 후 직원이 퇴사하면서 퇴직금을 달라고 하면 사장과 직원 간에 분쟁이 발생한다. 사장님! 사장님 입장에서는 분명히 퇴직금을 줬는데, 왜 문제가 생길까요?

01 / 퇴사 전 미리 지급하는 퇴직금

퇴직금은 그 금액이 크기 때문에 사장님은 근로자들의 퇴직금을 1년마다, 혹은 수년마다 정산을 미리 해두고 싶은 경우가 있을 수 있다. 하지만 대법원 판례에 따르면 퇴직금 채권은 퇴사를 요건으로 발생하는 채권으로서, 퇴사 전에 아직 발생하지도 않은 채권을 미리 정산해 주는 것은 퇴직금 중간정산 사유에 해당하지 않는 경우 무효로 본다. 즉, 퇴직금 중간정산 사유에 해당하지 않는 한, 퇴사 전에 지급하는 퇴직금은 전부 무효이며, 퇴사 시 다시 퇴직금을 계산해서 지급해야 한다.

그리고 미리 지급한 퇴직금을 반환받기 위해서는 민사상 부당이득에 해당하므로 부당이득반환청구소송을 제기해야 한다.

근로자퇴직급여보장법 시행령 제3조 퇴직금의 중간정산 사유

☑ 무주택자인 근로자가 본인 명의로 주택을 구입할 때

☑ 무주택자인 근로자가 주거를 목적으로 전세금 또는 보증금을 부담할 때

☑ 근로자 본인, 배우자 또는 부양가족의 질병이나 부상으로 6개월 이상 요양할 때

☑ 퇴직금 중간정산을 신청하는 날부터 역산하여 5년 이내 근로자가 파산선고를 받거나 개인회생절차 개시 결정을 받았을 때

☑ 사용자가 기존의 정년을 연장 혹은 보장하는 조건으로 단체협약 및 취업규칙 등을 통해 일정 나이, 근속 시점 또는 임금액을 기준으로 임금을 줄이는 제도를 시행할 때

☑ 임금피크제와 같은 사유로 임금이 줄거나 사용자와 근로자의 합의로 소정근로시간을 1일 1시간 또는 1주 5시간 이상 변경하여 3개월 이상 변경된 소정근로시간에 따라 근무하기로 했을 때

☑ 그 밖에 태풍, 홍수 등 천재지변으로 피해당하는 등 고용노동부 장관이 정한 사유와 요건에 해당할 때

(02 / 적립해서 지급하는 퇴직금은 문제없다.)

사용자와 체결한 근로계약서의 퇴직금 관련 내용을 살펴봐 연간 임금 총액에 퇴직금 지급을 위한 적립금을 포함하고, 이를 <u>별도로 적립한다는 취지의 내용</u>이라면 이는 위법하다고 보기 어렵다.

예를 들어 연간 임금 총액이 3,900만 원이라고 정했고 여기에 퇴직금 적립액을 포함한다고 약정했다면 실질적인 급여액은 3,900만 원을 12개월로 나눈 325만 원이 아니라 13개월로 나누어 산정한 300

만 원이 된다. 3,900만 원을 13개월로 나누어 13분의 1에 해당 하는 임금액을 퇴직금 명목으로 적립한 후 추후 퇴직할 때 퇴직금으로 지급하는 것이다.

또한 몇 년분 퇴직금을 일시에 지급하기 부담스러우면 DC형 퇴직연금에 가입해 매년 퇴직금을 지급하는 것도 목돈 부담을 줄일 수 있는 한 가지 방법이다.

구 분	갑의 경우	을의 경우
공통점	연봉은 3,900만 원이고 이는 퇴직금이 포함된 금액이다. 3,900만 원을 13개월로 나누어 매월 세전 300만 원의 급여를 지급. 공통점은 연봉에 퇴직금을 포함시켰다는 것이다. → 근로자 입장에서는 총액도 같고 매달 받는 금액도 같다.	
차이점	퇴직금은 한 달 치 급여분으로 생각하면 되니 연봉액을 13개월로 나눠 지급해도 상관없죠? 물론, 퇴직금은 연봉에 나눠 지급했으니 퇴사 시 따로 지급되는 금액은 없다는 근로계약 → 연봉에 퇴직금을 분할해 급여를 지급해서 추후에 퇴직금을 지급하지 않겠다는 내용	연봉은 3,900만 원인데 이 중 300만 원의 퇴직연금이 포함된 금액이다. 따라서 3,900만 원에서 퇴직연금 300만 원을 뺀 3,600만 원을 12개월로 나누어 매월 세전 300만 원의 급여가 지급된다. 하지만 연봉에서 퇴직연금으로 뺀 300만 원은 매년 차곡차곡 적립되어 퇴직 시 정산해서 지급해주겠다는 근로계약 → 퇴직금은 적립하여 퇴직 시 지급하겠다는 내용
법적 판단	위법	합법

위의 표에서 둘 다 계약서상 연봉은 3,900만 원으로 표기, 매월 300만 원의 급어를

받는 상황이지만 갑은 매월 1/13이 정산되어 버리는 것이고. 을의 경우는 연봉에 퇴직 금액을 포함시킨 것은 갑과 같지만 이를 매년 정산하지 않고 적립하여 퇴직 시 한꺼 번에 지급하는 경우이기 때문에 퇴직금의 취지에 맞아 합법이다.

결국, 똑같은 금액의 연봉계약이라도 이것을 1년 단위로 지급하느냐 적립해 두었다가 퇴직 시 지급하느냐에 따라 위법과 합법이 나누어진다.

03 / 퇴사 후 재입사 처리하는 편법 사용

퇴직금이 중간 정산 요건을 충족하지 못해서 퇴직금을 중간 정산받지 못하는 경우 불법적인 방법이지만 실무에서 많이 사용하는 방법이 퇴직 처리 후 재입사시키는 방법이다.

이는 실제로 퇴직을 했는지 아니면 중간 정산을 위해 퇴직한 후 재입사했는지? 그 구분이 명확하지 않아 합법과 불법 사이에 있다고 보면 된다.

만일 개인 사정으로 어쩔 수 없이 퇴사 후 같은 회사에 재입사할 수 있는 것도 현실이다. 이 경우는 합법이다. 일반적으로 일정 기간 경과 후 개인 사정이 어느 정도 해소된 후 재입사한다. 즉 오늘 퇴사하고 내일 입사하는 방법을 사용하지 않는다.

반면 중간 정산 목적의 퇴사 후 재입사하는 경우는 오늘 퇴사 내일 입사로 처리하는 경우가 많다. 이는 불법이다. 중간 정산을 불법적으로 활용한 것으로 오해받기 쉽다.

합법적인 퇴사 후 재입사가 되기 위해서는 퇴직금 수령 여부와 사직서 제출 여부가 중요하다.

동일한 기업 내에서 근로자가 자신의 필요나 판단에 따라 자유로운 의사를 근거로 하여 사용자에게 사직서 등을 제출하고, 이에 따라

당해 기업으로부터 소정 퇴직금을 정산하여 받은 경우는 사직서 등의 제출이 사용자의 일방적인 경영방침에 따라 어쩔 수 없이 이루어지거나, 단지 형식적으로 이루어진 것으로 볼 수 없어, 기업과 근로자와의 근로관계는 일단 유효하게 단절된다.

또한 행정적으로 4대 보험 상실 신고와 정산 및 근로소득 연말정산이 이루어져야 한다.

❍ 4대 보험 상실 신고

일단 퇴직을 하게 되면 국민연금, 건강보험, 고용보험, 산재보험 등 4대 보험에 대한 상실 신고를 해야 하며, 4대 보험 퇴직 정산, 연차 정산 등의 정산과정도 거쳐야 하고, 다시 재입사하게 될 경우 상실 신고 한 4대 보험에 대한 취득 신고를 진행해야 하는 번거로움이 발생한다.

❍ 근로소득세 처리

중간에 퇴사하면 중도 퇴사자 연말정산을 실시한 후 근로소득세를 신고·납부 해야 하며, 연말정산 시에도 중간퇴사자에 대한 연말정산을 진행해야 하므로 여러 가지로 번거로울 수밖에 없다.

그리고 퇴직 후 재입사의 경우는 근로자에게 신규입사자와 동일하게 퇴직금과 연차휴가가 계산된다는 점을 반드시 주지시켜야 분쟁이 발생하지 않는다.

◑ 퇴직금 내용연수 다시 시작

퇴직금 중간 정산을 위해 퇴직 후, 재입사를 하면, 이전에 근속연수
는 초기화된다고 봐야 한다.

근속연수가 문제 되는 것은 퇴직금과 연차휴가의 문제다.

합법적인 퇴직금 중간 정산의 경우는 중간 정산 이후 1년 미만의 근
속연수에 대해서도 퇴직금의 지급의무가 있으나, 퇴사 후 재입사의
경우 근속연수는 초기화되어, 1년 미만 근무 후 퇴직 시, 퇴직금을
지급하지 않아도 된다.

◑ 연차휴가 일수 다시 산정

연차휴가의 경우도 초기화되어, 1개월 개근 시 1일의 월 단위 연차
(총 11일)와 1년간 80% 이상 근무를 하게 되면 15개의 연차가 발생
을 하게 된다.

사업주 처지에서는 1년이 되는 시점에 많게는 11일의 연차를 더 지
급해야 하는 문제가 발생할 수 있는 반면 장기근속자의 경우 최초 3
년 이후 매 2년마다 1개의 연차가 가산되는데, 오래 근무할수록 연
차의 개수가 늘어나는 혜택을 볼 수 없다.

그리고 미사용 연차에 대해, 사업주는 퇴사 시점에 정산해 줘야 하
는 추가 비용이 발생할 수 있다.

(04 / 확정기여형 퇴직연금(DC형) 가입 활용)

몇 년분 퇴직금을 일시에 지급하는 것이 부담스러운 회사의 경우 합

법적으로 활용 가능한 방법이 확정기여형 퇴직연금(DC형)이다.

확정기여형 퇴직연금(DC형)은 사용자가 매년 근로자의 연간 임금총액의 1/12 이상을 근로자의 퇴직연금 계좌에 적립하면 근로자가 적립금을 운용하고, 퇴직 시 기업이 부담한 금액과 운용 결과를 합한 금액을 일시금 또는 연금 형태로 받을 수 있다.

반면 사업주는 매년 근로자의 연간 임금 총액의 1/12 이상을 퇴직연금으로 납입하면 모든 퇴직금 지급의무가 끝난다.

근로자는 기업이 도산할 때도 사업주가 퇴직연금을 정상적으로 납입한 경우 100% 퇴직금을 보장받을 수 있다는 장점이 있다.

05 / 사내 퇴직금(확정급여형 퇴직연금)의 계산 방법

퇴직금(확정급여형 퇴직연금도 동일)은 일반적으로 다음과 같이 계산한다. 결과적으로는 1년에 1달 치 급여라고 생각하면 된다.

1. 최종 3개월간의 임금 : 퇴직 전일로부터 3개월간 받은 임금(임금에 해당하지 않는 금품 제외) = ❶
2. 퇴직 전일로부터 1년간 지급된 상여금 × 3/12 = ❷
3. 퇴직 전일로부터 전전연도 발생한 연차휴가를 전년도에 사용하지 못해 지급받은 연차휴가수당(1년 되는 시점에 퇴직 시 월차 개념의 연차 포함) × 3/12 = ❸
4. (❶ + ❷ + ❸) ÷ 퇴직 전 3개월간의 일수(89일~92일) = 1일 퇴직금

회사손해액을 급여나 퇴직금에서 일방적으로 공제할 수 없다.

근로자가 재직 중 회사에 금전적 손해를 끼치고 이를 변제하지 못한 상태에서 퇴사한다면 사용자는 당연히 근로자에게 지급할 퇴직금, 임금 등과의 상계 처리를 고민하기 마련인데, 이러한 상계 처리가 노동관계법상 정당한 행위는 아니다.

또한 회사손해액과 상계 처리했어도 해당 금액의 원천은 근로소득 또는 퇴직소득에 해당하므로 세금 및 4대 보험료의 납부 의무도 면제되는 것은 아니다.

근로기준법 제43조 제1항에 의하면, "임금은 통화로 직접 근로자에게 그 전액을 지급하여야 한다. 다만, 법령 또는 단체협약에 특별한 규정이 있는 경우에는 임금의 일부를 공제하거나 통화 이외의 것으로 지급할 수 있다"라고 규정하고 있고, 동법 제36조에 의하면, "사용자는 근로자가 사망 또는 퇴직한 경우는 그 지급 사유가 발생한 때부터 14일 이내에 임금, 보상금, 그 밖에 일체의 금품을 지급하여야 한다"라고 규정하고 있다.

이러한 법 규정의 취지는 사용자가 일방적으로 근로자의 임금을 공제하는 것을 금지해 근로자가 임금 전액을 확실하게 지급받게 함으로써 근로자의 경제생활을 위협하는 일이 없도록 보호하는 것이며, 퇴직금도 후불 임금의 성질을 가지므로 이러한 직접 및 전액 지급의 원칙이 적용된다. 따라서 근로자가 발생시킨 손해에 대한 배상금을 받을 권리가 있다 하더라도 법령 또는 단체협약에 특별한 규정이 있는 경우가 아닌 한, 사용자가 임의로 손해배상액과 임금 등 퇴직금을 상계처리하는 것은 위법이다.

다만, 근로자와 상계합의서 또는 상계동의서를 작성하여 이에 따라 상계처리하는 것은 가능하다. 즉, 근로자가 그러한 상계에 동의하고, 그 동의가 근로자의 자유로운 의사에 근거해서 이루어진 것이라고 인정할 만한 합리적인 이유가 객관적으로 존재하는 때는 상계가 가능하다고 보아야 하며, 이 경우 동의가 근로자의 자유로운 의사에 기한 것이라는 판단은 엄격하고 신중하게 이뤄져야 한다(대법원 2001.10.23, 2001다25184).

따라서 직원의 횡령으로 손해의 발생이 명확한 경우에도, 퇴직금 채권과 손해배상채권을 사용자가 일방적으로 상계하는 것은 근로기준법 위반으로 무효에 해당할 수 있으므로 단체협약에 규정되지 않은 경우는 직원에게 상계에 대한 동의를 받은 후에 퇴직금에서 공제해야 한다.

(대판 2001.10.23. 선고 2001다25184)
근로기준법 제42조 제1항 본문에서 '임금은 통화로 직접 근로자에게 그 전액을 지급하여야 힌다.'라고 규정해 이른바 임금 전액 지급의 원칙을 선언한 취지는 사용

자가 일방적으로 임금을 공제하는 것을 금지하여 근로자에게 임금 전액을 확실하게 지급받게 함으로써 근로자의 경제생활을 위협하는 일이 없도록 그 보호를 도모하려는데, 있으므로 사용자가 근로자에 대하여 가지는 채권을 가지고 일방적으로 근로자의 임금채권을 상계하는 것은 금지된다고 할 것이지만, 사용자가 근로자의 동의를 얻어 근로자의 임금채권에 대하여 상계하는 경우 그 동의가 근로자의 자유로운 의사에 터 잡아 이루어진 것이라고 인정할 만한 합리적인 이유가 객관적으로 존재하는 때에는 근로기준법 제42조 제1항 본문에 위반하지 아니한다고 보아야 할 것이고, 다만 임금 전액지급의 원칙의 취지에 비추어 볼 때 그 동의가 근로자의 자유로운 의사에 기한 것이라는 판단은 엄격하고 신중하게 이루어져야 한다.

알바생의 손해배상액을 급여에서 차감할 때 주의사항

임직원(알바생)의 고의 또는 과실로 인해 발생한 손해를 청구하는 경우 해당 근로자에게 별도의 서면 동의서를 받지 않은 경우 전액불 지급원칙에 따라 우선 급여를 전액 지급한 후 손해액을 되돌려 받는 방식이 되어야 한다. 만일 구두로 합의 후 일정액의 손해액을 차감하고 급여를 지급한다면 차감한 금액이 임금체불에 해당해 별도의 금전적 손실이 발생할 수 있다.

무단결근이라고 무조건 자르면 노는 직원 급여 줘야 한다.

가령 근로자는 인수인계하고 나가겠다. 그 기간은 2주면 충분하다 해서 2주 후에 나간다고 이야기하였으나, 사업주는 근로자 채용을 해야 하고 들어오면 인수인계를 해야 하니 그 기간은 너무 짧아 적어도 1개월하고도 2주는 더 근무할 것을 요구하는 때도 있는데, 이때에는 퇴사일이 언제로 확정이 될까요?

또 극단적인 예를 들자면 사용주는 악의를 가지고 사직서를 제출하면 3개월 후에 효력이 발생한다고, 계약서에 명시한다거나, 후임자가 뽑히지 않았기 때문에 몇 달 동안 계속 근무할 것을 강요할 가능성도 있다. 마찬가지로 근로자는 인수인계하지 않고 바로 퇴사할 수도 있다.

회사는 근로자가 원하는 날짜에 사직서를 수리해야 할 의무는 없다. 회사가 사직서를 수리해주지 않는 동안 출근을 안 하면 퇴직금이 깎이게 된다.

퇴직금은 마지막 3달 치 월급을 평균 내서 계산하는 것인데, 결근하면 공제되고 결근일이 많아질수록 평균임금도 계속 깎이게 된다.

☑ 무단결근의 경우 퇴직금을 실제 금액보다 적게 받을 수 있다.

☑ 무단결근의 경우 실업급여를 받지 못할 수도 있다.

☑ 무단결근의 경우 회사에서 고용보험 상실 신고를 안 해주는 경우 고용보험 이중 가입으로 다른 회사 취직이 곤란할 수 있다.

☑ 무단결근으로 인한 손해에 대해 회사에 손해배상 책임을 질 수 있다.

01 / 무단결근 시 대처 방법

근로자가 사전 또는 당일에 아무런 연락 없이 무단으로 출근하지 않는 경우 혹시라도 나중에 있을지도 모를 다툼에 대비하기 위해 일단 문자나 전화로 연락하고, 문자와 전화 수신내역을 자료로 보관한다. 3일 이상 무단결근하는 경우는 내용증명으로 정상적 출근을 요청하고, 정상 출근하지 않을 경우 결근한 일수에 대한 임금이 지급되지 않고, 퇴직금도 감액되며, 며칠 이상 무단결근을 할 경우 해고할 수밖에 없다는 내용을 문서로 보내두는 것이 좋다.

5인 미만 사업장의 경우 무단결근이 없더라도 언제든지 해고예고만 하면 해고할 수 있으므로 문제가 없지만, 1년 이상 근무한 경우 평균임금이 줄어드는 등 퇴직금 산정에 문제가 생길 수 있다.

02 / 무단결근 시 무조건 해고가 가능한가?

사안을 개별적으로 살펴야겠지만 단 한 차례의 무단결근 자체만으로는 바로 해고가 가능한 것은 아니다. 여러 번 무단결근이 긴 기간 동안 이어지고, 사업주의 시정 요구에도 근로자가 같은 행위를 반복한다면 해고 사유로 볼 수 있다.

어떤 경우를 무단결근한 것으로 취급할 것인가? 는 법원에서 구체적·개별적으로 이뤄진다. 왜냐하면, 근로자가 결근하지 못하는 이유는 매우 다양하고 결근 사실이 있다 하더라도 그것을 무단결근으로 평가할 수 있는지는 그 사업자의 관행이나 취업규칙, 단체협약 등을 구체적으로 따져보아야 하기 때문이다.

예를 들어 결근계만 제출하면 무단결근으로 처리하지 않는다는 규정이 있다면, 무단결근 여부는 결근계 제출 사실 여부에 좌우될 것이다. 반면에 결근계 제출 후 기업의 승인이 필요하다고 규정된 경우는 결근계 제출과 승인 사실 모두를 살펴야 한다는 의미이다.

무단결근이 기업경영에 미치는 영향 역시 기업의 업종, 규모, 근로자의 인원수, 시기적 특성에 따라 차이가 있다. 즉, 어떤 경우가 무단결근에 해당하고, 무단결근 시 무조건 해고해도 된다. 안 된다는 다툼의 소지가 있으며, 명확히 무단결근은 해고해도 법적인 문제가 없다고 판단할 사항은 아니다.

회사와 해당 직원의 주장이 틀릴 수 있으므로 명확히 해고해도 된다. 안 된다는, 판단하기 곤란하다. 법적인 다툼을 통해 법원의 판단사항이다. 따라서 해고를 하고자 한다면 해고 후 법적인 문제가 발생할 것에 대비해 우선, 해고의 정당한 사유에 해당하는 증거들을 최대한 많이, 그리고 명료하게 수집해 놓아야 하며, 해고의 서면통보 및 징계 절차가 있는 경우 해고의 절차적 요건들을 빠짐없이 지키도록 해야 한다. 따라서 무단결근을 한 직원에 대해서 문자나 전화 연락을 하고, 그에 대한 증빙자료를 보관하며, 3일 이상 무단결근을 하는 경우는 내용증명으로 출근 독려를 하는 등 정상적인 출근을 요청하는 노력을 해야 한다.

03 / 무단결근 시 임금 공제와 주휴수당, 휴가

무단결근 시 해당일의 일급 통상임금을 공제하며, 해당주의 휴일은
부여하되 주휴수당을 공제할 수 있다. 즉, 주휴일을 무급으로 부여
하면 된다.

04 / 무단결근 시 퇴직금 계산

무단결근에 따른 해고 시 퇴직금의 계산은 동 결근 기간을 포함해서
평균임금을 산정한다. 다만, 무단결근 일수와 무단결근 기간 중의
임금을 반영하여 평균임금을 산정함으로써 그 금액이 통상임금보다
낮다면 통상임금을 평균임금으로 보아 퇴직금을 계산해야 한다.

임금의 일할계산 방법(며칠만 근무하고 퇴사한 경우)

한 달을 다 채우지 못하고 퇴사를 하는 경우 근무한 일수만큼 급여를 계산해서 지급해야
한다. 예를 들어 8월 1일부터 10일까지 근무(퇴사)한 경우의 8월분 임금의 계산은?
❶ 월급 : 250만 원(기본급 210만 원, 면허수당 20만 원, 식대 20만 원)
❷ 계산법 : (해당 월 총급여 ÷ 해당 월 총일수) × 근무일수(유급처리 되는 휴일수 포함)
= (250만 원 ÷ 31) × 10 = 806,451원(8월분 임금)

05 / 부당해고로 결론 나서 복직하는 경우 급여

무단결근에 의한 해고 후 부당해고로 판단되어 복직하는 경우 무단
해고기간의 급여도 지급해야 한다.

사장님이 부가가치세로

장난치기

☑ 홈택스에 등록된 신용카드 사용금액 무조건 공제받으면 안 된다.

☑ 부가세만 받고 자료 맞추기용 세금계산서 끊어주면 바보

☑ 매입세액공제와 불공제되는 경비지출의 구분

☑ 홈택스 조회 결과 일반과세자라고 무조건 매입세액공제가 되지 않는다.

홈택스에 등록된 신용카드 사용금액 무조건 공제받으면 안 된다.

개인사업자가 자신의 개인신용카드로 사업에 필요한 물품을 구매하거나, 서비스를 받을 경우, 사업에 필요한 것임을 반드시 증명해야 하지만 사업용 신용카드로 사업에 필요한 물품을 사거나 서비스를 받으면 국세청에 자동 등록된다.

등록된 사업용 신용카드에 대해서는 국세청이 직접 신용카드 매입자료를 카드사로부터 제출받아 데이터베이스를 구축하기 때문이다.

국세청에서 해당 신고 기간 분에 대한 신용카드 사용 내역을 조회하면 공제받을 금액의 합계액이 표시됨을 알 수 있다. 물론 부가가치세 매입세액공제와 불공제 여부는 본인이 직접 선택해서 결정하고 신고 시 불성실 신고에 대한 모든 책임도 본인이 져야 한다. 즉 국세청 홈택스에 사업용 신용카드를 등록해서 쓰지만, 홈택스에 사업용 신용카드를 등록했다고 해서 무조건 알아서 공제되는 것은 아니다. 애매한 지출항목에 대해서는 선택 불공제로 구분되며, 사업용으로 지출한 비용일 경우는 공제로 변경해서 부가가치세를 공제받을 수 있다. 이에 대해 잘 모르는 사업자가 많아 당연히 받아야 하는 공제를 놓치거나 받지 말아야 할 공제를 받는 경우가 발생한다.

이는 홈택스 〉 전자(세금)계산서·현금영수증·신용카드 〉 신용카드 매입 〉 사업용 신용카드 사용내역 〉 사업용 신용카드 매입세액 공제 확인/변경에서 변경할 수 있다. 당연불공제는 상대 사업자가 연 매출 4,800만 원 미만 간이과세자, 면세사업자 등의 이유로 애초에 부가가치세 공제를 못 받는 경우이며, 선택 불공제는 부가가치세 공제를 받을 수 있을지, 없을지 명확하게 파악할 수 없는 경우다. 선택 불공제로 표시된 결제 내역에서 사업용 지출이 맞으면, 공제로 변경하면 된다. 여기서 공제로 변경하면 부가가치세 신고 시 해당 금액을 공제받거나 환급받을 수 있다. 다만 변경 및 변경을 안 해서 세금 문제가 발생하는 때의 책임은 본인이 져야 한다. 즉 불공제를 공제로 변경하는 것도 중요하지만, 공제를 불공제로 변경하는 것이 더 중요하다. 불공제 대상이 공제로 되어 있는 경우 이를 변경해야만 추후 과소납부로 인한 가산세를 사전에 방지할 수 있다.

구 분	공급자 업종 및 사업자 구분	매입세액 공제 여부 결정
매입세액공제	부가가치세 일반과세자로서 선택 또는 당연히 불공제에 해당하지 않는 거래	매입세액공제가 가능하며, 매입세액공제 대상이 아닌 경우 불공제로 수정 가능
선택불공제	사업 무관, 접대 관련, 개인 가사 지출, 비영업용 자동차 등은 불공제 대상 [예] 음식, 숙박, 항공운송, 승차권, 주유소, 차량 유지, 과세유흥업소, 자동차 구입, 골프연습장, 목욕, 이발	불공제 대상으로 분류되었으나 사업 용도로 이용한 건은 공제로 수정 [예] 항공운송, 승차권, 성형수술, 목욕, 이발 등의 지출은 매입세액불공제 대상임
당연불공제	간이과세자 및 면세사업자와 거래	매입세액공제 불가

지인이 부가가치세 매입자료를 맞추기 위해 거래 없이 부가가치세만 받고 세금계산서 발행을 요청하는 경우가 있는데, 부가가치세 10% 만 받고 발행해주는 것은 손해다. 이유는 세금계산서를 발행하면 10%의 부가가치세와 동시에 보통 15~24%의 종합소득세도 추가로 내야 한다. 즉 나는 부가가치세 10%와 소득에 대한 세금 15% 또는 24%를 내야 하는데, 상대방으로부터는 부가가치세 10%만 받았으므로 소득에 대한 세금 15% 또는 24%는 손해 보는 행위다.

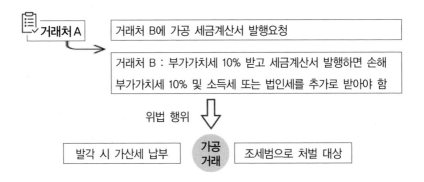

거래처 A

거래처 B에 가공 세금계산서 발행요청

거래처 B : 부가가치세 10% 받고 세금계산서 발행하면 손해
부가가치세 10% 및 소득세 또는 법인세를 추가로 받아야 함

위법 행위

발각 시 가산세 납부

가공
거래

조세범으로 처벌 대상

예를 들어 100만 원의 세금계산서를 발행해주면서 10만 원의 부가가치세를 받는 경우 100만 원에 대한 부가가치세 10만 원은 해결되지만, 소득 100만 원에 붙는 종합소득세(법인세) 15만 원 또는 24만 원(적용받는 누진세율에 따라 차이가 있음)은 본인이 대신 물어야 한다.

앞서 설명한 행위는 손해 여부를 떠나 세법상 위법 행위이다. 따라서 세무조사 시 문제가 될 수 있다.

실물거래 없이 매출, 매입에 관한 세금계산서를 작성하여 발급하거나 이를 정부에 제출하는 경우 가공거래라고 한다. 가공거래를 하는 동기나 이유는 다양하겠지만, 주로 자금 융통, 대출, 대출 연장 등 일정한 매입, 매출이 있다는 점을 증명하기 위해 발생하는 경우와 부가가치세 자료 맞추기 등 부가가치세 탈세 수단으로 많이 이용된다.

매입처, 매출처가 세금계산서를 아예 발급하지 않거나 허위로 발급하거나 발급받은 경우, 거짓으로 작성된 매입처별세금계산서합계표, 매출처별세금계산서합계표를 정부에 제출하는 경우, 이를 중개하거나 알선한 경우 등 모두 처벌 대상이 된다. 나아가 이를 통정해서 하게 되는 경우는 가중 처벌된다.

위장 세금계산서로 판명이 되면 신고불성실 가산세, 납부불성실가산세, 세금계산서합계표불성실 가산세 등 부가세 관련 가산세와 소득세와 법인세의 비용 과다로 인한 신고 및 납부불성실가산세 등 금전적 불이익을 당하게 된다. 특히 신고불성실가산세율은 일반이 아니라 부정행위로 인한 가산세(40%)가 부과되기 때문에 특히 주의한다.

자료상이나 다른 거래처로부터 세금계산서를 사 오는 일은 절대로 해서는 안 되는 일임을 명심하자

구 분	가공 세금계산서	위장 세금계산서
부가가치세	매입세액불공제	매입세액불공제
	세금계산서불성실가산세	세금계산서불성실가산세
	신고납부불성실가산세	신고납부불성실가산세
소득세	소득세	없음(비용인정 됨)
	신고납부불성실가산세	증빙불비가산세
법인세	법인세	없음(비용인정 됨)
	신고납부불성실가산세	증빙불비가산세
범칙 처분	검찰 고발	벌과금 또는 형벌

[주] 위장 매입 세금계산서 수취분은 소득세 또는 법인세 계산 시 비용으로 인정된다. 왜냐하면 실제로 재화 등을 공급받은 사실은 변함이 없기 때문이다.

[주] 공급가액은 부가가치세액을 포함하지 않은 순수한 재화 또는 용역의 교환가치(또는 매출액)다. 공급대가는 공급가액에 부가가치세액을 포함한 금액이다.

매입세액공제와 불공제되는 경비지출의 구분

∨

항 목	공제	주요 지출항목
업무 관련 항공, 철도 운임		국내외 출장 등을 위해 사용한 항공기 운임, 철도운임, 고속버스, 택시 등의 여객 운임은 불공제항목이다. 단, 호텔 등 숙박의 경우는 업무 관련의 경우 매입세액공제에 해당한다.
목욕, 이발		공연·놀이동산 입장권, 목욕, 이발, 미용업 이용요금은 매입세액공제가 되지 않는다.
면세 재화 및 용역의 구입		매입세액공제가 되지 않는다.
국외에서 사용한 금액		국내 사업자가 아닌 자로부터 재화 등을 공급받는 해외 사용분에 대해서는 매입세액공제가 되지 않는다.
복리후생비		실비변상적인 성질의 급여 및 복리후생비와 관련하여 발생한 부가가치세액은 매입세액공제가 된다.
식비 / 회식비 : 개인사업자	공제	직원의 복리후생 목적이면 매입세액공제
	불공제	사업주 대표자 본인의 식대에 대해서는 사업 무관한 것으로 보아 매입세액불공제

항 목	공제	주요 지출항목
식비 / 회식비 : 법인사업자	공제	직원의 복리후생 목적이면 매입세액공제
	불공제	거래처 등 기업업무추진비 성격 : 매입세액불공제 대표이사의 식사비 : 이론상 매입세액공제(원칙) 실무상 불공제 처리하는 세무 대리인도 있다.
기업업무추진비(= 접대비)	공제	특정인이 아닌 일반 대중을 위한 광고선전비, 종업원을 위한 복리후생비 관련 매입세액은 공제
	불공제	기업업무추진비 및 이와 유사한 비용인 교제비, 기밀비, 사례금 등의 관련 매입세액불공제
비영업용 승용차의 취득비용	공제	배기량 1,000CC 미만의 국민차, 배기량 125CC 이하의 이륜자동차, 승합자동차(탑승 인원 9인승 이상), 화물승합차에 해당하는 라보, 다마스 등
	불공제	승용자동차(8인승 이하)로서 개별소비세가 과세대상인 자동차는 매입세액불공제
비영업용 승용차의 유지비용	공제	취득비용이 공제되는 자동차의 수선비, 소모품비, 유류비, 주차료. 렌트비용
	불공제	취득비용이 공제되지 않는 자동차의 수선비, 소모품비, 유류비, 주차료. 렌트비용
호텔 등 숙박비		업무와 관련하여 출장하고 일반과세 사업자인 숙박업소에서 신용카드 등을 사용한 경우 매입세액공제
통신 요금(휴대폰, 전화, 인터넷)		사업과 관련하여 발생한 통신비는 매입세액공제
전기요금, 가스요금, 건물관리비	공제	사업장에서 지출하는 전기요금, 도시가스요금, 건물관리비는 부가가치세 과세대상으로, 세금계산서를 발급받으면 부가가치세 매입세액공제

항 목	공제	주요 지출항목
수도요금	불공제	수도 요금은 면세이기 때문에 매입세액불공제
우편요금	공제	소포우편물을 방문 접수하여 배달하는 용역은 매입세액공제
	불공제	우편 등기는 부가가치세가 면세항목으로 매입세액불공제
콘도회원권 취득	공제	종업원의 복리후생적인 목적으로 취득한 경우
	불공제	사업과 직접 관련 없는 지출에 대한 것, 즉 손님 접대를 위한 콘도미니엄을 매입한 경우
골프회원권 취득	공제	종업원의 복리후생적인 목적으로 취득한 경우
	불공제	해당 회원권을 사용하여 거래처 등에 접대하는 경우
국외 사용액	국내의 일반과세 사업자로부터 세금계산서 또는 신용카드매출전표를 받았을 때 매입세액공제가 가능한 것이므로, 해외 사용분은 매입세액불공제	
여객운송용역 업종	공제	전세버스
	불공제	항공권 · KTX · 고속버스 · 택시요금
입장권을 발행하는 업종	공연 · 놀이동산 · 영화관 등은 매입세액불공제	
컴퓨터, 책상, 의자, 냉장고 등 집기 구입	사업과 관련되었으면 매입세액공제	
전화요금, 인터넷 사용료	사업자번호를 제시하고 세금계산서 발급받으면 매입세액공제	
택시요금	여객운송업종은 매입세액불공제	

항 목		공제	주요 지출항목
주차비	직원 출퇴근 차량용	불공제	업무와 관련되지 않은 용도 공제 불가
	고객 또는 거래처 방문 차량	공제	세금계산서를 수취하는 경우 공제 가능
작업복 등			사업 관련 복리후생비로 매입세액공제
직장체육비 등			개인 여가가 아닌 영업활동 증대를 위한 직원 복지 차원인 경우 매입세액공제
무기명 선불카드 또는 기프트 카드 사용분			매입세액불공제
직불카드 및 기명식 선불카드 사용분			매입세액공제
분식점	간이과세자	공제	2021년 7월 이전 불가능 세금계산서 발행(2021년 7월부터)
	일반과세자	공제	면세 물품은 제외
직원 단합을 위한 영화, 공연 관람			입장권 발행 사업자는 세금계산서 발행 불가 매입세액불공제
출장을 위한 철도 및 항공권 구입			여객운송업은 매입세액불공제
유흥주점 및 골프장 등		불공제	기업업무추진비 관련 지출일 경우 불가
		공제	사회통념상 인정 가능 범위의 회식 등 입증 가능한 사업 관련 비용(실무적으로는 받기 힘 듦)

홈택스 조회 결과 일반과세자라고 무조건 매입세액공제가 되지 않는다.

부가가치세 매입세액공제 여부는 부가가치세법상 사업자 유형으로 결정되는 것이 아니라 구입하는 물품에 따라 결정된다. 즉 구입한 물품이 과세물품인 경우는 매입세액공제가 가능하고, 면세 물품인 경우는 매입세액공제가 안 된다.

예를 들어 직원 야유회를 위해 일반과세인 마트에서 사는 과자는 과세물품으로 매입세액공제 대상이지만 생선이나 육류는 면세 물품이므로 매입세액공제가 안 된다.

따라서 홈택스 조회 결과 상대방이 일반과세자라고 구입한 물품에 대해 매입세액공제를 무조건 받으면 안 되고 구입한 물품이 매입세액공제 대상 물품인지를 확인한 후 공제를 받아야 나중에 불이익이 발생하지 않는다는 점을 항상 명심해야 한다.

부가가치세 매입세액불공제

❶ 매입처별세금계산서합계표를 미제출 · 부실 기재한 경우

❷ 세금계산서를 미수취 및 부실 기재한 경우

신고 시 매입처별세금계산서합계표를 미제출한 경우와 제출하였으나 필요적 기재사항 중

전부 또는 일부가 기재되지 않은 경우 및 사실과 다르게 기재된 경우에는 매입세액을 공제하지 않는다.

그러나 다음의 경우에는 매입세액공제가 가능하다.

㉮ 매입처별세금계산서합계표 또는 신용카드매출전표 등 수령명세서를 수정신고, 경정청구, 기한 후 신고 시 제출하는 경우

㉯ 기재내용이 착오로 잘못 기재된 경우로 세금계산서 등에 의하여 거래사실이 확인되는 경우

㉰ 사업자가 발급받은 세금계산서 또는 신용카드매출전표 등을 경정기관의 확인을 거쳐 정부에 제출하는 경우

㉱ 동일 과세기간에 발급된 공급시기와 발급시기가 다른 세금계산서

㉲ 공급가액이 과대계상 된 경우 실지 거래 해당 분

❸ 사업과 직접 관련이 없는 지출에 대한 매입세액

예를 들어 다음의 경우에는 사업과 관련 없는 지출로 본다.

㉮ 사업자가 그 업무와 관련 없는 자산을 취득·관리함으로써 발생하는 취득비·유지비·수선비와 이와 관련되는 필요경비

㉯ 사업자가 그 사업에 직접 사용하지 않고 타인(종업원을 제외한다)이 주로 사용하는 토지·건물 등의 유지비·수선비·사용료와 이와 관련되는 지출금

㉰ 사업자가 그 업무와 관련 없는 자산을 취득하기 위해서 차입한 금액에 대한 지급이자

㉱ 사업자가 사업과 관련 없이 지출한 접대비

사업과 관련해서 사용인에게 실비변상적이거나 복지후생적인 목적으로 지급되는 물품에 대해서는 물품의 판매로 보지 않으며, 당해 물품의 구입과 관련된 매입세액은 공제된다.

㉲ 직원들의 야유회, 어버이날 위안잔치와 관련된 매입세액

㉳ 사용인에게 무상으로 공급된 작업복, 작업모, 면장갑 등과 관련된 매입세액

❹ 비영업용 소형승용자동차의 구입과 유지에 관한 매입세액

영업용차량이란 운수업(택시, 버스), 자동차판매업, 자동차임대업(리스, 렌트카업), 운전학원업, 경비업법 등 노란색 번호판, 장례식장 및 장의 관련 업종(법인차량과 운구용 승용차)을 영위하는 법인이나 사업자가 자동차를 영업에 직접적으로 이용하는 것을 의미하므로 업무용과는 다르다. 차량으로 노란색 번호판을 달고 있다. 따라서 위의 업종에서 운행하는

승용차를 제외한 업종은 비영업용이다. 예를 들어 일반 회사에서 영업사원이 영업목적으로 승용차를 사용한다고 해서 영업용이 되는 것은 아니다.

그리고 승용자동차란 개별소비세법에 의해서 개별소비세가 부과되는 승용자동차를 말한다. 즉, 개별소비세가 과세되는 것이면 매입세액이 불공제 되고, 개별소비세가 과세되지 않으면 매입세액이 공제된다.

참고로 경유차량은 되고 휘발유차량은 매입세액공제가 안되는 것이 아니다. 즉 경유, 휘발유, 전기, 수소 등 연료에 관계없이 앞서 설명한 업종의 승용차 또는 앞서 설명한 업종이 아닌 경우 다음의 차량만 매입세액공제가 가능하다고 생각하면 된다.

① 화물차 : 화물칸이 따로 구별되어 짐을 실을 수 있는 차량

② 밴승용차 : 운전석과 조수석 외에는 좌석이 없는 차량으로 운전석 뒷칸에 물건을 실을 수 있게 좌석시트 대신 공간으로 구성된 차량

③ 경차 : 1000cc 미만 차량으로 모닝, 스파크, 레이 등

④ 125cc이하의 이륜자동차

⑤ 정원 9인승 이상의 승용차 : 카니발 9인승 등

❺ 기업업무추진비(= 접대비) 및 이와 유사한 비용의 지출에 관련된 매입세액

❻ 부가가치세가 면제되는 재화 또는 용역을 공급하는 사업에 관련된 매입세액과 토지 관련 매입세액

❼ 사업자등록을 하기 전의 매입세액(해당 과세기간 종료일로부터 20일 이내에 사업자등록 시 해당 과세기간 분 제외)

❽ 연 4,800만 원 미만 간이과세자로부터 재화 또는 용역을 공급받는 경우

❾ 세금계산서를 발급할 수 없는 다음의 업종으로부터 당해 업종의 사업과 관련하여 재화 또는 용역을 공급받는 경우(부가가치세가 별도로 표기되어도 공제안 됨)

ㄱ. 목욕 · 이발 · 미용업 자의 본래 사업 관련 용역

ㄴ. 전세버스 운송이 아닌 여객운송업자의 여객운송용역

ㄷ. 입장권을 발행하여 영위하는 사업자의 본래 사업관련 용역

ㄹ. 의사가 제공하는 성형 등 과세되는 의료용역을 공급하는 사업

ㅁ. 수의사가 제공하는 과세되는 동물의 진료용역

ㅂ. 무도학원, 자동차운전학원의 용역을 공급하는 사업

해외(직구 구매) 지출금액의 매입세액공제

1. 해외 구매

부가가치세는 국내의 일반과세사업자 및 간이과세자로부터 세금계산서 또는 신용카드 매출전표를 수취한 경우 매입세액공제가 가능하므로, 국내 사업자가 아닌 자로부터 재화 등을 공급받는 해외 사용분에 대해서는 매입세액공제가 되지 않는다. 즉 해외에서 출장 중 사용한 금액에 대해서는 매입세액공제가 되지 않는다.

또한 해외사이트 구입 분도 부가가치세 공제받을 수 없다. 즉, 결론은 해외 매입 부분은 신용카드 결제를 했어도 부가가치세 공제는 불가능하다. 단, 법인세(종합소득세) 계산 시 필요경비로는 인정받을 수 있다.

해외 카드사용 내역 등 부가가치세 불공제 내역은 매입매출전표가 아닌 일반전표로 부가가치세 불공제로 처리해주면 된다.

매입매출전표 메뉴에서 전표입력 시에는 카드사용 내역에 부가가치세가 구분되어있는 경우는 카불, 부가가치세가 없다면 카영으로 부가세 유형을 입력하면 된다.

2. 해외직구

해외직구 이용자가 부담하는 세금은 관세와 부가가치세다. 사업자는 업무와 관련해 온라인 구매시 세관장으로부터 수입자 명의로 수입세금계산서를 발급받으면 기존에 부담한 부가가치세를 공제받을 수 있다. 해외직구 구매 시 해외사업자는 세금계산서를 발행할 수 없다. 법인카드로 결제했다면 법인카드 지출한 내역으로 증빙처리를 한다.

환율은 물품구매 시점이 아닌 수입신고 시점을 기준으로 적용된다.

따라서 물품구매 시점을 기준으로 과세환율을 적용하여 계산한다면 실제와 다를 수 있다.

① 관세청 유니패스(unipass.customs.go.kr) 접속 후 왼쪽 아래 환율정보의 더하기 부분을 클릭한다.

② 환율 구분의 수입(과세) 체크 후 조회를 누르면 기준일자에 해당하는 과세환율을 확인할 수 있다.

1. 선금을 카드로 결제했을 경우는 승인 시 기준환율로 선급금 계상하고, 나중에 자재가 들어오면 수입되는 시점에서 원자재와 선급금 상계 처리하면 된다.

2. 자재 먼저 들어오고 대금을 나중에 카드로 결제했을 경우는 자재 입고 시 기준환율로 원자재 처리하고, 카드결제 시에는 원자재 대금과 카드결제 대금 차액만큼 외화환차손을 적용하면 된다. 이때 각종 수수료는 취득원가에 가산한다.

사장님이 장난치는 지출경비

세금폭탄을
피하는 가장 쉬운 방법 증빙 관리

세법에서 증빙이라고 하면 세금계산서가 대표적이다. 이와 별도로 계산서, 신용카드매출전표. 지출증빙용 현금영수증, 세금계산서 대용 지로용지, 인건비에 대한 원천징수영수증이 세법에서 인정하는 증빙이다.

세금의 세자, 회계의 회자도 모르는 진짜 초보라면 어디를 가서 든 창업을 해서든 당장 업무를 해야 한다면 돈이 나갈 때 증빙부터 챙기는 습관을 들여야 한다.

계정과목도 모르고 분개 어떻게 해야 하지요?

경리업무를 하는데 회사에 필요한 서류가 무엇이 있나요?

걱정할 시간에 우선 증빙부터 확실히 챙겨야 한다.

회사의 사업자등록증을 봐서 우리 회사가

❶ 부가가치세법상 어디에 속하는지를 우선 알고,

❷ 세법상 인정받을 수 있는 증빙의 종류를 파악해두어야 한다.

특히 기업업무추진비(= 접대비) 관리는 중요하므로 신경을 써서 관리한다.

[지출증빙을 발행할 경우]

증빙 \ 발행자	법인 개인 일반과세자	개인 간이과세자	면세사업자
세금계산서	가능(과세 대상 거래에 한해)	가능(과세 대상 거래에 한해)	가능(과세 대상 거래에 한해)
계산서	가능(면세 대상 거래에 한해)	가능(면세 대상 거래에 한해)	가능(면세 대상 거래에 한해)
신용카드매출전표(법인카드)	가능	가능	가능
신용카드매출전표(개인카드)	가능	가능	가능
현금영수증(지출증빙용)	가능	가능	가능
현금영수증(소득공제용)	가능	가능	가능
간이영수증	가능	가능	가능

[지출증빙을 발급받을 수 있는 경우]

증빙 \ 발행자	법인 개인 일반과세자	개인 간이과세자	면세사업자
세금계산서	가능(과세 대상 거래에 한해)	가능(과세 대상 거래에 한해)	가능(과세 대상 거래에 한해)
계산서	가능(면세 대상 거래에 한해)	가능(면세 대상 거래에 한해)	가능(면세 대상 거래에 한해)
신용카드매출전표(법인카드)	가능	가능	가능

증빙 \ 발행자	법인 개인 일반과세자	개인 간이과세자	면세사업자
신용카드매출 전표(개인카드)	가능(법인은 기업업 무추진비는 불가능)	가능	가능
현금영수증 (지출증빙용)	가능	가능	가능
현금영수증 (소득공제용)	가능{지출 증빙용으로 전환}	가능{지출 증빙용으로 전환}	가능{지출 증빙용으로 전환}
간이영수증	가능 (금액 제한이 있다)	가능 (금액 제한이 있다)	가능 (금액 제한이 있다)

위의 표에서 보면 우리 회사가 발행 가능한 증빙과 반드시 수취해야
할 증빙을 구분할 수 있을 것이다.

그런데 세법상 증빙으로 인정하는 위의 증빙은 금액에 따라 법정지
출증빙이 되기도 하고, 안 되기도 한다.

법정지출증빙이 되기 위한 비용지출 기준금액은 다음과 같으니 초보
자는 꼭 암기하고 있어야 한다.

지출 내용		금액 기준	법정지출증빙
기 업 업 무 추 진 비	경조사비	한 차례 20만 원 초과(20만 1원부터)	세금계산서, 계산서, 신용카드매출전표, 지출 증빙용 현금영수증. 청첩장은 증빙이 되지 않음(축의금 + 화환 금액)
		한 차례 20만 원까 지(20만 원까지)	청첩장, 초대장 등 경조사를 증명할 수 있는 서류(축의금 + 화환 금액)

지출 내용		금액 기준	법정지출증빙
기업업무추진비	경조사비를 제외한 기업업무추진비	한 차례 3만 원 초과(3만 1원부터)	세금계산서, 계산서, 신용카드매출전표, 지출증빙용 현금영수증, 필요적 기재 사항이 기록되어 있는 지로영수증(영수증은 안 됨)
		한 차례 3만 원까지(3만 원까지)	세금계산서, 계산서, 신용카드매출전표, 지출증빙용 현금영수증, 필요적 기재 사항이 기록되어 있는 지로영수증(영수증은 안 됨) 외 간이영수증도 가능
기업업무추진비를 제외한 일반비용		한 차례 3만 원 초과(3만 1원부터)	세금계산서, 계산서, 신용카드매출전표, 지출 증빙용 현금영수증, 필요적 기재사항이 기록되어 있는 지로영수증(영수증은 안 됨)
		한 차례 3만 원까지(3만 1원까지)	세금계산서, 계산서, 신용카드매출전표, 지출증빙용 현금영수증, 필요적 기재사항이 기록되어 있는 지로영수증(영수증은 안 됨) 외 간이영수증도 가능
원천징수하는 세금(인건비)		금액 기준 없음	원천징수영수증

일반과세
물 품
⇨ 세금계산서, 신용카드매출전표, 지출증빙용 현금영수증, 지로영수증, 원천징수영수증, 간이영수증은 기업업무추진비 및 일반비용 모두 3만원 까지만 법정지출증빙

면세물품
⇨ 계산서, 신용카드매출전표, 지출증빙용 현금영수증, 지로영수증, 원천징수영수증, 간이영수증은 기업업무추진비 및 일반비용 모두 3만원 까지만 법정지출증빙

간 이
과세자
⇨ 세금계산서, 신용카드매출전표, 지출증빙용 현금영수증, 지로영수증, 원천징수영수증, 간이영수증은 기업업무추진비 및 일반비용 모두 3만원 까지만 법정지출증빙.

일반개인
⇨ 개인 주택임대업자에게 임대용역을 공급받는 경우는 은행에서 송금하고 송금영수증을 보관하면 되나, 상가를 임대하는 경우는 세금계산서 등 법정지출증빙을 받아야 함

[주] 연 매출 4,800만 원 미만의 간이과세자는 세금계산서를 발행할 수 없으나, 4,800만 원 이상 간이과세자는 세금계산서 발급이 가능하므로 반드시 세금계산서를 받아야 한다.

세금 신고를 할 때 영수증을 전부 제출해야 하는 것은 아니다.
세금 신고를 할 때 그동안 사용한 모든 지출 영수증을 제출해야 한다고 알고 있는 사람이 있는데, 모든 증빙은 제출할 필요 없이 이 증빙을 근거로 신고만 잘하다가 나중에 문제가 생기면 소명자료로 활용한다. 보관은 5년간 하면 된다.
참고로 국세청 홈택스에 조회되는 증빙자료는 별도로 보관하지 않아도 된다.

자료상에게 사는 청첩장 1장에 20만 원

경조사와 관련된 지출에 대해 청첩장, 부고장 등을 첨부하면 건당 20만 원까지 경비인정을 해주다 보니 자료상을 통해 구입한 후 경비처리를 하는 사장님이 많다. 그래서 세무서에서는 매출 규모에 비해 과도한 경조사비나 의심 가는 경조사비에 대해서는 적극적으로 소명자료를 요구하는 경우가 많으니 이 점에 유의해서 경조사비를 처리해야 한다.

청첩장, 지출결의서, 거래명세서는 법에서 인정하는 증빙이 아니다. 즉 법정지출증빙이 아닌 사적 거래 증빙이다.

업무와 관련한 거래처에 대한 경조사비는 기업업무추진비(= 접대비)에 속하고, 개인적 경조사비는 비용으로 인정되지 않는다.

한 거래처당 경조사비(기업업무추진비)의 경우 청첩장, 부고장 등으로 받을 수 있는 비용인정 한도는 20만 원이다. 즉, 법 취지상 세금계산서 등 법정지출증빙이 있으면 20만 원 초과액을 청첩장, 부고장만 있으면 20만 원까지만 기업업무추진비(= 접대비)로 경비인정을 해주겠다는 것이다. 현실적으로 결혼식장이나 상갓집 가서 세금계산서를 달라고 할 수 없으니 결국 20만 원까지만 인정받을 수 있는 것이다.

❶ 한 거래처당 원칙적으로 20만 원까지는 청첩장으로 비용인정

❷ 20만 원을 초과하는 경우 청첩장, 부고장 등만 있는 경우 전액 비용으로 인정 안 해주는 것이 원칙이지만, 세금계산서 등 법정지출 증빙이 있으면 법정지출증빙 수취액만큼은 비용으로 인정해준다.

01 / 청첩장과 화환의 경비처리

청첩장을 받는 경우는 다음의 2가지 중 하나이다.

첫째, 회사 임직원 경조사비용이다.

회사 임직원 결혼식에 축의금을 주는 경우 그 금액이 사회 통념상 타당한 금액이면 복리후생비로 비용처리가 가능하다.

사회 통념상 타당한 금액이라는 말이 모호한데, 이 의미는 제3자가 객관적으로 생각해 이 정도면 무리가 없는 금액이다. 라고 생각하는 금액을 말한다.

회사의 경조사 규정이 있으면 해당 규정에 따라 지급하면 큰 무리가 없을 것으로 보인다. 다만 회사 규정에 따라 경조사비를 지급하고 별도로 대표이사 명의로 회사에서 추가로 지급하는 경우 대표이사 개인적 지출을 회사가 대신 부담한 것으로 간주해 세법에서는 대표이사에 대한 급여로 본다.

둘째, 거래처 경조사비용이다.

회사 거래처 대표나 직원 결혼식 축의금은 기업업무추진비(= 접대비)이다. 단지 대표이사와 개인적 친분이 있는 사람의 경조사비를 회사가 내주는 경우는 경비인정이 안 된다.

예를 들어 대표이사 가족이나 친인척 경조사비, 동창이나 동문의 경조사비를 회사 자금으로 내는 경우는 대표이사의 사적 지출로 급여로 봐 업무처리를 해야 한다.

그리고 세법에서는 기업업무추진비의 경조사비 한도를 20만 원으로 정해두고 있으며, 소명자료로 청첩장 등을 예로 들고 있다. 여기서 20만 원은 축의금만을 의미하는 것이 아니라 상대방에게 지출하는 모든 비용의 합계액을 의미한다. 즉, 같은 회사에서 2명이 가는 경우 각각 20만 원이 아니라 합쳐서 20만 원이다. 축의금도 내고 축하 화환도 보내는 경우 각각이 아니라 두 금액을 합해서 20만 원이다(이를 초과한 경우 증빙 있는 화환 대금만 비용인정).

그리고 20만 원을 넘는 경우 20만 원은 비용인정 넘는 금액만 비용불인정이 아니라 전액 비용불인정 한다. 단, 화환 금액에 대한 법정지출증빙이 있는 경우 이는 인정받을 수 있다.

청첩장	청첩장 +	청첩장 + 화환
1장에 20만 원 경비인정 자료상에게 사거나 해서 비상식적으로 경조사비 많으면 소명요구	청첩장 + 화환 20만 원 경비인정	청첩장 + 화환 20만 원 초과할 때 증빙 받은 화환 대금만 경비인정

참고로 증빙을 첨부했는데, 왜 20만 원까지만 비용인정을 해주느냐 하면 청첩장 등은 세금계산서와 같이 법에서 인정하는 법정지출증빙이 아니라 사인 간에 오가는 사적 증빙이기 때문이다. 따라서 20만 원 초과 금액에 대해서 세금계산서를 받으면 인정해준다.

02 / 지출결의서는 적격증빙이 아니다.

지출결의서는 제목 그대로 중요 지출내역을 결제받기 위한 서류라고 보면 된다. 즉, 사내 문서이다. 따라서 지출결의서 뒤에는 항상 법에서 인정하는 증빙을 첨부해야 한다. 증빙이 없으면 지출결의서로 대체한다고 법에서 인정해주는 것은 아니다.

그러면 작성하기 귀찮은데 작성 안 해도 되냐고 따지는 사람이 있다. 물론 사내 문서이므로 작성 여부의 결정은 회사가 하면 된다. 다만, 법정지출증빙이 없으면 전액 경비인정을 못 받지만, 지출결의서라도 작성해 비용지출 사실을 소명하면 2% 증빙불비가산세를 부담하고 비용인정을 받을 기회가 있다는 점은 알고 작성 여부를 결정했으면 한다.

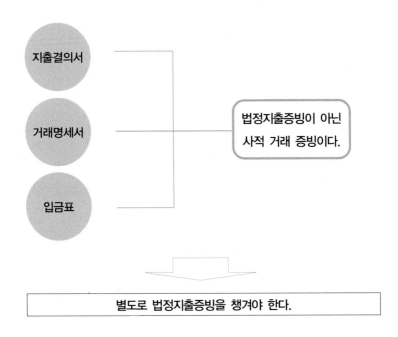

구 분		비용인정 여부
20만 원 이내의 금액	원칙	세금계산서, 계산서, 신용카드매출전표, 현금영수증 등 법정지출증빙
	예외	청첩장, 부고장 등(소명용 증빙)
20만 원 초과 금액		청첩장, 부고장(소명용 증빙) 등의 금액은 비용인정을 안 해준다. 즉, 청첩장, 부고장 등의 금액은 원칙적으로 법정지출증빙이 아니므로 전액 비용불인정한다. 세금계산서, 계산서, 신용카드매출전표, 현금영수증 등 법정지출증빙이 있는 경우 법정지출증빙 금액만 비용인정한다.

기업업무추진비의 경우 일반기업업무추진비는 3만 원 초과. 단, 경조사비는 20만 원 초과 지출 시 세금계산서를 받아야 비용인정을 해준다. 즉, 20만 원 초과 지출 시에는 반드시 법정지출증빙을 받아야 한다. 그런데 청첩장, 부고장을 법정지출증빙으로 착각하는 경향이 있다. 이는 경조사라는 특성을 고려해 20만 원까지 청첩장 등 소명용 증빙을 첨부하면 인정해주는 것이지 법정지출증빙이 아니다.

예를 들어 경조사비 30만 원을 지출한 경우 20만 원 초과로 세금계산서 등 법정지출증빙을 받을 경우 기업업무추진비로 인정받을 수 있으나, 청첩장, 부고장만으로는 경비인정을 못 받는다.

직원만 믿지 말고 사장님 본인도 알고 있어야 할 경비처리 원칙

개인회사 사장님은 나와 관련된 개인적 지출도 모두 세법에서 비용인정이 되는지 착각하는 경향이 있다. 아니면 설마 이게 걸리겠어라고 생각을 가진다.

그래서 밥을 먹어도, 마트에서 가정에 필요한 물건을 사도, 여행을 가도 모두 내 주머니에서 돈이 나가면 직원에게 영수증을 던져주고 비용 처리하라고 한다.

좀 아는 직원이 이건 비용처리가 안 된다고 하면 다른 회사 직원은 잘도 하드만 너는 왜 못하냐는 식의 핀잔을 주기도 한다.

그런데 이걸 알아야 한다. 이건 무식 때문이라는 것을 나이 든 사장이 그러면 꼰대 짓이요. 젊은 사장이 그러면 젊은 것이 배우지 못한 것이 될 수 있다.

그러니 제발 나중에 세무조사 받고 후회하지 말고 원칙을 지키기를 바란다.

01 / 내가 밥 먹은 돈은 왜 공제를 안 해줘요

⊃ 직원이 있는 개인사업자의 경우

직원이 있으면 당연히 직원을 위해 지출한 식비를 복리후생비로 해석하여 경비처리를 할 수 있다. 다만, 이 경우 실질 직원이 있더라도 인건비 신고를 제대로 하지 않았다면, 직원이 있다는 것을 인정하지 않아 경비처리에서 제외된다.

이 경우엔 복리후생비로 처리할 명분이 없어, 식대 영수증을 처리할 수 없다.

● 직원이 없는 1인 개인사업자의 경우

직원이 없으면 원칙적으로 모든 식비는 개인적인 가사경비로 해석되기 때문에 비용 처리하지 못한다.

일부 기업업무추진비(= 접대비) 등으로 처리하는 예도 있지만, 그 금액이나 용도가 제한적이기 때문에 한계가 있다. 즉 마음대로 모든 식비를 기업업무추진비로 처리하면 안 된다.

사업자 본인의 식대는 사업과 무관한 경비(생활경비)로 해석한다.

직원이 없는 사업장이나 직원이 없는 기간의 식대 비용은 원칙은 비용처리가 안 된다. 기업업무추진비로 처리 시에는 접대 장소, 접대 목적, 접대처, 접대자 등 명세서를 만들어 둬야 나중에 세무조사 시 문제가 되지 않는다.

● 허위 가족이나 직원을 활용해 돌려막기

개인사업자는 직원이 없으면 식대, 개인 경비를 처리할 수 없다 보니 지인이나 가족을 직원으로 허위 등록 후, 개인적인 경비를 전부 복리후생비 처리하거나, 고액의 식대나 기업업무추진비를 나누어 직원이 사용한 복리후생비인 것처럼 처리하는 경우가 많다.

그러나 이것에 대한 국세청의 소명자료 요구나 세무조사 시 적발되는 경우가 많으니 참고한다.

02 / 마트에서 쓴 영수증 비용으로 인정해주나?

당연한 말이지만 비용처리는 사업을 하는 동안에 사업으로 인해 발생한 지출에 관해서만 해야 한다. 간혹 절세를 위해 개인적인 지출을 가짜 서류를 만들어 편법으로 신고하는 경우가 있다.

대표적인 것이 가사용품을 구매하고 받은 영수증을 나만 알겠지 생각하고 회사경비로 처리하는 경우이다.

그러나 국세청은 이를 찾아내 소명을 요구할 수 있으므로 당장 안 걸린다는 생각에 가사비용을 회사경비로 처리해서는 안 되겠다.

03 / 기업업무추진비, 경조사비의 비용처리

기업업무추진비나 거래처 관련 경조사 비용 역시 비용처리가 가능하다. 기업업무추진비는 3만 원을 넘는 경우 무조건 증빙서류가 필요하며, 경조사 관련한 비용은 청첩장, 부고 문자 등의 증빙서류가 있다면 각각 20만 원의 소득세 비용처리를 할 수 있다. 만약 증빙서류가 없을 시 통장에서 경조사 인출 비용 여부를 체크하는 습관을 들이는 것이 필요하다.

04 / 차는 경차나 9인 이상 차량, 화물차를 구매하세요

옆집 트럭은 공제해주고 똑같이 업무용으로 쓴 내차 주유비는 왜 공제를 안 해줘요. 이런 법이 어디 있나요?

일반승용차를 구매할 경우는 부가가치세 공제는 불가능하나 경차나 9인 이상 차량, 화물차를 구매하면 부가가치세 공제도 가능하고 세금신고 시 비용처리도 가능해 더 많은 절세를 할 수 있다. 이런 경우 연간 1,500만 원 한도로 비용처리가 가능하고 주유비, 수리비 등 차량 관련 비용 또한 부가가치세 및 법인세(소득세) 비용처리까지 할 수 있어 큰 이득이다.

05 / 대출이자도 비용처리가 가능하다.

사업과 관련해서 대출받았을 경우 수령한 대출금 자체는 비용처리가 되지 않지만, 대출이자는 법인세(소득세) 신고 시에 비용처리가 가능하다. 단, 개인회사의 경우 자산을 초과하는 대출 금액에 관해서는 경비처리가 불가능하기에 본인의 자산을 확인하고 대출액을 조정해야 한다.

06 / 전기, 가스, 수도, 통신 요금도 놓치지 마세요

전기는 한국전력에서 도시가스는 가스회사에서 사업자등록번호가 기재된 영수증을 발급받고, 수도 요금은 따로 계산서를 신청하면 비용처리를 할 수 있다. 대부분 사업자가 놓치는 부분이 휴대전화 요금과 관련된 것인데, 일반적으로 개인사업자는 본인 명의 휴대전화를 사업자 명의를 등록하고 세금계산서를 발급받을 수 있으니 이를 꼭 확인하고 통신사에 요청해야 한다.

구 분	내 용
복리후생비	직원을 위해 지출한 경비 • 식사 : 식당, 떡집, 빵집 등 • 회식 : 식당, 술집, 노래방, 볼링장 등 • 상품권 : 명절 휴가 상여금, 인센티브 등 • 야유회 : 펜션, 렌트카, 여행경비 등
소모품비	100만 원 이하의 소모성 자산 • 대형마트 : 비누, 휴지, 청소도구 등 • 마트/슈퍼 : 커피믹스, 과자, 음료 등 • 백화점 : 작은 비품, 수건, 커피잔, 전등 등
접대비	• 식사 : 식당 • 회식 : 식당, 빵집 등 • 상품권 : 업체 선물이나 고객선물 등
여비교통비	• 택시비 : 법인카드 사용 권장 • 대중교통 : 교통카드 구입 • 기차 • 학회비 : 증빙 가능한 학회참석만 • 국내 항공료
도서 사무용품	• 책 : 도서, 잡지 등(학습지는 안 됨) • 인쇄비 • 문구용품 : 장난감은 안 됨
차량유지비	• 주유대 : 타지역도 가능 • 주차비 • 차량수선비 : 정비, 통행료, 수리비 등

구 분	내 용
수선비	• 세탁비, 옷 수선비, 직원 유니폼, 가운 등
교육훈련비	• 직원들 헬스, 학원, 운동 등 가능 • 직원 해외여행 경비 등
감가상각비	자산에 대한 비용처리 • 인테리어, 시설물 등

08 / 직원 카드 사용액도 공제받을 수 있다.

❷ 카드 영수증의 필수기재 사항 확인

직원 개인명의 카드 사용내역은 회사가 수집하는 것이 불가능하므로 직원으로부터 꼭 사용 영수증을 받아야 한다.

그리고 받은 영수증의 세무 처리를 위해 판매처의 사업자등록번호와 영수일시, 영수금액 정보가 기재되어 있는지 꼭 확인해야 하고, 관리 방법에 따라 카드번호 정보도 필요할 수 있으므로 영수증 상에 해당 정보가 정확히 기록되어 있는지 확인하는 업무가 필요하다.

혹시라도 직원으로부터 전달받은 영수증에 필수 정보들이 불분명하게 기록되어 있다면 영수증을 재요청하여 다시 받아야 한다.

❷ 개인카드 대금은 통장으로 입금시킨다.

회사를 위해 지출한 개인카드 결제금액은 회사통장에서 직원 명의 개인 통장으로 환급해준다.

환급 방법은 발생할 때마나 입금하거나, 일정기간을 정해서 합산해서 입금하거나 혹은 급여에 포함해서 입금하는 등 여러 방법 중 한 방법을 정해서 하면 된다.

그리고 필요하다면 직원 개인카드 사용 내역을 엑셀 등으로 정리해 두는 것도 좋다.

⊙ 전표 입력 시 유의한다.

법인사업자가 법인 명의로 발급받은 카드, 개인사업자가 사업자 명의로 발급받고 홈택스에 등록한 카드의 사용내역은 홈택스에서 제공하는 시기에 맞춰 사용내역을 전산으로 조회할 수 있고, 그 기능을 활용하여 전표 입력도 편리하게 할 수 있다.

하지만 직원 개인카드 사용내역은 그 내역 하나하나를 수기로 전표 처리해야 하므로 상대적으로 더 수고로운 작업이 될 수 있다. 따라서 될 수 있으면 개인카드보다는 법인카드를 사용한다.

⊙ 직원 이름의 법인카드(사업자 카드)를 사용한다.

법인카드(사업자 카드)만으로 비용 집행이 어려운 사업주는 직원별로 직원 이름의 법인카드(사업자 카드)를 발급해서 회사 비용지출 시 그 카드를 사용하도록 하는 방법도 고려해본다. 이 카드는 직원 이름의 카드일지라도 사업자 명의의 카드이기 때문에 회사계좌에서 비용이 지출된다. 이와 관련해서 혹시 직원이 카드를 남용하지 않을까 우려되는 경우는 카드별 한도를 조정하는 등의 대책을 세우는 것도 좋은 방법이다.

사장님이 스스로 주의해야 할
세금을 줄여주는 경비처리

회사를 운영하는 사장님 중에 아무거나 영수증만 있으면 무조건 경비인정을 해준다고 생각하는 분들이 많다.

그래서 평소에 마트에서 가정용으로 사용한 비용 및 주말에 골프 치고 발생하는 비용, 하물며 자녀 학원비 영수증까지 경비 처리하라고 하는 사장님이 있다.

제발 이제 바로 알고 처리해 애먼 직원 난처한 일 겪지 않게 했으면 좋겠다. 즉 경비인정을 받기 위해서는 사적비용 안 돼요! 업무용 지출이어야 해요!

국세청이 내가 사적비용 경비처리 한다고 자기들이 어떻게 알아

이런 생각은 버리세요

나는 소규모 회사인데 괜찮겠지!

이런 생각도 버리세요

괜찮아 그냥 경비 잡으라고 해놓고 나중에 가산세 물거나 세무조사 나오면 애먼 직원만 잡는 그런 사장님 되시지 않기를 바란다.

01 / 사장님이 자주 우기는 비용처리 기본원칙

● 업무와 관련된 비용만 비용인정

너무도 당연한 말이지만 누구나 세금을 적게 내고 싶은 마음에, 남은 모르겠지 하는 마음에 가사 관련 비용도 은근슬쩍 비용 처리하는 것이 너무 일상화돼 있다. 하지만, 비용처리는 사업하는 동안에 사업으로 발생한 지출에 관해서만 해야 한다. 간혹 절세를 위해 개인적인 지출을 가짜 서류를 만들어 편법으로 신고하는 경우가 있다.

국세청 세무조사에서는 일상화된 탈세유형부터 가장 먼저 본다는 점을 잊어서는 안 된다. 가사 관련 비용은 은근슬쩍 끼워놓는 것은 사업자 자신이 결정할 문제이지 넣어도 돼요? 안 돼요? 남이 결정해 줄 문제는 아니다.

● 세금 신고할 때 영수증을 전부 제출하는 것이 아니다.

세금 신고를 할 때 그동안 사용한 모든 지출 영수증을 제출해야 한다고 알고 있는 사업자가 의외로 많다. 그러나 모든 영수증을 제출할 필요 없이 5년 동안 잘 보관하고 있다가 세무조사를 받으면 소명자료로 보여주고, 평소에는 이 영수증을 근거로 신고만 잘하면 된다.

● 인건비는 반드시 계좌 입금하고, 세금 신고해야 한다.

개인사업자나 자영업자가 사용하는 비용 중 가장 큰 비중을 차지하는 항목은 인건비이다. 소규모 사업장의 경우 인건비를 통장이 아니라 현금으로 지급하는 경우가 있는데, 인건비는 현금 대신 계좌로 지급하여 근거를 남기는 것이 유리하다. 또한, 인건비에 대해 원천 징수 후 신고를 해야 하는데, 안 하고 있다가 법인세(종합소득세)가 많이 나오니 그때 서야 허둥지둥 인건비 신고 방법을 찾는 사업자가 많은데, 평소에 매달 신고를 잘해두어야 한다.

● 적격증빙은 아무리 강조해도 또 중요하다.

영수증도 아무거나 비용처리가 되지 않는다. 비용을 지출했다는 것을 인정받을 수 있는 증빙이어야 한다. 세법에서 인정하는 법정지출증빙 은 세금계산서, 계산서, (지출증빙용)현금영수증, 신용카드, 체크카드 영수증만 유효하다. 직원이나 프리랜서처럼 사업자등록이 안 된 사람 에게 지출할 경우는 원천징수영수증을 발행하면 인정받을 수 있다.

● 부가가치세 받을 때는 모르지만 낼 때는 아깝다.

신용카드 결제를 하거나 세금계산서를 요구할 시 10%의 부가가치세를 내야 한다. 부가가치세가 아까워서 현금결제를 하는 사업자도 있으나 이는 피하는 것이 좋다. 세금계산서는 증빙이 되기 때문에 부가가치세는 다 돌려받을 수 있을 뿐만 아니라 법인세(종합소득세)까지 줄여주기 때문이다. 현금으로 결제하면 좀 깎아 준다고 현금결제하는 것보다 부가가치세를 주고 세금계산서를 받는 것이 훨씬 유리하다.

경비 비용인정의 원칙

☑ 업무와 관련해야 한다. 개인적 지출은 안 된다.

☑ 지출했다는 소명자료가 있어야 한다. 그 역할을 해주는 것이 세금계산서, 계산서, 신용카드매출전표, (지출증빙용)현금영수증, 원천징수영수증 등의 법정지출증빙이다. 법정지출증빙은 세금 신고 시 합산해서 제출하지 각각의 증빙을 제출하는 것이 아니다. 단, 원천징수 내역을 매달 합산해 제출하고 1년에 1번 개인별 내역(지급명세서)을 제출한다.

☑ 인건비는 반드시 사업자 통장에서 소득자 통장으로 이체한다.

☑ 깎아 준다고 현금 결제하면 손해 본다.

02 / 회사 비용의 세무상 비용처리 방법

구 분	비용처리
사업자 관련 대출 경비처리	원금은 안되고 이자비용은 경비처리가 가능하다. 이자비용에 대해 경비처리를 하는 경우 부채증명원과 이자상환내역증명원을 발급받으면 된다. 다만, 주택 관련 대출에 대해서는 경비처리가 불가능하다.

구 분	비용처리
자동차 관련 비용의 경비처리	자동차등록증상 자동차 명의가 대표자 본인(부부공동 가능) 명의인 보험료, 자동차세, 주유비 등은 경비처리가 가능하다.
차량유지비	업무용 차량의 유지비용은 경비처리가 가능하다. 단, 차량운행일지를 작성하고 업무용 승용차 전용보험에 가입해야 한다. 참고로 출퇴근 차량유지비도 차량운행일지(승용차 작성. 트럭은 제외)를 작성하면 업무용으로 인정해준다. 그리고 대리운전비용도 업무용 지출인 경우 인정된다.
트럭이나 다마스, 경차비용	매입세액불공제 및 운행일지 작성 의무 차량은 흔히 말하는 승용차를 말하며, 업무용으로 사용하는 트럭이나 다마스, 경차, 배달 오토바이 비용은 증빙만 있으면 경비로 인정된다.
사업용 고정자산 매입비용	업무와 관련한 컴퓨터, 노트북, 프로그램 구입비, 책상 등 가구 구입비는 비용인정이 된다.
사업장 임차료	사업장 임차료는 비용인정이 된다. 본인 집은 인정받기 힘들다.
통신비	본인 핸드폰 비용, 인터넷, 전화, 팩스비용 모두 가능하다. TV 설치비용은 업종 상 꼭 필요하지 않은 업종의 경우 비용처리가 힘들다.
개인소유 핸드폰 사용료	사업자가 핸드폰을 업무와 관련하여 사용하고 지급하는 핸드폰 사용료는 경비인정이 된다. 그러나 종업원이 업무와 관련 없이 종업원의 개인휴대폰 사용료를 회사가 부담하는 경우 근로소득세를 원천징수하고 경비인정을 받는다. 또한 핸드폰 기기 구입비용도 업무와 관련된 것은 경비처리가 가능하다.
인건비	세금 신고를 한 인건비만 경비처리가 가능하다. 그리고 급여를 통장으로 지급하지 않고 현금으로 지급할 경우는 꼭 급여대장을 작성해 두어야 한다.

구 분	비용처리
배우자 인건비	배우자 인건비는 근로소득으로 봐 경비처리가 가능하다. 단, 실제로 근로를 제공한 증거자료(출퇴근 기록 및 업무일지, 급여 이체와 4대 보험 및 근로소득세 신고자료 등)를 확보해 두어야 한다. 이 경우 배우자도 4대 보험 납부를 한 경우 비용으로 인정된다.
4대 보험료	4대 보험 중 직원부담 분(법인 대표이사 포함)은 경비처리가 가능하다. 하지만 개인사업자 사장 개인 4대 보험료 중 건강보험료는 경비처리가 가능하나 국민연금은 인출금처리 후 종합소득세 신고 시 경비처리가 아닌 연금소득공제를 받는다.
식대 지출액	종업원의 20만 원 식대 비과세 대신 식사를 제공하는 경우 경비인정이 된다. 구내식당 비용도 경비인정 된다. 그러나 사장 본인의 식대는 경비처리가 안 되는 것이 원칙이다. 원칙은 탈세지만 1인 회사를 제외한 사장의 식사비를 경비 처리하는 세무 대리인도 있으니 참고한다.
사업장 공과금	수도료, 전기료, 가스료, 관리비 등 사업과 관련된 공과금은 경비처리가 가능하다. 공동사용으로 공동 부과되는 경우 본사 사용부담분만 인정된다.
기업업무추진비	3만 원 초과 기업업무추진비는 법정지출증빙을 갖춰야 경비처리가 된다. 단, 법인은 반드시 법인카드를 사용해야 한다. 반면, 경조사비(청첩장, 부고장)는 20만 원까지 경비처리 된다. 매출보다 상대적으로 많은 양의 경조사비를 비용 처리하는 경우가 있는데. 이 경우 소규모 회사라도 소명요구가 올 수 있다.
기부금	법에서 인정한 특례기부금, 일반기부금만 인정된다. 개인의 동창회 기부금, 이익단체 기부금은 인정되지 않는다.
부가가치세, 종합소득세 납부액	부가가치세 및 종합소득세 납부액은 경비인정이 되지 않는다. 다만, 부가가치세가 면제되는 사업자가 부담하는 매입세액, 비업무용 승용차 유지에 관한 매입세액은 경비처리가 가능하다.

구 분	비용처리
공동사업자의 출자와 관련된 차입금이자	공동사업자가 출자를 위해 차입한 차입금의 이자는 경비처리가 불가능하다. 하지만 회사 설립 후 회사 운용자금으로 차입한 이자 비용은 경비처리가 가능하다.
경품으로 제공한 상품 등	사업자가 판매촉진을 위하여 경품부 판매를 하는 경우 경품으로 제공하는 상품 등은 경비로 인정된다. 그리고 불특정다수인을 대상으로 견본 등 무상으로 제공되는 것도 경비인정이 된다.
시설의 개체나 원상복구 비용	폐업할 때 사업장 원상복구 비용 등에 대한 경비는 비용으로 인정된다.
감가상각 안 하고, 수선비로 즉시 비용처리	600만 원 미만의 수선비, 자산 가액 5% 미만 수선비, 3년 미만 주기의 수선비는 자산 계상 후 감가상각하지 않고 지출 즉시 비용처리가 가능하다.
자산등록 없이 즉시 비용처리가 가능한 경우	거래 단위별 취득가액 100만 원 이하의 지출금액 전화기(휴대용 전화기 포함), 개인용 컴퓨터(그 주변기기 포함)는 금액의 제한이 없이 자산등록을 안 하고 즉시 비용처리가 가능하다.
사장 개인 사적비용	사장의 개인적인 골프비용, 동창회 회비, 콘도 이용요금 등은 사적비용으로 경비 처리하면 안 된다.
기타 영수증	회비, 조합비, 기타 수수료 등

사업자 개인 급여는 비용처리가 안 된다. 특히 1인 기업이나 프리랜서의 경우 식사비용은 본인의 식사비용이므로 비용처리가 어렵다.

구 분	유의 사항
신용카드 사적 사용	신용카드 사적 사용(개인적으로 사용한 신용카드매출전표)은 꼭 걸린다. 특히 대표 또는 대표의 가족, 임직원의 사적 경비를 법인카드 등을 사용하는 경우 100% 걸린다고 보면 된다. 예를 들어 골프비용을 지출하거나 일요일에 마트에 가서 장을 보고 법인카드로 결제한 경우가 이에 해당한다. 평소엔 아무 문제 없으니 막 쓰다가 한방에 가산세까지 더해서 납부할 수 있다.
가족의 인건비 처리	근로를 제공하지 않은 기업주 가족(친인척)에게 인건비를 지급하고 비용처리를 하는 경우 조심한다. 세무조사관이 세무조사를 나오기 전에 가장 먼저 파악하는 것이 그 사업주와 관련된 가족이다. 사업주의 가족, 친인척의 실제 근무여부를 가장 우선적으로 파악한다. 물론 실제 근무여부는 세무조사를 해봐야 알 수 있지만, 해당 사업장에서 매달 신고한 급여 원천징수 신고자료를 바탕으로 그 가족의 명단과 지급내역 등 인건비를 파악한 후 리스트를 만든다. ① 법인계좌에서 가족에게 실제로 나간 급여내역 ② 출퇴근 기록카드 ③ 업무상 결제내역을 파악한다. 하물며, 지문인식까지 검증한다.
적격증빙 사용내역을 확인하고 나온다.	사업자 명의 데이터를 분석해 세금계산서, 신용카드매출전표, 현금영수증, 계산서 등이 적절하게 수취되었는지 확인한다. 또한, 해당 적격증빙을 바탕으로 소득세나 법인세 및 부가가치세가 적절하게 신고가 되었는지까지 검증을 하고 나온다. 금융거래 증빙까지도 파악한다. 결국, 증빙과 신고내역을 자세히 들여다보면 원칙에 어긋난 비용처리 사항이 파악되고 세무조사 과정을 통해 세금을 추징당하게 된다.

구 분	유의 사항
자료상 거래	자료상 거래라고 전혀 거래 없는 자에게 자료를 사고파는 것만을 의미하는 것이 아니라, 서로 거래하는 사이에 거래와 관계없이 부가가치세를 받고 자료를 끊어주거나 실제 거래금액보다 더 많은 자료를 발행하는 경우도 포함한다. 또한 거래처 사이에 원칙은 재화의 인도나 용역의 제공 시점에 세금계산서를 발행해야 하지만, 서로 기간을 맞추어 임의의 기간에 세금계산서를 주고받는 경우도 포함한다. 이는 실무상에서 많이 발생하므로 인해 불법처럼 인식하지 않지만 실제로 불법이므로 세무조사에 대비해 조심해야 한다.
상품권 구입 내역	일반 물품을 구입하여 거래처에 접대목적으로 지급하는 경우엔 어떤 물품을 구입했는지를 알 수 있으므로 그 물품의 종류나 지급 경위를 보면 기업업무추진비 성격의 비용인지를 유추할 수 있다. 그런데 상품권은 구입 후 직원에게 주었는지, 거래처에 지급했는지, 다시 현금화했는지, 개인적으로 사용했는지를 명확히 알 수가 없으므로 증빙을 갖추지 않으면 문제가 될 소지가 크다. 국세청에서도 주의 깊게 보는 항목 중의 하나이므로 상품권으로 기업업무추진비를 지출하는 회사가 있다면 반드시 증빙처리에 신경을 써야 한다. 기업업무추진비는 적격증빙을 수취해야만 인정받을 수 있으므로 상품권을 구입할 때는 반드시 신용카드로 구입해야 한다. 그리고 기업업무추진비로 지출한 것에 대한 증빙을 구비 해놓아야 추후 국세청과의 마찰을 피할 수 있다. 상품권으로 기업업무추진비 처리 시 관련 증빙은 내부 품의서와 기업업무추진비 지급 대장(거래처별 일자와 거래처, 금액 기재)을 갖춰두는 것이 좋다. 만약 증빙을 갖추지 못하면 상품권을 구입하고 이를 현금화해서 대표자 등이 개인적인 목적으로 사용하거나, 거래처에 대한 접대 및 임직원 복리후생 목적으로 지급했더라도 그 실제 귀속자를 제시하지 못하면 전액 대표자에 대한 상여로 처리된다.

구 분	유의 사항
특수관계자간 거래내역을 파악한다.	개인사업자의 경우 친인척 또는 가족 간에 물품을 사고판 거래 내역이 있는지 우선 파악한다. 또한 친인척 간의 급여도 주의해야 한다. 법인의 경우 주주의 구성을 파악한 후 해당 주주와 다른 특수관계법인과의 거래를 더욱 면밀하게 검증한다. 즉, 해당 명단과 거래내역을 다 확정해서 나온다. 거래금액과 시기 및 실질적으로 대금이 오고 간 내역까지 검증한다.
임원의 퇴직금 과다지급	임원 퇴직금의 경우 회사의 지급규정에 따라 지급하는 경우는 문제가 없으나 규정보다 과다하게 지급하는 경우 문제가 될 수 있다.
연구인력개발 세액공제	실제 조사관이 나가서 연구인력 전담부서를 점검한다. 따라서 다음의 서류를 잘 관리해야 한다. ① 연구소 및 연구 전담부서의 등록서류 ② 연구소 및 연구 전담부서 조직도 ③ 연구 전담 요원의 인사이동 관련 내부 공문 ④ 연구 전담 요원의 타임시트, 작업성과물, 특허출원 자료 ⑤ 연구 전담 요원의 이력서(학력, 자격 사항 등) ①을 제외하고는 모두 연구인력개발비 대상 지출액 중 인건비를 표적으로 하는 서류이다. 즉 특별한 경우를 제외하고는 인건비를 가장 조심해야 한다는 의미이다.
업무용 승용차	업무용전용자동차보험에 가입하고 운행일지를 반드시 작성해야 한다.
기타 점검 사항	① 접대성 경비를 복리후생비 등으로 분산처리 ② 재고자산 계상 누락 등을 통해서 원가를 조절하는 경우 ③ 세무조사 후 신고소득률 하락 등 국세청은 기업소득 유출, 수입금액 누락, 소득 조절, 조세 부당 감면 등으로 세금을 탈루할 우려가 있는 자영업법인, 취약·호

구 분	유의 사항
	황 업종의 신고내용을 개별 정밀분석 한 자료로 성실신고를 별도 안내한다. ④ 소비지출 수준을 통해 소득 추정분석 소득신고에 비해 해외여행 등 소비지출이 상대적으로 많은 경우 세무조사 대상이 될 수 있다. ⑤ 원가를 과대계상 한 경우 상호 증빙이 없이 세무조사만 안 받으면 걸리지 않을 거라는 생각에 임의적으로 원가를 과대계상 해 세금을 탈루하는 행위는 세무조사를 받을 확률이 높다.

5년에 1번 정기 세무조사 대상

법인은 5년 주기로 정기 세무조사를 받는다. 물론 정기조사라고 해서 아무 기업이나 막 조사하진 않는다. 기본 매출(수입)기준이 있다. 그동안은 1,500억 원이 기준이었지만, 2024년 1월 1일부터 2,000억 원 이상인 회사로 기준이 상향되었다. 단, 소위 대기업으로 분류하는 상호출자제한기업 등 경제에 미치는 영향력이 큰 법인들은 매출이 500억 원 이상이더라도 조사대상이 될 수 있다.

정기 세무조사 대상 선정 사유

• 과세자료, 세무 정보 및 회계성실도 자료 등을 고려하여 정기적인 성실도 분석 결과 불성실 혐의가 있는 경우
성실도 분석은 전산 분석시스템을 활용해서 세금 신고상황, 납세협력의무 이행상황 등을 객관적으로 종합해서 평가한다.
• 최근 4 과세시간 이상 같은 세목의 세무조사를 받지 아니하여 신고내용의 적정성 여부를 검증할 필요가 있는 경우
• 무작위 추줄 방식에 의한 표본조사를 하는 경우

사장님(대표이사)과 음식점 종업원 식사비용 경비처리

경비인정이 안 되는 개인회사의 사업주가 직원의 식사비용에 본인의 식대를 살짝 끼워 넣어 경비처리를 하거나, 법인의 대표이사가 사적인 식사비용이나 가족 식사 비용을 법인카드로 결제한 후 경비 처리하는 경우를 흔히 볼 수 있는데, 이는 명백한 탈세 행위이다. 반면 음식점을 운영하는 사업주가 식사비용에 대해 무조건 비용인정이 안 되는 것으로 오해하는 경우가 많은데, 사업주 본인의 식사비용은 경비인정이 안 되지만, 종업원이 외부에서 사 먹거나 시켜 먹는 식사비용은 증빙을 첨부하면 비용인정이 된다.

01 / 1인 개인회사 사장의 식사비용 경비처리

복리후생비는 임직원 지출 비용이다. 따라서 1인 회사는 임직원이 없으므로 해당 식사(회식비 포함)비용을 원칙은 복리후생비 처리할 수 없다. 또한, 직원이 있어도 사장의 식사비용은 복리후생비로 처리하지 못하는 것이 원칙이다. 그러나 실무적으로 1인 기업은 무조건 복리후생비 처리를 안 하지만, 직원이 있는 경우 직원 식비와 사장 식비의 구분이 모호한 점을 이용해 사장 식비도 직원 식비 모두 복리후생비 처리하는 세무 대리인도 있다.

02 / 1인 법인의 식사비용 경비처리

법인과 대표자인 개인은 별개의 인격체이다.

그래서 법적으로는 법인인 사업주가 대표자인 개인을 임원으로 고용한 것으로 간주해 업무 관련 대표이사 지출 식비를 복리후생비로 처리한다고 해서 문제가 되는 건 없다. 즉 법인 사업주가 대표이사 직원의 식사비용을 복리후생비로 처리할 수 있다.

국세청의 질의응답 내용을 봐도 법인 대표자 본인의 식대(회식비 포함)가 복리후생비 성격이라면 매입세액공제가 가능하고 개인적인 목적이라면 불가능하다고 답하고 있다.

사실 법인과 대표자인 개인은 별개의 인격체이기 때문에 논리적으로는 법인이 대표자 개인을 위한 복리후생비를 지출한다고 하여 문제가 될 것은 없으나, 대표이사가 업무와 관련한 순수 식사비용만 경비 처리하지 않고 업무와 관련 없는 개인의 사적인 식사비용이나 가족의 식사비용까지 경비 처리하는 사례가 많으므로 실무적으로 대표이사의 모든 식비를 경비처리를 안 하는 세무사도 있다.

소명자료 제출 등 문제 발생이 귀찮아 실무적으로는 잘 넣지 않는 것이다.

[회사 지출 식비의 경비처리]

구분		계정과목	경비	부가가치세
개인사업자	대표자 식대	인출금	처리 불가	공제 불가
	직원 식대	복리후생비	처리 가능	공제 가능
	거래처 등 식대	기업업무추진비	처리 가능	공제 불가

구분		계정과목	경비	부가가치세
법인사업자	대표자 식대	복리후생비	처리 가능	공제 가능
	직원 식대	복리후생비	처리 가능	공제 가능
	거래처 등 식대	기업업무추진비	처리 가능	공제 불가

[법인 대표와 개인회사 사장님의 식비 경비처리]

구 분				경비인정	매입세액공제
법인대표	업무관련	식비	이론상	원칙 : 경비인정 가능	공제
			실무상	예외 : 사회 통념상 개인적인 지출로 볼 수 있는 측면이 강하므로 세무서에서 시비를 걸면 어쩔 수 없는 것이 현실이다. 실무적으로는 잘 넣지 않는 세무 대리인도 있다.	공제 또는 불공제
		거래처		기업업무추진비 한도 내에서 경비인정	불공제
	업무 관련 없음			경비인정 안 함	불공제
개인회사사장	업무관련	식비	이론상	원칙 : 경비인정 안 함	불공제
			실무상	원칙 : 경비인정 안 함 예외 : 직원이 있는 경우 사장 식비도 복리후생비 처리하는 세무 대리인도 있다.	공제 또는 불공제
		거래처		기업업무추진비 한도 내에서 경비인정	불공제
	업무 관련 없음			경비인정 안 함	불공제

주 직원을 고용하고 있는 사업장이라고 해도 매월 해야 하는 인건비 신고와 직원 입·퇴사 시 해야 하는 4대 보험 신고, 4대 보험료 납부를 제대로 하지 않으면 해당 인건비에 대한 비용처리는 물론이고, 직원들을 위해 지출된 식비와 복리후생비에 대해

서도 비용처리 및 매입세액공제가 불가능할 수 있으니 꼭 세무신고와 4대 보험 신고를 정확히 해주어야 한다.

03 / 일용근로자(알바) 식사비용 경비처리

고용관계에 있는 일용직 관련 식대 등을 지출하고 신용카드매출전표 등을 수취한 경우라면 사업 관련성이 있는 복리후생 목적의 지출로써 매입세액공제 대상에 해당한다.

일용근로자에게 제공한 식사 및 기타 음식물을 직접 제공하든지 또는 동 음식물 구입비용에 상당하는 금액을 현금으로 제공한 경우는 사업소득 금액을 계산할 때 경비 처리할 수 있는 것이며, 회식비의 경우 일정 금액을 정하여 고용관계에 있는 일용근로자에게 회식비 등으로 사용하기 위해 지출하는 경우 그 금액이 사회 통념상 적정하다고 인정되는 경우는 경비처리가 가능하다.

04 / 음식업 운영 사업자 매장 식사비용 경비처리

자체 매장의 음식을 먹지 않고 외부 음식점에서 종업원이 식사를 시켜 먹고, 사장이 돈을 지급한다면 복리후생비로 비용인정이 된다.
단, 자영업자인 개인 사업장 본인의 식사비용은 안 된다.
음식업에서 식사비용 경비처리로 문제가 되는 경우는 따로 있다.
바로 본인의 식당에서 음식을 만들어 알바 또는 직원에게 제공하는 경우다. 이 경우는 비용인정이 안 된다.
사장을 제외한 종업원의 경우엔 4대 보험으로 등재된 직원에게 별도의 식대(월 20만 원 비과세)를 지급하고 있지 않다면 직원들에게 제공한 식사비용은 경비처리가 가능하다.

상당수 세무사는 업무 편의상 음식점의 식대는 경비처리를 안 하고, 무조건 식비 인정이 안 된다고 말하는 경우가 있는데, 식당이라고 해서 식비 경비처리가 안 된다는 오해가 없길 바란다.

예를 들어 사업주 본인의 식당에서 본인이 판매하는 음식을 임직원에게 제공하는 때는 경비처리가 안 될 수 있지만, 외부 식당에서 대가를 지급하고 사 먹거나 시켜 먹는 식사비용은 일반회사와 같이 비용인정이 된다.

☑ 4대 보험에 가입한 직원이어야 한다.

복리후생 목적으로 처리되는 경비들은 세무상으로 직원 등재 여부를 사후적으로 체크할 가능성이 있다.

운영하는 식당의 사정상 직원으로 등재하지 못하거나 직원의 사정으로 인건비 신고를 못 하는 경우엔 식대를 복리후생비로 처리하는데, 무리가 있다.

해당 직원이 진짜 직원이라고 소명할 수 없고 진짜 직원이 아닌 경우 복리후생비 처리를 할 수 없기 때문이다.

☑ 직원에게 비과세 식대를 제공하지 않아야 한다.

일반적인 경우 보험료 절감 등을 위해서 직원 급여 설정 시 비과세 식대 20만 원을 제공하는 것으로 신고하게 된다.

이 경우 식사를 식당의 음식으로 제공하는 경우엔 20만 원 비과세를 적용하지 않아야 한다.

☑ 자영업자 사장 본인의 식대는 비용 처리하면 안 된다.

핸드폰 요금은 회사 명의로 지출하는 것이 최상의 선택이다.

∨

통신 요금에는 당연히 부가가치세가 포함되어 청구된다.

그러므로 사업자 본인의 핸드폰, 사업장에서 사용 중인 전화, 인터넷 요금, IPTV 등도 매입세액공제 대상이 될 수 있다. 다만, 개인 명의가 아닌 사업자 명의로 가입자가 설정되어 있어야 한다. 즉, 사업자 명의로 지로용지를 받아야만 10%의 부가가치세를 돌려받을 수 있다.

크지 않은 금액이지만 1년 이상의 기간이 쌓이면 적은 금액도 아니다.

핸드폰 요금을 사업자용 신용카드로 결제하거나 사업용 지출 증빙 신청 또는 세금계산서 발급신청을 해주면 된다. 즉, 아래 해당하는 통신사 고객센터와 통화해 사업자등록증을 제출하면 된다.

⊙ SKT (☎ 휴대폰 국번 없이 114), 홈페이지 (SKT 고객센터)
⊙ KT (☎ 휴대폰 국번 없이 114), 홈페이지 (KT 고객센터)
⊙ LGU+ (☎ 휴대폰 국번 없이 114), 홈페이지 (LG U+ 고객센터)
⊙ 알뜰폰 (☎ 휴대폰 국번 없이 114)

구 분	통신비 비용처리
통신비	인터넷 요금, 전화요금 등 통신비는 각 통신사에 연락하여 사업자 명의로 전환하면 고지서 대신 세금계산서를 받을 수 있다. 통신비 10만 원을 지출하면 공급가액 90,909원만 실제 지출하게 되고 부가가치세 9,091원은 매입세액으로 공제받아 실제 지출은 90,909원이 된다.
핸드폰 요금	핸드폰 요금은 개인사업자의 경우 사업자 명의로 전환하면 세금계산서를 받을 수 있고, 법인의 대표자명 핸드폰의 경우 법인카드로 결재하면 세금계산서와 같은 효력이 있어 부가가치세 매입세액공제를 받을 수 있다.
전기요금, 도시가스 요금, 관리비 등	전기요금, 도시가스 요금 등도 한전 등에 연락하여 사업자 명의로 전환하면 고지서 대신 세금계산서를 받을 수 있어 부가가치세 매입세액공제가 가능하다.

소규모 사업자는 환급신청도 조심해야 한다.

종합소득세 신고 시에는 수입보다 지출 즉 비용이 많으면 환급이 발생한다. 또한, 부가가치세도 환급이 발생한다. 환급이 발생하면 당연히 환급받는 게 정상이다. 그런데 여기서 유의할 사항이 있다.

흔히 회사 업무가 바쁘면 영업부 직원이 영수증을 가져와도 즉시 처리 못 하고, 모았다가 처리하는 것과 같이 세금 신고 기간에 신고자가 몰리면 바빠서 신고서류를 대충 보고 넘어간다.

그런데 일정 기간이 지나 여유가 생길 때, 환급을 위해 환급서류를 보면서 환급 발생 원인을 파악하고 종전자료를 볼 확률이 높다. 이때 탈세가 발견되는 예도 있고, 탈세가 아니더라도 실수로 적게 낸 세금을 찾아낼 수 있다. 따라서 본인이 탈세나 기타 등등 세금을 적게 낸 것을 알고 있다면 특히 주의해서 환급신청을 해야 한다. 물론 그런 것이 없다면 자신 있게 환급신청을 해야겠지요. 세무조사만 무서운 게 아니다.

업무용 승용차 손금불산입 특례와
적용되는 차량의 종류

V

업무용 승용차 관련 비용의 손금불산입 등 특례 규정은 법인 및 개인사업자 중 복식부기 의무자가 업무용 승용차를 취득하거나 임차한 경우 적용되는 것이며, 직원 개인 명의(대표이사 개인 명의 포함) 차량을 업무에 이용하는 경우는 적용되지 않는 규정이다.

01 / 세법상 불이익을 받지 않는 차량

차량과 관련해서 세법에서 규제하고 있는 규정은 업무용 승용차 관련 비용의 손금불산입 등 특례 규정과 비영업용소형승용차 매입세액 불공제 규정이다.

● 업무용 승용차 관련 비용의 손금불산입 등 특례 규정과 비영업용소형승용차 매입세액불공제 규정이 적용되지 않는 차량

운행하는 차종이 이륜자동차(스쿠터 등 배달용 오토바이), 경차, 트럭 등 화물차, 9인승 이상의 승합차인 경우 즉 유종과는 관계없이 길이 3.6m 이하, 폭 1.6m 이하에 배기량 1,000cc 이하의 경차나 전기차가 속한다. 경차인 모닝, 레이, 스파크, 캐스퍼 등이 이에 해당한다. 또한 125cc 이하의 이륜자동차(오토바이), 9인승 이상의 승용·승합차(카니발), 화물칸이 구별된 트럭이나 화물차(스타렉스, 카니발, 포터, 봉고 등), 밴(VAN)형 자동차도 업무용 승용차 관련 비용의 손금불산입 등 특례 규정과 비영업용소형승용차 매입세액불공제 규정이 적용되지 않는 차량에 속한다.

⊙ 업무용 승용차 관련 비용의 손금불산입 특례 규정이 적용되지 않아 해당 차량 구입비용은 감가상각을 통해서 비용 인정되고, 관련 유지비용은 한도 없이 증빙에 의해 지출 사실이 확인되면 전액 비용인정 된다. 또한 차량운행일지를 별도로 작성하지 않아도 된다.

⊙ 비영업용 소형승용차 매입세액불공제 규정이 적용되지 않아 해당 차량 구입비용에 대한 부가가치세는 매입세액공제가 되고, 관련 유지비용도 매입세액공제가 가능하다.

❷ 업무용 승용차 관련 비용의 손금불산입 등 특례 규정과 비영업용 소형승용차 매입세액불공제 규정이 적용되는 차량

9인승 미만의 승용차 즉 경차를 제외한 우리가 일상에서 흔히 말하는 승용차(유종과 관계가 없다.)가 적용 대상이다. 다만, 운수업, 자동차판매업, 자동차임대업, 운전학원업, 경비업 출동차량, 장례식장 및 장의 관련업을 영위하는 법인차량과 운구용 승용차, 연구개발 목적으로 허가받은 자율주행 자동차는 예외적으로 적용 대상이 아니다.

❍ 업무용 승용차 관련 비용의 손금불산입 등 특례 예외

부가가치세 매입세액공제가 가능한 차량과 다음의 업무용 승용차 관련 비용은 손금불산입 등 특례 규정을 적용받지 않는다.

⊙ 운용리스 계약을 통하여 리스한 승용차를 렌터카로 등록하고 렌터카 회사의 수익을 얻기 위하여 직접 사용하는 승용자동차의 경우 업무용승용차 관련 비용의 손금불산입 등 특례 규정이 적용되지 않는다.

⊙ 법인이 국외 사업장에서 보유·운영하는 승용자동차는 업무용승용차 관련 비용의 손금불산입 등 특례 규정이 적용되지 않는다.

⊙ 법인이 국내에 파견된 외국 법인의 소속 직원들이 사용하기 위한 승용자동차를 알선 또는 주선하는 경우 해당 승용자동차는 업무용승용차 관련 비용의 손금불산입 등 특례 규정에 따른 업무용승용차 적용 대상에서 제외된다.

⊙ 자동차 박물관에서 전시용으로 사용하는 승용자동차는 업무용승용차 관련비용의 손금불산입 등 특례 규정이 적용되지 않는다.

⊙ 비영리법인이 비수익사업을 경영하고 수익사업과 비수익사업 부문을 구분경리하는 경우에 비수익사업의 개별손금에 해당하는 업무용승용차 관련 비용은 업무용승용차 관련 비용의 손금불산입등 특례 규정이 적용되지 않는다.

⊙ 차량정비업을 경영하는 법인이 차량수리 고객에게 수리기간 동안 빌려주는 승용자동차는 업무용승용차 관련 비용의 손금불산입 특례 규정이 적용되는 것이므로 업무전용자동차 보험 미가입 시 업무용승용차 관련 비용은 전액 손금불산입 된다.

ⓢ 완성차에 탑재되는 네비게이션 소프트웨어 등을 개발·납품하는 내국법인이 기업부설 연구소에서 사용하는 네비게이션 소프트웨어 테스트용 승용자동차는 업무용승용차 관련 비용의 손금불산입 특례 규정이 적용된다.

⦿ 업무용 자동차 감가상각비 상당액 계산방법 및 세무조정

ⓢ 회사명의 차량 : 5년간 정액법으로 강제상각 한 장부상 감가상각비 금액

ⓢ 리스차량의 경우 감가상각비 상당액 = 임차료 - 보험료 - 자동차세 - 수선유지비

리스차량이 수선유지비를 구분하기 어려운 경우 (임차료 - 보험료 - 자동차세) × 7%를 수선유지비로 한다.

ⓢ 렌트 차량의 감가상각비 상당액 = 임차료 × 70%

감가상각비 한도초과액의 소득처분	감가상각비 한도초과액의 추인 방법
• 자기 차량의 감가상각비 한도초과액 : 손금불산입(유보) 처분(자본금과 적립금 조정명세서 사후관리 / 개인은 유보소득조정명세서) • 리스차량 및 렌트 차량의 한도초과액 : 손금불산입(기타 사외유출) : 업무용 승용차 관련 비용 명세서에 이월잔액 관리	• 자기 차량의 경우 한도에 미달되는 금액을 과목별 소득금액 명세서상 손금산입(△유보) • 리스차량과 렌트 차량의 경우 업무용 승용차 관련 비용 명세서에서 미달되는 금액만큼 손금산입(기타) 처분함

업무용 승용차(업무전용자동차보험 가입)의 감가상각비가 1,500만 원이고 보험료를 포함한 차량 관련 비용은 연간 500만 원이 발생해 총 2,000만 원, 차량운행기록부를 작성하지 않았다.

해 설

업무 사용 비율 = 1,500만 원/2,000만 원 = 75%

〈업무 관련 비용 구분〉

운행일지 미 작성시 업무사용비율 1,500만 원(2천만 × 75%)까지만 비용 인정되므로 비업무용 경비 500만 원(2천만 원 – 1천5백만 원)을 세무상 경비에서 부인

1. 개인사업자는 단순히 경비만 부인하지만

2. 법인사업자는 세무상 경비부인(상여 등)과 더불어 그 차량의 사용자에게 상여 등으로 소득처분 해 소득세를 부과한다.

〈경비 구분〉

1. 감가상각비 1,500만 원 가운데 75%인 1,125만 원이 세무상 업무용 경비로 인정된 것이고, 감가상각비가 연간 한도 800만 원을 초과하는 바 한도 초과액 325만 원(=1,125만 원 – 800만 원)을 손금불산입 유보로 세무조정하고 사후관리한다.

2. 그 외 경비는 375만원(1천 5백만 원 – 1,125만 원)이 세무상 업무용 경비로 인정된 것이다.

02 / 차량 취득비용 세무 처리

차량취득 시에는 해당 취득가액과 부대비용을 차량 운반구 자산계정으로 등록하고, 매매계약서, 취·등록세 납부영수증(중고차도 동일)을 증빙으로 보관하면 된다.

업무전용자동차보험에 가입하지 않으면 업무용 승용차 관련 비용 전부를 손금(필요경비)불산입하고, 운행일지를 작성하지 않으면 대당 1,500만 원을 넘는 비용에 대해서는 인정받을 수 없다.

통장을 통한 계좌이체 시에는 해당 계좌에서 출금 시 세무대리인이 지출내역을 쉽게 파악할 수 있도록 메모를 남겨두는 것이 좋다.

◑ 법인사업자

법인사업자등록 전, 대표자 개인이 구입한 차량은 법인으로 양도할 수 있다. 다만 법인과 대표이사는 특수관계인이므로 양도 당시 중고 거래 시가로 양도해야 하고 법인은 차량 취득세를 부담해야 한다.
또한 해당 차량이 9인승 미만의 일반 승용차인 경우 업무전용자동차 보험에 가입 후 차량운행일지를 작성해야 한다.

구 분		비용인정 여부
임직원 전용 자동차보험에 미가입		전액 불인정
임직원 전용보험에 가입	운행일지 미작성	연간 1대당 1,500만 원까지만 비용인정
	운행일지 작성	업무 사용 비율만큼 비용인정

◑ 개인사업자

개인사업자 등록 전, 대표자가 구입한 차량은 별도의 양도 절차 없이 개인 사업장에 최초 구입한 차량가액으로 자산 등록하여 감가상각비, 유류비, 수리비, 보험료 등 관련 경비처리가 가능하다.
물론 개인사업자도 복식부기 의무자 전체가 해당 차량이 9인승 미만의 일반승용차의 경우 2대 이상부터는 업무전용 자동차보험에 가입 후 차량운행일지를 작성해야 한다.

구 분		비용인정 여부
임직원 전용 자동차보험에 미가입		성실신고확인 대상자, 전문직 미가입 시 전액(복식부기의무자 50%) 비용불인정
임직원 전용보험에 가입	운행일지 미작성	연간 1대당 1,500만 원까지만 비용인정
	운행일지 작성	업무 사용 비율만큼 비용인정

03 / 차량 업무용 사용 비용의 세무 처리

❯ 법인이 업무용 승용차를 취득하거나 임차한 경우

취득 이후 업무 중에 발생한 비용 영수증을 기장 시에는 세무대리인에게 전달해주면 된다.

업무비용 인정은 법인 및 개인사업자 중 복식부기 의무자는 해당 차량이 9인승 미만의 일반승용차의 경우 업무전용자동차보험에 가입 후 차량운행일지를 작성해야 한다. 다만, 경차(1,000cc 이하 차량), 화물차, 9인 이상의 승합차 이거나 운수업, 자동차 판매·임대업, 운전학원업, 경비업(출동 차량에 한정) 또는 시설대여업에서 사업상 수익을 얻기 위해 직접 사용하는 승용자동차, 장례식장 또는 장의관련 서비스업의 운구용 승용차, 자율주행 자동차 등 영업에 직접 사용하는 차량은 업무전용자동차보험 관련 손금불산입 등 특례규정 및 매입세액불공제 대상 비영업용소형승용차 규정 적용 대상 차량이 아니다. 법인의 경우 임직원 전용 자동차보험 미가입 시 전액, 운행기록부 미작성 시 1,500만 원 초과 금액 및 운행기록부 작성 시 업무 외 사용 비율 금액은 해당 차량 사용자(불분명한 경우에는 대표자)

에 대한 상여로 보아 급여에 합산되어 법인세(소득세)를 과세한다.

● 임직원 등 개인차량으로 지출한 차량유지비

업무용 승용차 관련 비용의 손금불산입 등 특례 규정은 법인이 업무
용 승용차를 취득하거나 임차한 경우 적용되는 것이므로, 개인 명의
의 차량을 업무용으로 이용하는 경우는 업무용 승용차 관련 비용의
손금불산입 등 특례 규정을 적용하지 않는다.

직원 개인명의의 차량을 업무용으로 이용할 경우 관련 비용처리는
업무용 사용 지출 증빙에 따라 처리하면 된다.

임직원 등 개인 명의 소유 차량을 회사 업무에 사용하게 된 경우,
지출 사실이 실제 업무에 사용한 사실이 확인되어야 비용으로 인정
받을 수 있다.

관할세무서에서는 업무상 사용 여부, 차량명의, 해당 직원의 출장
기안서나 차량 운행 영수증 등을 요청할 수 있다. 따라서 해당 차량
에 대해서 차량운행일지를 작성하는 것이 업무 관련성을 입증하기
편하다.

그리고 업무 관련성 확인이 어려운 자동차세, 소모품, 부품 교환 등
의 비용은 경비처리가 어려울 수 있다.

개인차량을 운행하면서 법인카드를 사용하는 경우는 해당 신용카드
매출전표를 증빙으로 보관하고, 개인카드를 사용한 경우 대금 지급
은 해당 금액을 법인통장에서 직원 본인 계좌로 이체한다.

세무대리를 맡기는 회사는 계좌이체 시는 '회사경비 개인카드 사용
분'이라고 메모를 남겨두는 것이 좋다.

회사가 직원 개인의 현금사용분에 대해 업무용 비용으로 처리하는

때는 해당 금액을 법인통장에서 직원 계좌로 이체한 후 통장에 '개인 비용 사용분'이라고 메모를 남겨두는 것이 좋다.

종업원의 개인소유 차량을 회사의 업무수행에 이용하고 실제로 소요된 유류대, 도로비, 주차비, 자동차보험료, 자동차세, 수리비 등을 개별항목별로 회사 규정에 따라 지급하는 경우 전체금액을 자가운전보조금으로 보아, 월 20만 원 이내의 금액을 비과세하는 것이다. 즉 소득세법에 따른 자가운전보조금 규정을 적용해서 처리한다. 다만 자가운전보조금 20만 원을 지급하면서 별도로 증빙에 따라 지출비용을 지급하는 경우 자가운전보조금은 과세된다.

구 분		비용처리
자기소유 차량운행	자가운전보조금 지급	월 20만 원까지는 소득세 비과세(차량유지비로 처리함) 된다. 20만 원 초과 금액은 해당 직원의 근로소득으로 처리한다.
	실비의 현금 지급	지출증빙과 지출내역명세서 구비 시 여비교통비로 처리한다.
	자가운전보조금 + 별도 실비의 교통비 지급	별도 업무상 실비(시내교통비) 지급 시 자가운전보조금은 근로소득으로 합산한다. 다만, 업무상 시외출장비는 지출증빙 시 여비교통비로써 비용처리가 인정된다.
배우자 공동명의 소유차량 운행	실비 지급	지출증빙과 내부 지출결의서 구비 시 여비교통비 등으로 비용인정 된다.
	자가운전보조금 지급	월 20만 원까지 소득세 비과세가 가능하다 (완전 타인 명의는 과세).
회사 차량 운행	실비 지급	법정지출증빙과 내부 지출결의서 구비 시 차량유지비로 비용인정 된다.
	자가운선보조금 지급	해당 지원이 근로소득에 해당한다.

04 / 차량을 파는 경우 세금

차량을 중고매매상 또는 지인 거래로 매각하는 경우를 포함해 차량을 양도하는 경우는 사업자 여부에 따라 부가가치세가 발생할 수 있으므로 유의해야 한다. 비사업자 및 면세사업자는 부가가치세 문제가 없지만, 개인·법인 과세사업자의 경우 경차, 승용차, 화물차를 불문하고 차량을 사업용으로 사용해 종합소득세 또는 법인세 신고 시, 차량을 감가상각비로 비용처리를 한 경우 매도가액의 10%를 부가가치세로 납부해야 한다.

특히 개인사업자의 경우에는 개인차량 매도 시 세금계산서 발급 및 부가가치세 과세 사실을 모르고 있다가 과세당국의 고지서를 받는 경우가 많으므로 법인세(소득세) 신고 시 차량 감가상각비로 계상됐는지 실제 업무용으로 사용한 사실이 있는지 확인 후 차량매도 계획을 세워야 한다.

구 분		판매 시 세무처리
업무용으로 사용	부가가치세	과세. 세금계산서 발급
	종합소득세	과세. 판매 전체금액이 수입금액에 포함되고, 장부가액은 필요경비로 인정된다.
업무용으로 사용하지 않음	부가가치세	비과세. 세금계산서 미발급
	종합소득세	비과세

집이 사무실인 사장님의 경비처리

기본적으로 집에서 사용하는 것과 사업에 사용하는 것이 명확히 분리가 안 되는 경우 경비처리하지 않는다. 즉 사업용과 가정용이 명확히 구분되는 것만 비용처리한다.

> 소득세법 집행기준 33-61-2에 사업과 가사에 공통으로 관련되는 비용의 구분을 보면 '사업과 관련되는 것이 명백하지 않거나 주로 가사에 관련되는 것으로 인정되는 때에는 필요경비로 산입하지 않는다'라고 규정되어있다. 즉, 가정 내에 사업을 위한 공간이 정확히 분리되어 있고 그 공간만 따로 전력측정기 등이 설치가 되어 있는 정도의 소명이 가능해야 비용 처리가 가능하다.

예를 들어 전기, 수도, 가스, 인터넷 같은 경우는 사업자가 아니라도 가정집에서 항상 사용하기 때문에 가정용과 사업용을 구분하기가 애매하며, 따라서 경비처리를 하지 않는다.

그리고 일반적으로 주거용 건물의 월세는 사업용 경비로 인정되지 않는 것이 맞다. 즉 내가 가정생활을 하는 주택에 대한 월세는 경비처리가 안 된다.

만일 부모님과 같이 거주하는 거주지에 사업자등록을 내고 해당 주소지의 월세를 비용처리한다면 거주와 사업의 구분이 명확하지 않기 때문에 비용처리가 쉽지 않다. 다만 주거용 건물(아파트, 빌라, 원룸 등)이라 할지라도 사업을 위해 사용되었다면, 해당 건물의 임차료(월세 등)나 관리비(수도비, 전기료 등)가 비용으로 인정된다. 즉 거주하는 곳과 별개로 "사업을 위한 전용공간"을 임차한 경우는 비용 인정이 당연히 가능하다는 이야기다. 이 경우는 월세뿐만 아니라 해당 주소지의 수도, 전기, 가스, 인터넷 등 관리비들도 모두 비용처리가 가능하니 증빙을 미리 챙겨둔다.

지출의 목적이 모호한 경우 개인적인 지출이 아닌 업무와 관련해 지출한 금액이라면 이를 입증할 수 있는 자료(사진, 거래내역서 등 그 밖의 거래내용을 입증할 수 있는 서류)를 구비 해놓는 것이 안전하다.

예를 들어 컴퓨터나 책걸상의 경우 가사용으로도 사용하지만, 업무용으로 반드시 필요한 비품이므로 이는 거래내역서, 세금계산서 등을 구비 해두면 비용처리가 가능하다.

(무선)청소기의 경우 가사용품이라 경비로 인정받지 못할 것 같기도 하고, 작업공간을 청소하는 용도이니 경비처리가 될 것도 같아서 애매하다. 무선 청소기의 경우 컴퓨터나 책걸상과 같이 증빙을 갖추어 둔다면 경비로 인정받을 수 있다. 물론 1개의 청소기로 가사용과 사업용으로 공통 사용하는 경우는 인정 안 해줄 가능성이 크다.

퇴직금으로 장난치는 사장님

- ☑ 같은 회사에 퇴직 후 재입사 시 합법적인 처리
- ☑ 권고사직하면 회사가 입을 수 있는 불이익
- ☑ 퇴직금 대신 실업급여를 받으라는 사장님

같은 회사에 퇴직 후 재입사 시 합법적인 처리

퇴직금 중간정산 사유에 해당하지 않지만, 급전이 필요한 경우 및 다른 개인적 사정으로 인해 퇴직의 형태를 취한 후 일정기간 후 같은 회사에 재취업하는 경우가 있다. 이 경우 이전의 기간에 대해 근로자 자의에 의한 사직서 제출, 퇴직 처리, 고용보험 단절, 4대 보험 상실 신고 등 퇴사자가 취해야 할 모든 퇴사 절차를 이행해야 한다.

01 / 합법적으로 보이는 업무처리

현 사업장에서 퇴사 후 재입사한 경우라면 재입사 전 근무기간과 재입사 후 근무기간으로 계속근로기간을 구분해서 계산해야 한다.

또한 재입사 전 기간에 대해 근로자 자의에 의한 사직서 제출, 퇴직 처리, 고용보험 단절, 4대 보험 상실 신고 등의 퇴직 절차가 마무리된 후 채용 절차(채용공고)를 통해 재입사가 이루어져야 한다.

이같이 정식퇴직 후 재입사로 볼 여지가 있다면 재입사 시점부터 근로기간을 산정, 퇴직금 계산 및 연차휴가를 부여한다.

02 / 정규직에서 계약직으로 변경

육아휴직 후 복직하면서 사정상 퇴사 후 같은 회사에 계약직 혹은 아르바이트로 근무하려고 하는데 계속 근무로 볼 수 있을까?

사업장에서 퇴사하고 재입사하는 경우라도 사업주가 동일한 사업주에 해당하고, 같은 장소에서 동일 근로를 하는 등 근로의 단절이 없다면 해당 사업장에 복직하여 계속 근로한 것으로 보라는 회시 내용이 있으나 관련 사업주 및 동일 업무 등에 대한 판단은 모성보호팀 담당자가 관련 자료를 통해 이루어져야 하므로 고용센터로 문의하여 상담해 보는 것이 좋다.

근로자가 여러 차례 퇴직과 재입사를 반복했더라도 똑같은 일을 하면서 매달 월급을 받았다면 근로의 연속성이 인정되므로 회사는 근로자가 일한 전체 기간을 기준으로 퇴직금을 다시 산정해 지급해야 한다. 퇴직금을 줄이기 위해 근로자에게 퇴사와 재입사를 강요해서는 안 된다.

03 / 실업급여 수급 후 같은 회사 재취업

예를 들어 회사에서 퇴직 사유가 구직급여(실업급여) 수급 자격이 되는 사유이고, 실직 기간동안 고용지원센터의 안내 등을 받아서 구직활동을 계속했었고 부정행위 등으로 구직급여(실업급여)를 수급하지 않았다면, 이는 부정수급이 아니기에 퇴직한 근로자가 구직급여(실업급여)를 수급하고 다시 동일한 회사에 재취업을 했다고 하더라도 이미 수급한 구직급여(실업급여)를 반환하거나 등의 불이익은 없다.

그러나 만약 회사에서 퇴사한 것이 부정하게 구직급여(실업급여)를 수급하기 위한 것이었다면 이에 대해서 구직급여(실업급여) 반환 등의 불이익이 있을 수 있다.

그리고 구직급여(실업급여) 관련 부정행위의 유형은 아래와 같다.

☑ 피보험자격 취득일 또는 상실일의 허위신고

☑ 타인의 자격 이용, 위장해고

☑ 이직 사유, 임금액의 허위기재

☑ 법령의 규정에 의한 서류 또는 첨부서류의 위조 및 허위기재

☑ 취업 사실 또는 부업에 의한 소득의 미신고

☑ 취업촉진수당을 지급받기 위한 사업주의 각종 허위 증명

☑ 구직급여(실업급여) 부정수급을 위해서 사업주와 같이 이직 이유 및 관련 서류위조 및 허위기재

☑ 피보험자격 취득 및 상실을 허위로 신고한 경우

☑ 급여 기초임금 일액 산정의 기초가 되는 임금액을 과다하게 기재한 경우

☑ 이직 사유를 허위로 기재한 경우

따라서 구직급여(실업급여) 수급을 상기에 언급된 부정행위 등을 통하여 받은 것이 아니라면 다시 실업급여를 받게 한 최종회사(즉 그전 회사)로 다시 취업하더라도 문제는 없다.

그러나 조기 재취업 수당 등에 대해서는 고용보험법 시행령 제84조(조기 재취업 수당의 지급기준)에 의거 조기 재취업 수당을 수급받기 위해서는 최종 이직한 사업의 사업주 또는 관련 사업주에게 재고용되지 말아야 한다.

권고사직하면 회사가 입을 수 있는 불이익

실업급여는 정부에서 지급하는 것이기 때문에 근로자가 단순히 실업급여를 신청했다는 것만으로 회사에는 별다른 불이익이 가해지지 않는다.

그러나 일부 기업들은 퇴직하는 근로자가 실업급여를 신청하는 것을 꺼리고, 기업이 근로자에게 권고사직으로 처리해주겠다고 해놓고, 관련 서류에는 자발적 퇴사로 적어 놓는 이유는 무엇일까?

정부의 각종 지원 혜택을 못 받게 된다는 측면에서 보자면 회사는 경영상 손해를 볼 수도 있기 때문이다. 즉, 정부에서 지원하는 각종 지원제도의 경우 사업주가 인위적인 구조조정(해고나 경영상 이유에 의한 권고사직)을 하게 되면 지원금 신청과 수급 자격이 제한된다.

기업이 정부로부터 받는 지원금 중 고용유지지원금은 권고사직 등 고용조정으로 근로자를 이직시키는 경우 지급이 제한되는 지원금으로 권고사직 시 제한될 수 있다. 즉 회사가 지원금을 받고 있었는데 근로자를 권고사직시킨 경우, 정부로부터 받는 지원금이 제한되는 불이익이 생길 수 있다.

기타 불이익이 생길 수 있는 사항을 살펴보면 다음과 같다.

» 권고사직으로 퇴사해 직원이 실업급여를 받는 경우 근로자의 부정수급 조사로 실업급여 수급이 허위일 경우 사업주는 불이익을 받을 수 있다.

» 고용노동부 상시 점검 대상에 포함될 수 있다.

» 고용허가제에 의한 외국인 근로자 채용이 제한된다.
외국인 근로자에게 고용허가서를 발급일로부터 6개월 이내 권고사직을 한다면 외국인 고용이 3년간 제한된다.

» 인턴지원제도 불이익으로 사업주는 청년인턴과 장년 인턴제도의 지원 대상에서 제외될 수 있다.

퇴직금 대신 실업급여를
받으라는 사장님

∨

퇴사하는 직원이 실업급여를 받게 해주는 조건으로 퇴직금을 지급하지 않는 사업주

퇴사하면서 실업급여 받게 해달라고 막무가내로 우기는 직원

실무에서 흔히 보는 경우며, 속여서 안 걸리고 받았다고 너무 자랑스럽게 자랑하는 세상, 이래도 아무런 문제가 없을까?

실업급여 부정수급이란 고용보험법상 정해져 있는 실업급여 조건에 맞지 않음에도 실업급여를 받는 경우를 말한다. 예컨대, 실업급여 수급자가 근로의 제공 또는 창업한 경우로 자신의 근로에 의한 수입을 신고하지 않거나 허위·부정한 방법으로 실업급여를 받은 경우를 말한다. 일부 근로자는 실업급여를 퇴사하면 당연히 받는 것으로 생각하고, 사업주는 퇴직직원의 고용보험 수급이 퇴직 대가인 양 상실 사유도 임의로 권고사직으로 써주는 경우가 많다.

또한, 몰래 부정수급 하므로 절대로 적발되지 않을 것으로 생각하기도 한다. 이에 실업급여의 부정수급 시 발생할 문제점에 대해서 살펴보면 다음과 같다.

01 / 실업급여 부정수급의 유형

실업급여 부정수급의 유형은 다양하지만, 크게 보면

① 수급 자격 신청

② 실업 인정

③ 기타 부분으로 나눠 볼 수 있다.

첫째, 수급 자격 신청과 관련한 부정수급으로는 피보험자격의 취득이나 상실을 허위로 신고한 경우, 급여 기초임금 일액 산정의 기초가 되는 임금액을 과다하게 기재한 경우, 이직 사유를 허위로 기재한 경우, 그리고 취업상태에서 실업했다고 신고하는 경우 등이 포함된다.

둘째, 실업 인정과 관련한 부정수급으로는 취업한 사실은 숨기고 계속 실업 인정을 받는 경우와 자신의 근로에 의한 소득의 미신고 및 허위신고, 재취업 활동 여부를 허위로 신고한 경우, 그리고 확정된 취직 또는 자영업 개시 사실을 미신고한 경우 등이 있다.

셋째, 기타의 부정수급 유형으로 취업촉진수당 수급을 위해 각종 허위신고를 한 경우, 상병급여 수급을 위해 각종 허위신고를 한 경우 등이 포함된다.

한편, 실업급여를 받는 동안 제대로 신고하지 않아 부정수급으로 적발되는 경우가 많다.

아래의 사례들에 해당하는 경우는 반드시 그 사실을 신고해 부정수급으로 인한 불이익을 받는 경우가 없어야 한다.

대표적인 사례들을 나열하면

≫ 사업자등록 사실을 신고하지 않는 경우

» 가족 명의로 본인이 사업(자영업)을 영위하는 경우

» 본인 명의로 가족이 사업(자영업)을 영위하는 경우

» 다단계(암웨이, 다이너스티 등) 또는 보험설계에 회원가입하는 경우

» 배우자나 자녀 등 친인척 및 주변 사람들의 일을 도와주는 경우 (급여를 지급받지 않은 근로 사실을 신고하지 않는 경우도 포함)

» 사업장에서 근로를 제공하거나 임금 또는 기타 다른 명목으로 금품을 받았음에도 이를 실업 인정 시 신고하지 않는 경우

» 야간부터 근무를 시작했으나 취업 일을 다음 날로 신고한 경우

» 자격증 비치(건설·환경처리 업종 등)와 관련해 사업주와 합의로 입사일을 소급해 처리하는 경우 등이 포함된다.

02 / 실업급여 수급 중 신고사항

실업급여 부정수급은 잘 드러나지 않을 수 있지만, 동료 직원이 부정수급을 신고하는 경우가 많다. 그 이유는 바로 실업급여 부정수급 신고 포상제도가 있기 때문이다.

부정수급 제보는 본인의 신분이 확인된 경우에 한해 거주지 관할 고용센터에서 확인 후 고용보험법 제112조에 따라 포상금을 지급한다. 포상금은 최고 500만 원(부정수급액의 20%)으로 하되, 피보험자와 사업주가 공모한 경우는 5,000만 원으로 하며, 제보자의 신분에 대해서는 비밀이 보장된다.

첫째, 수급 자격자가 실업인정대상기간 중에 취업한 사실이 있거나, 근로에 의한 소득이 있는 경우에는 반드시 실업인정일에 취업 사실을 신고해야 한다.

국세청 자료나 4대 보험 공단 자료 등을 통해 취업 사실이 확인되는 경우가 많고, 최근에는 출입국기록이나 휴대폰 위치추적 등을 통해서도 부정수급 사실을 확인하는 예도 있음에 유의해야 한다.

둘째, 취업에 해당하는 경우를 반드시 확인해 이를 신고해야 한다. 정규직으로 고용된 경우뿐만 아니라,

» 월 60시간 이상 근무하기로 예정하고 근로를 제공한 경우(1개월 미만의 기간동안 고용돼 일용근로자로서 근로를 제공하는 경우),

» 국가나 지방자치단체에서 시행하는 공공근로에 참여한 경우,

» 회의 참석 및 임시직, 아르바이트 등 근로를 제공하는 경우,

» 사업자등록을 하고 사업을 하는 경우도 반드시 그 내용을 신고해야 한다.

셋째, 부정수급에 이르게 된 경우 하루빨리 자진신고 해 더 큰 불이익을 받지 않아야 한다.

수급 자격자가 부정수급 한 사실을 자진신고 할 경우 추가징수를 면제받을 수 있다.

03 / 실업급여 부정수급 의심 건에 대한 특별점검

고용노동부는 법무부·병무청 등 관계기관과 정보 연계를 확대해서 시스템을 통해 부정수급이 의심되는 해외 체류 기간, 의무복무기간, 간이대지급금 지급기간과 실업인정일이 중복되는 사례들을 선별해 부정수급자를 적발하고 있다.

부정수급 의심자에 대해 고용보험수사관이 출석·현장 조사 후, 대리 실업 인정, 수급기간 연기 미신고 등 부정행위에 해당할 경우 전

액 반환, 5배 이하 추가징수, 지급 제한, 수급 제한 및 형사처벌(5년 이하 징역 또는 5천만 원 이하 벌금)을 받을 수 있다.

또한 고용노동부는 기획조사를 통해 부정수급 규모가 큰 사업주 공모형 및 브로커 개입 조직형 등의 부정수급을 적발하고, 검·경 합동조사도 진행하고 있다.

실업급여 부정행위 신고자에 대해 부정수급액의 20%를 연간 5백만원 한도(고용안정사업의 경우 30%, 연간 3천만 원 한도) 내에서 신고포상금으로 지급하여 부정수급 적발을 강화하고 있다.

이러한 신고포상금 제도를 통한 부정수급 적발건수도 매년 증가하고 있으므로 사장님은 특별히 신경 써야 한다.

04 / 신고 포상제도

고용노동부에서는 실업급여 부정수급자를 가려내기 위해 고용노동부의 고용보험 전산망을 비롯해, 국민연금관리공단, 건강보험공단, 국세청, 근로복지공단, 보험협회, 금융감독위원회 및 지방자치단체 전산 자료 등을 주기적으로 조회하고 있다.

부정수급 행위가 일시적으로 발각되지 않아 실업급여가 지급된 경우라도 추후 국가 전산망 등에 의해 적발되거나 제보, 탐문 등에 의해 반드시 발각되어 제재받게 됨을 특히 유의해야 한다.

05 / 부정수급이 발각되는 경우 처벌

부정한 방법으로 실입급여를 지급받은 경우에는 부정수급액의 반환

뿐만 아니라, 실업급여 지급 중지, 부정수급액만큼의 추가징수 등의 불이익을 받게 된다. 특히, 거짓이나 그 밖의 부정한 방법이 사업주의 거짓된 신고·보고 또는 증명으로 인한 것이면 그 사업주도 그 구직급여를 지급받은 자와 연대해 책임을 진다는 사실을 알아야 한다. 최근 고용보험법이 개정(2020.08.28. 시행 예정)돼 부정수급 관련 처벌이 강화됐는데 형사처벌이 1년 이하의 징역 또는 1,000만 원 이하 징역·벌금이 3년 이하의 징역 또는 3,000만 원 이하로 강화됐고, 공모 범죄의 경우 5년 이하의 징역 또는 5,000만 원 이하로 더욱 강화됐다. 또한, 출입국기록·가족관계·주민등록정보 등 요청을 위한 법적 근거를 마련하고, 최근 10년간 3회 이상 부정수급이 적발되는 경우는 3년 이내 실업급여의 수급 자격이 제한된다.

실업급여 부정수급의 적발과 행정 처분 및 형사처벌

부정수급으로 적발될 경우는 다음의 조치가 이루어진다.
① 실업급여 전액 반환
② 최대 5배 이하 추가징수
③ 실업급여 지급 중지
④ 여러 번 부정수급 적발될 경우 향후 실업급여 수급 제한
⑤ 5년 이하의 징역 및 5천만 원 이하의 벌금 부과
사업주가 부정수급에 가담할 경우 부정수급자와 동시에 행정 처분 및 형사처벌이 될 수 있다.
이밖에, 허위 취득 · 상실 신고, 이직확인서 제출로 300만 원 이하의 과태료 부과 및 형법 및 타 법률 등에 따라 추가 형사고발도 가능하다.

회삿돈을 내 돈처럼 쓰다
가지급금에 발목 잡히는 사장님

세는 공금 예방하는 내부관리법

v

» 소액지출통장과 거액 매출 입금통장 등의 별도 분리

평소 사용하는 일주일이나 10일분 평균 사용금액을 경상비용 자금
통장 등으로 별도 관리하며, 50만 원 내외의 소액현금을 별도로 두
어 소액 지출한다. 나머지 매출 입금 등 거액은 자금책임자나 대표
가 직접 관리한다.

» 자금, 자산관리 담당자와 회계처리 담당자는 별도 인력

자금 담당자가 대표 결재받아 송금·지출 후 증빙을 작성하여 회계담
당자에 제출하면 회계담당자가 전표 처리 후 기록한다.

» 재무상태표의 현금예금, 매출채권, 재고자산과 매출·순이익의 변
  동상황점검

대부분 매출이익증감과 현금예금증감이 비슷하나, 특별한 변동이 다
른 연관계정으로 설명되는지 파악한다.

» 예금통장, 법인카드, 출금인감, 인증서 등은 다른 곳에 보관

출금 시 통장, 도장, 비밀번호, OTP 등 별도 번호가 동일인에게 집
중되지 않도록 한다.

» 현금, 예금 담당자와 경리담당자의 시재액 정밀 실사

가장 민감한 문제이므로 적절한 대응책을 마련해야 한다.

» 관리 분야(자산, 예금, 경리, 회계) 인력의 정기적 순환

특정 재산관리, 회계 관리업무를 오랫동안 동일한 담당자가 할 수 없도록 보직을 일정 기한을 주기로 교환, 전환배치 한다.

» 매월 말, 분기 말, 반기 말, 연말 회계처리 내용 상세 분석

일시 거액의 지출, 계정 대체, 일시적 대량 지출, 수정분개 내용의 이유와 원인, 결과를 파악한다.

» 회사명과 휴면은행 계좌의 신속한 폐쇄

장부 이외 거래의 이용목적을 방지하기 위해 사용하지 않는 통장계좌는 즉시 폐쇄한다.

» 계속 고정거래처의 수입·지출 변동, 증빙 사항 점검(상대방 방문, 접촉 등)

» 자금, 경리, 회계담당자의 오류, 부정 관련 보험의 가입

대표이사가 마음대로 쓰는
회삿돈은 모두 가지급금

업무와 관계없이 대표이사 개인적으로 사용하는 법인카드 사용액, 친목 골프비용, 마트 사용액, 유흥비, 동창회비 등을 회사는 가지급금 처리하고, 대표이사의 상여 처분을 함으로써 근로소득세를 추가로 내야 한다. 반면 개인회사 사장님이 가사와 관련해서 마음대로 쓰는 돈은 인출금이다.

법인 대표이사는 회삿돈을 마음대로 쓸 수 없지만, 개인회사 사장님이 마음대로 쓰는 돈은 본인의 돈을 본인이 쓰는 것이므로 문제가 되지는 않는다. 다만 두 경우 모두 개인적 지출이므로 회사 경비처리를 하면 문제가 된다.

구 분	마음대로 쓰는 돈
법인 대표이사	가지급금
개인회사 사장님	인출금

가지급금이 발생하는 주요 원인을 살펴보면 다음과 같다.

» 업무와 관련 없는 골프 등 대표이사 개인 사적 지출 비용

» 증빙 첨부가 곤란한 영업비용, 리베이트, 기업업무추진비용

» 대표이사가 회사 자금을 이용해서 부동산 같은 개인소유 자산을 구입하는 경우

» 기업 대표가 복수의 관계회사를 다수로 운영한다면 하나의 기업에 재정 어려움이 발생할 때 자금난 해결을 위하여 다른 관계회사의 자금을 대여하는 경우

» 기업을 운영할 때 신용평가 등급에 좋은 점수를 받기 위해 경영성과를 최대로 높여야 할 경우 실물자산 이동 없이 서류상 기업 매출 금액을 올려서 가공 매출 또는 경비축소를 하는 경우

» 가지급금 인정이자에 대해서 인정이자를 받지 않거나 적게 받는 경우 해당 인정이자 상당액

중소기업의 대표이사는 우리 회사는 영세하니 세무조사도 받을 가능성이 적다는 생각 또는 아직 세무조사를 받은 적이 없어 가지급금의 무서움을 모른 채 회사 법인카드를 개인용도로 마구 사용하는 경우가 많은데, 이 같은 가지급금은 다음과 같은 불이익을 가져다준다는 점을 잊어서는 안 된다. 특히 걸리면 폐업하면 그만이지라고 생각하는 사장님들이 많은데, 가지급금은 직접 갚지 않는 이상 끝까지 따라다닌다.

구 분	문제점
법인세 증가	• 가지급금에 대해 법인이 매년 인정이자율 금액을 실제로 받은 것으로 보아 이자수익으로 처리함으로써 법인세 증가 • 차입금 중 가지급금 상당액에 대하여 비용으로 인정하지 않아 법인세 부담 증가

구 분	문제점
대표이사 소득세 증가	• 인정이자 미납 시 대표이사의 상여(급여)로 처리되어 대표이사 소득세 증가 • 회사 양도나 폐업 시 원금과 이자 전체를 대표이사 상여(급여) 처리하여 대표이사의 소득세 증가
가업승계 문제	• 가업상속 시 가지급금을 상속재산으로 간주하여 상속세 증가 • 가업 증여 때 비상장 주식 평가 시 가지급금을 자산으로 인식하여 증여세 증가
기업신용 문제	• 가지급금이 기업 신용평가 시 감점 요인으로 작용 • 기업진단 시 부실자산이 되어 순자산액을 감소시켜 사업에 나쁜 영향
업무상 횡령 · 배임 적용 가능	• 가지급금을 대손처리할 경우 업무상 횡령이나 배임으로 볼 수도 있음

가지급금을 해결하는 방법은 결국 가지급금 만큼 대표이사의 개인 돈을 회사에 내는 방법이다. 즉 해결 방법은 회사에 돈을 내는데 현금으로 내느냐, 회사로부터 받아야 하는 인건비로 내느냐, 배당금으로 내느냐, 가지고 있는 특허나 주식으로 내느냐 하는 방식의 차이일 뿐 결국은 내야 한다.

가장 간편한 방법은 현금으로 내는 것이고 다음으로 회사가 대표이사에게 급여를 인상하여 이 금액의 일부로 가지급금을 상환할 수 있지만, 급여 상승으로 인해 근로소득세 부담이 증가하는 단점이 있다. 창업 초기 법인의 경우 가지급금의 발생 가능성이 크므로 자금 문제로 대표이사 급여를 무보수 처리하는 것보다는 급여를 받는 것으로 해 발생하는 가지급금을 메우는 방식도 고려해볼 만하다.

가지급금에 대한 세무상 불이익 해결법

01 / 가지급금의 발생

3월 법인세 신고를 하면서 재무제표를 확정 짓게 된다.

특히 재무상태표 항목 중에는 눈 여겨봐야 할 자산 항목이 가지급금이다.

가지급금은 실제 현금의 지출은 있었지만, 거래의 내용 증빙이 없어 처리되는 임시 가계정이다. 대표적인 것이 회사 대표나 임원이 돈을 가져가고 증빙을 주지 않는 경우다.

또한 거래를 일시적으로 가지급금 처리 후 정리를 안 하고 넘어가 전표처리 상의 오류를 발생시키는 경우도 있다.

실무에서는 거래 관행상 기업업무추진비 처리를 못 하는 경우에도 발생한다. 특히 대표이사나 회계담당자가 증빙 없이 현금을 인출하는 경우(법인은 기본적으로 모든 지출에 대해 세금계산서, 현금영수증, 신용카드 전표 등 증빙서류를 갖춰야 한다.) 가지급금이 가장 많이 발생한다.

가지급금이 많은 회사는 내부 통제가 제대로 이뤄지지 않는 특징을 가지고 있다.

한 마디로 가지급금은 기업에서 지출하는 자금에 대한 관리의 부실에서 발생한다.

그러나 기업업무추진비, 사례비 등 업무상 관행에 따라 지출하게 되거나 임원, 주주 등 특수관계인이 개인적인 용도로 법인자금을 사용하게 될 때는 증빙 처리가 불가능하므로 문제가 되는 것이다.

02 / 가지급금에 대한 불이익과 문제점

법인은 매년 인정이자율의 인정이자를 납부해야 하고 법인의 과세소득에 포함되어 법인세가 높아진다(가지급금 인정이자). 또한 법인의 차입금에서 가지급금이 차지하는 비율만큼 당기 이자비용을 손금으로 인정받지 못해 법인세가 증가한다(지급이자 손금불산입).

가지급금 인정이자는 미납 시 대표의 상여로 처리되는 특성이 있다. 따라서 가지급금에 대한 책임은 폐업이나 법인 청산 등 특수관계 소멸 시까지 지속(특히 법인을 폐업하면 가지급금이 없어진다고 생각하는 대표이사가 생각보다 많은데 이는 잘못된 지식이다.)되며, 회수하지 못한 가지급금의 상여(급여) 처분으로 대표의 소득세와 4대 보험료가 증가하게 된다.

더군다나 회수 가능성이 작음에도 자산에 해당하기에 주식 가치를 높인다. 만일 상속개시일부터 2년 이내에 인출된 일정금액 이상의 가지급금에 대한 사용처를 소명하지 못할 경우 상속재산 가액에 포함되어 상속세가 높아진다.

03 / 가지급금의 가장 기본적인 해결 방법

가지급금은 발생 금액이 적다면, 대표의 개인 자산으로 직접 갚는 것이 가장 좋다.

하지만 대표의 개인 자산으로 현금 상환 시 추가적인 세 부담은 없지만, 자금을 마련하기 위해 개인 부동산을 처분한다면 양도소득세가 발생할 수 있고 급여, 상여, 배당으로 처리하는 경우는 회사가 큰 금액을 한꺼번에 지급해야 하는 부담이 생겨서 기업의 현금 흐름을 악화시킬 수 있을 뿐만 아니라 개인의 소득세(급여와 상여는 근로소득세 납부, 배당은 배당소득세 납부)까지도 신경 써야 한다.

대표이사 급여를 무보수로 처리하는 회사가 많은데, 지속적으로 가지급금이 발생할 가능성이 크면 대표이사에게 급여를 지급하고, 급여를 통해 가지급금을 해결하는 방법도 고려해볼 가치가 있다.

반면 가지급금이 단순 전표처리 상 오류인 경우, 회계상의 오류 수정 등의 방법을 적용할 수 있다. 오류 수정 방법을 사용할 경우 가지급금의 발생내용을 확인해 전기오류 수정손실로 처리할 수 있다.

그러나 증빙자료가 미비하거나 없으면 2%의 증빙불비가산세가 부과될 수 있으며, 손금의 귀속 시기에 따른 법인세가 경정 청구될 수 있다.

가지급금 세금 안 내려고
폐업한 후 튀려는 사장님

∨

법인의 대표이사는 폐업 처리하면 세금을 안 내도 되는지 오해하는 경우가 상당히 많다.

이에 법인의 폐업 시 유의할 사항을 살펴보고자 한다. 여기서 법인이란 상법상 주식회사, 유한회사, 합명회사, 합자회사 등을 말한다.

(01 / 청산 시 납부하지 않은 법인세)

법인은 원칙적으로 본인이 출자한 금액을 한도로만 책임을 진다.

따라서 주식회사의 대표이사도 출자자인 경우 본인의 출자범위 내에서만 유한책임을 지는 것이 원칙이다. 다만, 세법에서는 법인이 납부하지 않은 세금에 대해서 출자자인 대표이사에 대해 예외 규정을 두고 있다.

다음에 설명할 출자자의 제2차 납세의무 규정은 국세기본법 규정으로 상장회사 등 대기업의 대표이사는 적용확률이 낮으나 1인 법인, 가족법인은 출자자의 제2차 납세의무 규정이 적용될 확률이 상당히 높다.

출자자의 제2차 납세의무란 ① 주된 납세자가 법인이고, ② 법인의 재산으로 징수가 부족한 경우, ③ 법인의 납세의무 성립일(과세기간이 끝나는 때 즉 12월 결산법인은 12월 31일. 다만, 청산소득에 대한 법인세는 그 법인이 해산하는 때를 말한다.)을 기준으로 무한책임사원 또는 과점주주인 자가 제2차 납세의무를 진다.

여기서 과점주주는 주주 또는 유한책임사원 1명과 그의 특수관계인으로서 그들의 소유주식의 합계 또는 출자액 합계가 해당 법인의 발행주식 총수 또는 출자총액의 50%를 초과(51%)하면서 그에 관한 권리를 실질적으로 행사하는 사람들을 말한다.

내용	내 용
본래 납세의무자	법인
제2차 납세의무자	법인의 납세의무 성립일(과세기간이 끝나는 때 즉 12월 결산법인은 12월 31일. 다만, 청산소득에 대한 법인세는 그 법인이 해산하는 때를 말한다.)을 기준으로 무한책임사원 또는 과점주주인 자
제2차 납세의무자 발생요건	• 주된 납세자가 법인 • 법인 재산으로 징수 부족 • 납세의무 성립일 현재 무한책임사원 또는 과점주주인 자
제2차 납세의무 대상	법인이 납부해야 할 국세, 가산금과 체납처분비
제2차 납세의무 부담액	• 무한책임사원 : 한도 없음 • 과점주주 : 징수 부족액 × 지분율

가지급금이란 회계상의 의미는 용도나 액수를 확정하지 않은 채로 지급한 불확실한 돈을 확정될 때까지 일시적으로 설정하는 계정과목을 말하고, 세무상으로는 특수관계에 있는 자에게 지급한 당해 법인의 업무와 관련이 없는 자금의 대여액을 의미한다.

일반적으로 세법에서는 가지급금은 발생 때마다 계약서(금전대차약정서 등)를 작성하고 그에 따른 상환 등도 이루어지게 되어있다. 소정의 이자도 받아야 한다. 그렇지 않으면 가지급금 이자가 귀속 대표이사의 상여가 된다.

국세청은 이것이 업무와 관련된 자산이 아닌 법인이 특수관계자에게 대여해 준 대여금으로 보기 때문에 세무적인 문제가 발생하거나 장기간 미상환하거나 임의로 대손처리할 경우 업무상 배임, 횡령죄가 성립될 수도 있으므로 특히 주의해야 한다.

◑ 폐업 시 가지급금이 남아 있는 경우

법인이 청산하여 소멸하는 시점까지 가지급금 인정이자를 법인의 익금으로 반영하고, 해당 금액을 대표이사에 대한 상여(급여)로 처리하여 근로소득세를 과세해야 한다.

또한 법인이 폐업함에 따라 해당 가지급금에 대하여 회수를 포기한 것으로 인정되는 경우 대표이사에게 가지급금 전액에 대하여 상여 등의 소득처분을 하여 근로소득세를 과세하게 된다. 따라서 가지급금이 있는 경우에는 대표이사의 퇴직금과 상계하는 등 여러 가지 방법으로 가지급금을 처리하고 폐업해야 거액의 법인세 및 소득세가 과세되는 것을 피할 수 있다.

⊙ 대표이사 변경이나 기업 인수로 인한 가지급금

원칙적으로는 현 대표이사가 갚을 의무는 없다.

해당 가지급금은 전 대표이사가 법인에 지급해야 할 의무를 지닌 채무로써 현 대표이사에게 아무 이유 없이 승계되는 것은 아니다. 즉, 전 대표이사의 미상환 잔액이므로 전 대표이사의 책임이다.

대표이사 변경 시 대표이사 간의 가지급금에 대한 인수인계 절차가 장부상 나타나야 한다. 전 대표이사의 가지급금을 상환하는 절차가 필요한 것이다.

세법에서는 전 대표이사가 퇴사하는 시점에 전 대표이사와 법인 간에 특수관계가 소멸되는 것으로 보고 특수관계가 소멸할 때까지 회수되지 않은 가지급금은 쟁송, 담보, 상계채무 보유 등 특별한 사유를 제외하고는 특수관계가 소멸되는 시점, 즉 퇴사 시점에 법인의 익금으로 과세하고 해당 대표자에 대하여 급여로 보아 근로소득세를 과세하고 있다.

만일 현 대표이사가 사비로 충당할 경우 동 금액에 대해서 증여 등의 문제가 발생할 수도 있다.

(03 / 법인청산 후 통장 잔액 배분시 세금)

폐업법인의 경우 폐업 이후에도 통장정리는 계속하면 되며, 폐업한 다고 가수금이나 가지급금, 외상매출금, 미지급금이 없어지는 것이 아니므로 현황 파악을 정확히 하여 반영하면 된다.

폐업하더라도 법인의 납입자본금은 법인의 사업과 관련하여 사용하며, 투자금 회수를 원한다면 감자 또는 배당 등을 통해 회수해야 한다.

감자 등 적법한 절차를 지키지 않고 납입자본금 회수시 가지급금으로 분류된다. 즉 통장에 있는 자본금의 경우 청산절차를 거치지 않는 경우는 인출이 원칙적으로 불가능하다.

반면 해산 이후 청산법인의 경우 법인세 신고는 해산등기일~잔여재산분배일까지(12월 말 법인의 경우 중간에 12월 31일이 끼어 있지 않는 경우)가 사업연도이며, 잔여재산분배 일로부터 3개월 이내 법인세 신고를 해주면 된다.

청산절차를 완료한 경우 주주에게 지분별로 배분해야 하며, 주금을 초과한 잉여금 즉 배분 금액이 납입자본금보다 크면 배당에 해당하므로 소득세 등을 납부해야 한다.

잔여재산분배일의 다음 달 10일까지 원천세 신고해주면 되며, 지급명세서는 지급일의 다음연도 2월 말일까지 제출해주면 된다.

사적 지출을 기업업무추진비로 돌려막기

회사에서 지출하는 모든 비용이 세무상 경비(손비)로 인정될 수 있다고 생각하는 사업자들이 매우 많다. 그래서 법인카드를 사적으로 사용하고, 회사 비용처럼 처리하는 사업자도 많다. 즉 기업업무추진비나 복리후생비 등 타 계정으로 분산 계상하는 수법으로 손금 처리하는 경우가 많다. 하지만 국세청은 현재 이를 잡아낼 수 있는 능력을 갖추고 있다. 안 잡히는 것은 세무서 인력 부족이나 금액상 세무조사의 실익이 떨어지기 때문일 것이다. 하지만 이미 능력을 갖추고 있으므로 국세청의 의지에 따라 언제 어떻게 환경이 바뀔지는 알 수 없다.

또한 실무자는 걸리지 않을 것이라는 생각에 탈세를 실무 처리라는 명분을 내세워 처리하는 경우도 다반사다.

그중 하나가 사적 지출 비용을 복리후생비나 기업업무추진비로 둔갑시켜 처리하는 방식이다.

공휴일에 지출한 기업업무추진비가 있는 경우에는 그 원인을 규명하고 임원 등의 사적비용을 손비로 처리했는지 국세청은 면밀히 조사를 벌이고 있다.

현물기업업무추진비의 경우에는 반출증, 영수자의 성명 등 지출증빙을 철저히 조사하여 업무관련성 유무를 비롯해 임원 등의 사적 사용 여부를 상세히 조사하고 있다.

임원 등의 사적 경비를 기업업무추진비로 계상한 경우는 기업업무추진비 시부인 대상 금액에서 제외하고 손금불산입 상여 등으로 처분하도록 하고 있다.

국세청은 사용인이 사적 경비를 기업업무추진비로 계상한 경우는 손금으로 인정하되 근로소득으로 보아 근로소득세를 추징하고 있다.

즉 지출증빙이 없거나 허위 또는 업무와 관련 없는 지출로 확인되는 경우는 손금불산입하고(기업업무추진비 시부인 대상 금액에서 제외) 그 귀속자에 따라 상여 등 처분하며, 그 귀속자가 불분명한 때에는 대표자에게 상여처분하도록 하고 있다. 특히 법인카드의 경우 지출내역이 나오므로 회사 업무와 관련 없는 지출의 경우 기업업무추진비로 돌려막기 하면, 걸릴 확률이 높다. 물론 국세청 인력 부족으로 소명이나 세무조사 대상에 걸리지 않고 넘어갈 수도 있다.

또한 기업업무추진비는 전액 비용인정을 받을 수 있는 금액이 아니라 일정 한도 내에서 비용인정을 받는 비용이므로 한도 초과액은 손금불산입한다.

참고로 법인카드 대금에 기업업무추진비도 있을 수 있지만 상당 부분 사적 지출인 것으로 보이며, 기업업무추진비와 사적 지출 간 구분이 불분명하므로 전액을 사적 지출로 봐 과세한 사례도 있으니 법인카드 사적 지출을 기업업무추진비로 돌려서 처리하는 것에 주의가 필요하다.

아들에게 부동산(사무실, 점포)을 무상 임대 또는 저가 임대 시 세금

특수관계인 간에 부동산을 무상으로 임대하게 되면 임대인에게는 부가가치세와 소득세, 그리고 임차인에게는 증여세 과세 문제가 발생할 수 있다. 따라서 부동산을 무상으로 임대하는 경우는 사전에 일정 수준의 임대료를 설정하여 임대차계약을 맺고 세금 신고를 해야한다. 또한, 부동산 가액이 13억을 초과하지 않는 부동산에 대해서임대해야 증여세 문제도 발생하지 않을 것이다.

01 / 임대인의 세금

사업자가 대가를 받지 않고 무상으로 타인에게 용역을 공급하면 용역의 공급으로 보지 않는다.

그러나 사업자가 특수관계인에게 사업용 부동산의 임대용역을 공급하는 것은 용역의 공급으로 본다. 왜냐하면 사업자가 자신의 용역을 대가를 받지 아니하고 공급함으로써 다른 사업자와의 과세형평이 침해된다고 보고 있기 때문이다.

● 부가가치세

❶ 특수관계인에게 부동산을 무상으로 임대하였다면 공급한 부동산 임대용역의 시가를 공급가액으로 하여 부가가치세 과세표준을 신고 해야 한다. 즉 무상 임대하게 되면 임대인이 받지 않은 임대료 시장 가격 상당액을 부가가치세로 과세한다.

가령 월 임대료가 100만 원인데, 특수관계자에게 임대하면서 이를 받지 않는다면 임대인이게 100만 원에 대한 부가가치세 10만 원을 강제로 부과하게 된다.

❷ 부동산 임대용역의 시가란 적정임대료로 보면 되고 적정임대료 계산은 아래와 같다.

> 임대료 = [부동산 시가 × 50% − 부동산에 대해서 받은 전세금·보증금] × 국세 청장 고시 정기예금이자율/12

❸ 사업자가 특수관계인에게 사업용 부동산의 임대용역을 공급하는 것은 용역의 공급으로 보아 부가가치세가 과세되는 것으로서, 공급 한 용역의 시가를 공급가액으로 보는 것이며, 시가를 과세표준으로 하는 경우 이에 대해서 세금계산서를 발급할 의무는 없다.

❹ 임대료를 완전히 면제하지 않고 일부만 받는 경우 시장가격과의 차액만큼 부가가치세로 추가 과세한다. 즉, 100만 원의 임대료 중 70만 원만 받는다고 하더라도 나머지 30만 원에 대한 부가가치세 3 만 원을 강제로 징수한다.

❷ 소득세(법인세)

부동산을 무상으로 임대하게 되면 임대인에게는 부당행위계산부인 문제가 발생할 수 있다.

소득세법에 의하면 특수관계인에게 용역을 무상으로 제공하고(직계존비속에게 주택을 무상으로 사용하게 하고 직계존비속이 실제 그 주택에 거주하는 경우는 제외) 조세부담을 부당하게 감소시킨 것으로 보게 되면 시가와 거래 가액의 차액이 3억 원 이상 또는 시가의 5% 이상인 경우 그 차액에 대해서 소득세를 부과할 수 있다.

❶ 무상 임대 : 종합소득세도 기본적으로 부가가치세와 과세 논리가 동일하다.

100만 원의 임대료를 받지 않는다고 하더라도 받은 것으로 간주하여 종합소득세를 과세한다. 받지 않은 100만 원의 임대료를 종합소득세 계산 시 임대매출액으로 산입하여 종합소득세를 계산하게 되고, 이를 세무 용어로 부당행위계산부인이라고 한다.

❷ 저가 임대 : 100만 원의 임대료 중 70만 원만 받는 경우 역시 마찬가지 논리로 차액인 30만 원을 받은 것으로 간주하여 종합소득세를 과세한다.

하지만, 차액이 30만 원이 아닌 3만 원이라면 차액에 대하여 과세하지 않는다. 받지 않은 임대료가 시장가격의 5% 미만이라면 추가로 종합소득세를 과세하지 않는다.

임대료를 97만 원으로 한다면 차액이 5% 미만이므로 부당행위계산부인이 적용되지 않는다.

02 / 임차인의 세금

임차인에게는 무상으로 부동산을 임대하는 임대인에게 발생하는 부가가치세와 소득세 과세 문제가 발생하지 않는다. 대신에 무상으로 임차함으로써 발생하게 되는 이익에 대해서 증여세가 과세될 수 있다.

❶ 특수관계인의 부동산을 무상으로 사용하여 이익을 얻은 경우는 해당 이익에 상당하는 가액을 이익을 얻은 자의 증여재산 가액으로 한다. 특수관계인이 아닌 자 간의 거래인 경우는 거래의 관행상 정당한 사유가 없는 경우에 한하여 적용한다.

❷ 증여재산 가액은 부동산 무상사용을 개시한 날을 증여시기로 하여 5년마다 5년간의 부동산 무상사용 이익에 대하여 한꺼번에 증여세가 과세되는 것이며, 5년간의 증여재산 가액이 1억 원 미만인 경우는 제외한다. 부동산 사용 이익의 계산은 아래와 같다. 시가가 약 13억 원 이상의 부동산을 무상 사용해야 증여세가 과세되므로, 예를 들어 12억 상당의 부동산을 무상으로 임차하게 되면 증여세는 부과되지 않는다.

부동산 무상사용 이익 = 부동산 가액 × 2% × 3.79079(부동산 가액은 상증법 제60조에서 평가한 가액임)

무상임대가 아닌 저가 임대의 경우 일부의 임대료를 받고 있는 상황이므로 적정임대료와의 차액에 대해서 증여세가 과세된다.

이때 연간 적정임대료란 위 자료에 의하면,

1,200,000,000원 × 2% = 24,000,000원이다.

위 2,400만 원이 연간 받아야 할 적정임대료인데, 그보다 적게 받는다면 차액에 대하여 증여세가 과세된다.

적정임대료 : 24,000,000원

실제임대료 : 20,000,000원

차액 : 4,000,000원(증여세 과세 기준금액)

위 차액이 적정임대료의 30%인 720만 원 넘지 않으므로 증여세 과세 대상이 아니다.

* 24,000,000원 × 30% = 7,200,000원

증여세의 무상 임대와 저가 임대는 증여세 계산 방식에 차이가 있다.

저가 임대에서는 5개년 합산 및 현재가치의 개념이 나오지 않으며 다음과 같이 계산한다.

시가(= 부동산 가액 × 1년간 부동산 사용료를 고려해 기획재정부령으로 정하는 율) - 대가(=월세 × 12 + 보증금 × 정기예금이자율) > 시가 × 30%

예를 들어 보증금 3억에 월 130만 원으로 임차하는 경우, 상증세법 기준시가인 적정임대료는 연간 2,600만 원(13억 원 × 2%)이고, 연 임대료는 월세 3억/130만 원 = 130만 원 × 12개월 + 3억 × 1.2% = 1,920만 원이므로 차액 680만 원(2,600만 원 - 1,920만 원)이 시가의 30%인 780만 원(2,600만 원 × 30%) 이내에 해당하므로 증여세가 과세되지 않는다. 반면 전세 10억원 = 10억 × 1.2% = 1,200만 원이므로 차액 1,400만 원(2,600만 원 - 1,200만 원)이 시가의 30%인 780만 원(2,600만 원 × 30%)을 초과하므로 증여세가 과세된다.

대표이사 차량을 법인이 고가에 사주는 경우

01 / 대표이사 차량을 고가매입

대표이사와 법인은 특수관계인에 해당하며, 특수관계인 간의 매매 시에는 시가대로 거래하면 된다.

세금계산서는 사업자가 발행한다. 따라서 개인 대표이사가 사업자가 아니라면 세금계산서는 발행하지 않는다. 법인 입장에서는 계좌이체 내역과 계약서 등으로 거래내역을 입증하면 된다. 법인이 할부로 구매해도 관계는 없다.

법인의 경우, 해당 법인의 차량을 임직원전용자동차보험에 가입해야 감가상각비, 차량유지비 등의 경비처리가 가능하다.

02 / 법인차량을 대표이사에게 무상 이전

사업자가 차량을 특수관계인에게 매각하는 경우는 부가가치세와 법인세를 함께 고려해야 한다. 차량 거래 시 해당 재화의 시가를 공급가액으로 보아 부가가치세 과세대상이 되며, 저가로 매각하는 경우에는 법인세법상 부당행위계산 부인에 해당한다.

○ 부가가치세

차량은 부가가치세 과세 대상으로 법인이 보유 차량을 매각하는 경우 구입자에게 부가가치세를 징수하여 납부할 의무가 있다.

이때, 법인차량을 특수관계인에게 저가로 매각하는 경우는 해당 차량의 시가를 공급가액으로 보고 과세한다.

법인의 차량이 업무용, 비업무용인지(매입세액공제 여부)와는 무관하게 차량을 매각하는 법인이 과세사업자인 경우 부가가치세를 징수해야 하며, 면세사업자(대금청구는 계산서를 발행)인 경우 부가가치세 징수 의무가 없으므로 부가가치세를 징수할 필요가 없다.

구매자가 사업자가 아닌 대표이사(일반인)이기 때문에 세금계산서의 공급받는 자 공급번호 란에 해당 대표이사(일반인)의 주민등록번호를 기재한 후 발급한다.

구 분	사업자	부가가치세 징수 여부
매입세액공제(업무용 승용차 등)	과세사업자	O
	면세사업자	X
매입세액불공제(비업무용 승용차 등)	과세사업자	O
	면세사업자	X

[주] 차량을 해당 사업자 사업 목적으로 사용하였다고 가정함

➔ 법인세

법인 소유의 차량을 대표이사에게 양도하는 경우라면 시가를 과세표준으로 하여 대표이사의 주민등록번호로 세금계산서를 발급한 후 부가가치세를 신고해야 한다.

법인세법에 따르면 차량이나 물건을 특수관계인에게 시가보다 낮은 금액으로 매각하거나 높은 금액으로 사들인다면 조세를 감소시키기 위한 부당한 거래로 보아 부당행위계산의 부인을 적용한다.

무상 이전으로 인한 부당행위계산부인 규정을 적용 시 시가를 익금에 산입하고, 귀속자에게는 상여처분 한다. 반면, 저가 거래로 인한 부당행위계산부인 규정을 적용 시 시가와 대가의 차이 금액은 법인의 익금으로 처리하며, 귀속자에게는 상여처분 한다.

(03 / 차량(중고차)의 시가 판단)

중고자동차나 중고 물건의 경우 세법상 시가를 어떻게 판단하는지가 특수관계인과 거래의 정당성 여부를 판단하는데, 가장 중요하다.

법인세법에서 물건이나 자산의 고가 매입·저가 양도에서 적용하는 시가는 법인세법 시행령 제89조 시가의 범위에 규정되어있다.

해당 법령에 따르면, 법인이 특수관계인에게 차량을 매각할 경우 차량의 시가는 [①] 거래가액이 존재할 경우 그 거래가액(시가), [②] 시가가 없는 경우 감정평가액, [③] 감정평가가액도 없을 경우 상속·증여세법상의 평가 방법을 이용하여 시가로 판단하고, 해당 시가의 95%~105%의 범위(3억원 한도)를 시가의 유효 범위로 규정한다.

실무에서는 법인의 중고차량의 시가를 판단할 때 현재 매물로 올라온 중고차 시장의 시세를 반영하거나 국토교통부 등이 제공하는 승용차 가액표에 따라 시가를 평가하고 있다.

실무에서는 위의 가액(중고차 시세, 국토교통부 시가표준액) 중 합당한 가액을 산정하여 위의 법령상 거래 가액이 존재하는 경우의 시가로 보아 계산하고 있다. 대부분 국토교통부 시가표준액을 따라간다.

예를 들어 제네시스 2017년의 국토교통부 시가표준액이 다음과 같다면

시가 : 1,750만원

매각 대상 : 대표이사의 아들(법인 근무, 특수관계인)

매각가액 : 1,300만원

법인의 차량을 특수관계인에게 시가(1,750만 원)보다 낮은 금액(1,300만 원)으로 매각한다면 해당 거래를 부당행위계산으로 부인하고 시가로 재계산하여 법인세를 과세하며, 혜택을 받은 특수관계인은 상여(임직원 혹은 귀속 대상이 불분명한 경우 대표자 상여)나 기타 (그 외의 자) 등의 소득처분이 일어나 소득세를 부담하게 된다.

시가 범위 판단 : 1,662만 원(95%)~1,837만 원(105%)

➔ 매각가액이 시가 범위 초과(±5%)

소득처분 : 손금불산입 450만 원(상여), 아들의 근로소득 450만 원 상승

법인 아파트에
대표이사가 거주하면 생기는 세금

법인 명의로 아파트를 구입해서 시세차익을 노리고, 실제로 해당 아파트에는 대표이사가 거주하는 사례가 있다. 즉 1인 법인의 경우 대표이사는 투기목적으로 아파트를 취득해 시세차익을 얻고, 해당 아파트에는 본인이 사택처럼 거주하면서 세금혜택을 누리는 사례가 많다.

세법에서는 특수관계인과의 거래로 인하여 그 법인의 소득에 대한 조세부담이 부당하게 감소된 것으로 인정되는 경우 그 법인의 행위 또는 소득금액의 계산을 부인하고 법인의 각 사업연도 소득금액을 다시 계산할 수 있도록 규정하고 있는데 이를 "부당행위계산부인"이라고 한다.

그런데 법인의 대표이사 등 출자 임원이 거주지에서 사업장 소재지 (공장)가 멀어 사업장 근처에 법인 명의로 주택을 구입하고, 해당 주택에 무상으로 거주한 경우에도 부당행위계산부인이 적용된다.

대표이사에게 사택을 제공하는 경우 당해 대표이사가 주주가 아니거나, 소액주주에 해당하는 경우로서 제공받는 사택이 비과세 사택의 범위에 해당하는 경우는 세법상 문제가 없으나, 출자 임원에 해당하는 경우는 법인이 소유(임차)한 주택(사택)을 무상으로 제공받을 시 부당행위계산부인 규정이 적용된다. 즉 1인 또는 소규모 가족법인이 취득한 아파트에 대표이사가 거주하는 경우 부당행위계산부인 규정이 적용된다.

» 적정임대료(시가)에 상당하는 금액을 익금에 산입하고 대표자에게는 상여(근로소득으로 과세)로 처분하며

» 이 소유 주택은 업무무관자산으로 구분되며

» 해당 자산에 드는 지급이자 또한 손금불산입 규정이 적용되며, 처분은 기타사외유출로 처리하게 된다.

01 / 출자임원에 사택 무상 임대 부당행위계산

부당행위계산의 유형은 여러 가지가 있다. 특수관계인으로부터 자산을 시가보다 높은 가액으로 매입 또는 현물출자 받은 경우, 특수관계인에게 자산을 시가보다 낮은 가액으로 양도하는 경우가 대표적이다. 이 외에도 금전, 그 밖의 자산 또는 용역을 무상 또는 시가보다 낮은 이율이나 요율, 임대료로 빌려주거나 제공한 경우도 부당행위로 본다. 다만, 주주 등이나 출자자가 아닌 임원(소액주주인 임원 포함) 및 사용인에게 사택 및 임차 사택(임차하여 전·월세 등을 회사가 제공하고 사택으로 제공)을 제공하는 경우는 부당행위계산부인이 적용되지 않는다. 즉, 소액주주인 임원 또는 사용인에게 사택을 무상으로 제공한 경우는 부당행위에 해당하지 않지만, 소액주주가 아닌 출자 임원에게 사택을 제공하고 이에 따른 적정 대가(임대료나 임차보

증금)를 받지 않으면 부당행위에 해당한다.

02 / 출자임원에 사택 무상 제공 법인세 처리

법인의 출자 임원에게 사택을 무상으로 제공한 경우 법인세법상 부당행위계산부인이 적용된다. 이 경우 법인이 해당 임원에게 적정임대료를 받았어야 하나, 받지 않았으므로 적정임대료 즉 "시가" 상당액을 미수 임대료로 보아 익금산입하고 해당 임원에 대한 "상여"로 소득처분한다.

이때 적정임대료 즉 시가는

① 사업자가 특수관계인이 아닌 자와 해당 거래와 유사한 상황에서 계속적으로 거래한 가격 또는 제3자 간에 일반적으로 거래된 가격

② ①의 가격이 없는 경우 사업자가 그 대가로 받은 재화 또는 용역의 가격을 말한다.

만일 법인이 아파트를 구입하여 출자임원에게 무상으로 사용하게 한 경우 해당 아파트와 같은 동, 같은 평형, 비슷한 층 아파트의 월세액이나 전세액을 시가로 볼 수 있을 것이다.

그러나 법인이 아파트가 아닌 일반주택(빌라, 단독주택 등)을 사서 출자 임원에게 임대했거나 적정임대료를 확인하기 어려운 경우에는 다음의 방식에 따라 계산한 금액을 시가로 본다.

유무형 자산의 무상공급시 임대료의 시가 = (당해 자산의 시가 × 50% − 전세보증금) × 정기예금 이자율

위에서 당해 자산의 시가는 실무적으로 실제 거래 가액이 있으면 실제 거래 가액을, 없을 경우 기준시가를 적용하는 것이 일반적이다.

> **(가정1) 법인이 10억 원을 주고 아파트 구입 후 출자임원에게 무상으로 임대한 경우(해당 아파트와 유사한 층의 동일 평형대 아파트 월세는 월 200만 원)**

시가 200만 원 × 12개월 = 2,400만 원을 법인세 계산 시 익금산입 후 대표자 상여 처분

> **(가정2) 법인이 10억 원을 주고 빌라(기준시가 7억) 구입 후 출자임원에게 무상으로 임대**

실무적으로 빌라 또는 단독주택은 동일한 물건이 거의 없으므로 적정 월세를 알기 어렵다. 이 경우 시가는 연 1,450만 원으로 아파트의 무상 임대보다 유리하다.
시가 = (10억 원 × 50% − 0) × 2.9% = 1,450만 원

그리고 법인이 사택을 업무 목적으로 이용하지 않고 투자목적으로 취득하여 장기간 소유하는 경우 해당 사택은 비업무용 자산에 해당하여 관련 지급이자는 손금으로 인정하지 않는다.

차량 운행일지 대충 적으면 세금폭탄

법인세 및 종합소득세 신고할 때 운행일지를 첨부하게 되어있다.

업무용 차량 운행일지를 제출함으로써, 해당 차량을 실제로 업무에 사용하고 있는지 확인을 하고자 함이 목적이다.

실제로 매번 차량을 사용할 때마다 기록해야 하는데 사업을 영위하면서 매일매일 작성하기가 쉽지 않다.

그러므로 실질적으로 업무용 차량 운행일지를 제대로 작성하는 업체는 많지 않다. 또한 소규모 법인의 경우 대표이사의 차량 운행일지를 직원이 가짜로 작성하는 경우도 많다.

초기 국세청에서는 실제로 업무에 사용했는지 안 했는지를 정확히 알 수 없어 세무조사 시에도 그 작성 여부만을 점검했다.

하지만 최근에는 하이패스 내역을 조사한다든지, 사용한 신용카드로 파악을 한다든지 세무조사 방법이 정교해져 적발할 가능성은 상당히 높아졌다.

차량운행일지는 다음의 내용이 들어가도록 작성한다.

» 차종, 자동차등록번호, 사용 일자, 차량 이용자의 부서 및 성명

» (주행 전) 자동차 계기판의 누적거리 : 당일 동일인이 2회 이상 사용 시, 주행거리 합으로 적기

» (주행 후) 자동차 계기판의 누적거리 : 당일 동일인이 2회 이상 사용 시, 주행거리 합으로 적기

» 사용 시마다 주행거리 기록 또는 사용자별 주행거리 합 기록

» 출·퇴근용 사용 거리

» 제조·판매 시설 등 일반업무용 사용 거리 : 사업장 방문, 거래처· 대리점 방문, 회의 참석, 판촉 활동, 업무 관련 교육·훈련 등

» 해당 사업연도의 주행거리 합계, 업무 사용 거리 합계, 업무 사용 비율

차량운행일지를 바탕으로 업무용 승용차 관련 비용 명세서를 제출해야 하는데, 제출하지 않거나 불성실 제출할 경우 가산세, 비용 미인정에 따른 회사 측 추가 세금 발생과 소득처분에 따른 개인 추가 세금이 발생할 리스크가 있다. 따라서 차량운행일지를 반드시 작성해야 한다.

승용차 관련 비용 명세서 미제출 가산세 대상은 업무용 승용차 관련 비용을 손금산입해 신고한 사업자가 해당 명세서를 미제출한 경우다. 불성실 제출한 경우에도 해당한다.

차량운행일지를 작성하지 않아도 되는 경우

차량운행기록부를 작성하지 않고 업무용 승용차 관련 비용이 1,500만 원 이하가 될 경우 업무사용비율이 100% 이상이 된다. 따라서 감가상각비를 포함한 승용차 관련 비용이 1대당 1,500만 원 이내이고 차량의 감가상각비가 800만 원 이하라면 차량운행기록부를 작성하지 않아도 세무상 100% 업무용으로 간주된다. 따라서 연식이 조금 오래된 차량은 차량운행기록부를 작성할 필요가 별로 없다. 연 1,500만 원 (감가상각비를 포함) 이상의 비용을 인정받으려면, 운행일지 작성이 필요하다.

한 권으로 끝장내자 사장님의 끝내주는 세금 탈세 실무설명서

지은이 : 손원준

펴낸이 : 김희경

펴낸곳 : 지식만들기

인쇄 : 해외정판 (02)2267~0363

신고번호 : 제 251002003000015호

제1판 1쇄 인쇄 2024년 4월 15일

제1판 1쇄 발행 2024년 4월 23일

제1판 2쇄 발행 2024년 6월 24일

값 : 22,000원

ISBN 979-11-90819-37-4 13320

본도서 구입 독자분들께는 비즈니스 포털

이지경리(www.ezkyungli.com)

2개월 이용권(2만 원 상당)을 무료로 드립니다.

네이버 카페(https://cafe.naver.com/kyunglistudy)

구입 후 구입 영수증을 팩스 02-6442-0760으로 넣어주세요.

K.G.B
지식만들기

이론과 실무가 만나 새로운 지식을 창조하는 곳

서울 성동구 금호동 3가 839 Tel : 02)2234~0760 (대표) Fax : 02)2234~0805